整 合 营 销

黄 晓 主编

中国财经出版传媒集团

经济科学出版社

Economic Science Press

图书在版编目（CIP）数据

整合营销/黄晓主编. —北京：经济科学出版社，2022.1

ISBN 978 - 7 - 5218 - 2878 - 8

Ⅰ.①整… Ⅱ.①黄… Ⅲ.①市场营销学 - 高等学校 - 教材 Ⅳ.①F713.50

中国版本图书馆 CIP 数据核字（2021）第 187566 号

责任编辑：周国强
责任校对：蒋子明
责任印制：张佳裕

整合营销

黄　晓　主编

经济科学出版社出版、发行　新华书店经销

社址：北京市海淀区阜成路甲 28 号　邮编：100142

总编部电话：010 - 88191217　发行部电话：010 - 88191522

网址：www. esp. com. cn

电子邮箱：esp@ esp. com. cn

天猫网店：经济科学出版社旗舰店

网址：http：//jjkxcbs. tmall. com

北京季蜂印刷有限公司印装

787×1092　16 开　12 印张　280000 字

2022 年 1 月第 1 版　2022 年 1 月第 1 次印刷

ISBN 978 - 7 - 5218 - 2878 - 8　定价：60.00 元

前言

现代企业的经营环境随着社会的进步、信息技术的发展产生了巨大的变化，使用综合性的营销手段应对随之而来的激烈市场竞争势在必行。整合营销能够系统化地结合各种营销组合与工具，持续提供一致的传播影响力，使得营销者和消费者在营销活动的信息交互过程中实现价值增值，最终实现产品销售。通过不断动态地吸收广泛的信息资源，融入包括网络营销在内的各类现代营销手段，制定统一的营销传播计划，整合营销能够更好地引起消费者的互动与共鸣，是市场营销手段的综合运用。本书在对基本概念进行整体概述的基础上，对整合营销策划的每一实际操作阶段进行了详细的论述，以强调应用型及实用性，使学生能够在透彻理解理论框架的基础上，增强策划应用能力。

本书立足于应用型本科高校市场营销专业的教学特点，主要从整合营销传播的兴起及界定、理论的演变、整合营销战略制定及效果分析、整合营销目标、网络、传播、活动、网络整合营销等方面系统地介绍了整合营销的基本概念、理论和方法；同时本书紧跟整合营销发展的现实步伐，提供了诸多鲜活的实际案例。同时注重互动实训，旨在培养读者在理解理论基础上的实际运用能力。每章均设置有"学习目标"，让读者了解本章的内容框架；并在每章最后设置有"本章小结""思考题"等模块，帮助读者检验对本章相关内容的掌握程度。通过本书的学习，读者能对整合营销有较为全面的了解，为后续学习打下基础。本书不仅适合市场营销专业的学生学习，也适合经济管理类其他专业的学生拓展营销方面的应用知识。本书亦可作为企事业单位、从事营销相关研究和管理人员，以及对市场营销感兴趣的社会人士的通用性教材。

本教材的编写得到了阳光学院及阳光学院商学院的大力支持，并获得了阳光学院应用型教材（第三批）建设项目及2016年商学院智慧商务专业群的经费支持，在编写过程中，编者团队参考了国内外同行的书籍、论文、网络材料等，并结合了团队的相关研究成果，在此表示由衷的感谢。由于时间、水平有限，书中难免存在疏漏和不足之处，我们将虚心听取专家和读者的意见和建议，以利于在修订时进一步提高和完善。

编　者
2021 年 5 月

目录

第一章　整合营销传播的兴起及界定 ·· 1

学习目标 ··· 1

第一节　整合营销传播概念的兴起 ·· 1

第二节　整合营销传播概念的界定 ·· 4

本章小结 ··· 9

思考题 ·· 10

第二章　营销传播理论的演变 ··· 11

学习目标 ··· 11

第一节　市场营销驱动重心的演变发展 ································· 11

第二节　广告观念的演变发展 ··· 13

第三节　整合营销传播理论的学科背景 ································· 21

本章小结 ··· 34

思考题 ·· 34

第三章　识别客户与潜在客户 ··· 35

学习目标 ··· 35

第一节　市场细分与集中法 ·· 35

第二节　态度研究方法与行为研究方法 ································· 38

第三节　建立客户信息数据库 ··· 40

本章小结 ··· 44

思考题 ·· 45

第四章　整合营销传播效果分析 ··· 46

学习目标 ··· 46

第一节　传播效果评估模型基础 ··· 46

第二节　传播效果评价实施案例 ··· 47

本章小结 ·· 60

思考题 ··· 60

第五章　整合营销目标：构建品牌形象 ································· 61

学习目标 ··· 61

第一节　品牌理论概述 ··· 61

第二节　品牌定位策略 ··· 65

第三节　品牌个性识别策略 ·· 70

第四节　品牌延伸策略 ··· 78

本章小结 ··· 81

思考题 ··· 82

第六章　整合营销网络：分销渠道的设计与管理 ··················· 83

学习目标 ··· 83

第一节　分销渠道的概念和功能 ·· 83

第二节　分销渠道的常见模式 ··· 85

第三节　分销渠道设计的基本步骤 ··· 93

第四节　渠道策略的影响因素 ··· 98

本章小结 ·· 103

思考题 ··· 103

第七章　整合营销传播媒体 ·· 104

学习目标 ·· 104

第一节　传播媒体概述 ·· 104

第二节　广告媒体效果评估 ·· 110

第三节　广告媒体策略 ·· 112

本章小结 ·· 120

思考题 ··· 120

第八章　整合营销视觉传播 ·· 121

学习目标 ·· 121

第一节　产品包装设计 ·· 121

第二节　产品展示设计 ·· 126

第三节　商业环境设计 ·· 130

本章小结 ··· 139

思考题 ·· 139

第九章　整合营销活动 ··· 140

学习目标 ··· 140

第一节　销售促进 ··· 140

第二节　人员推销 ··· 144

第三节　事件营销 ··· 148

第四节　体验营销 ··· 150

第五节　公共关系 ··· 154

本章小结 ··· 155

思考题 ·· 156

第十章　网络整合营销 ··· 157

学习目标 ··· 157

第一节　网络整合营销概述 ···································· 157

第二节　网络整合营销的原则 ································· 158

第三节　网络整合营销的方法 ································· 159

第四节　常见的网络整合营销模型 ························· 178

本章小结 ··· 181

思考题 ·· 181

参考文献 ·· 182

第一章
整合营销传播的兴起及界定

【学习目标】

- 了解整合营销概念产生的背景
- 熟悉营销与传播之间的关系
- 掌握整合营销传播的定义
- 理解整合营销传播概念的认识误区

整合营销传播的概念诞生于 20 世纪 80 年代中后期，流行于 90 年代，至今在全世界仍然具有相当大的影响力。20 多年来，许多国内外的专家和学者从各自的学科背景和研究领域对整合营销传播概念的兴起，尤其是对整合营销传播的定义做了众多的研究。

第一节　整合营销传播概念的兴起

面对在新媒体环境下成长起来的消费群体，依赖于广告这种单向式传播手段的传统营销活动显然已经不能适应。市场环境的变化和发展促使一些学者开始重新思考营销与传播之间的关系，在这样的背景下，整合营销传播概念便应运而生。

一、整合营销传播概念产生的背景

从根本上说，任何概念的产生必然首先来自于实践，用哲学的语言表达就是社会存在决定社会意识。因此，整合营销传播概念的产生也绝非偶然，而是由于时代环境的变化所导致的必然结果。

（一）经济全球化

冷战结束后，一个全面开放的全球社会和全球市场逐渐形成。随着东方与西方国家之间贸易壁垒的解除，商品的流通领域迅速扩大，企业的营销活动在经营管理中的地位日趋重要。一方面，在世界范围内，各国、各地区的经济相互交织、相互影响、相互融合，成为一个难以分割的整体，逐渐形成了商品、服务、技术、信息、劳动力、资本、贸易和市场竞争的全球化；另一方面，世界贸易组织（WTO）在全球范围内建立了规范各国和地区经济行为的统一规则，为各国和地区经济组织在全球化市场中开展公平而有效的市场竞争奠定了基础。不过，在全球经济一体化的浪潮中，如何有效地开展国际贸易和全球传播成为各国企业的一大难题。虽然"全球化战略，本土化执行"已经成为各国企业开展国际市场营销的共识，但是在具体实施过程中还需要将各种信息资源予以整合，以实现有效传播。

（二）文化多元化

更加开放的市场导致以往建立在二元对立基础上的文化意识形态由封闭走向开放，由相互排斥走向相互宽容。这种多元文化共生共荣的局面使文化本身也从以往的宗教属性向消费属性转变，也就是说，文化的多元化使大众对文化的态度发生了不知不觉的变化，而变化的趋势则是从信仰到消费。对文化进行消费的前提是人们的生活水平普遍提高，收入明显增加。大众在满足了物质需求之后，必然要追求精神层面的文化需求。20世纪90年代后期发端于英国的文化创意产业及其相关理论就很好地证明了文化消费时代已经到来。此时，消费大众不仅需要广告对商品本身的精神属性予以渲染，而且需要更多的文化产品来满足他们的精神需求。由此，营销传播的重心显然就应该集中在商品品牌的文化个性塑造上，并通过对价值理念的诉求与目标消费者构建彼此在文化层面的认同和沟通，以形成良好的关系。

（三）媒介碎片化

20世纪80年代以来，由于电脑、数字技术和互联网的迅速发展和广泛运用，媒介形态发生急剧变化，即由"一体化"走向"碎片化"。碎片化的媒介要求传播主体定位于特定的目标受众并开展相应的传播活动，因此，如何整合和协调不同的媒介形式，形成既有明显差异又能优势互补的经营格局，就成为各大媒介集团在制定经营战略时不得不考虑的核心问题。对于广告主而言，在对自身品牌商品进行市场推广的过程中，如何根据不同媒介的特征和优势进行媒介选择和媒介组合，是其传播战略中所要考虑的关键问题。在此背景之下，整合营销传播概念的产生就成为一种必然。

（四）企业集团化

20世纪80年代以来，欧美市场盛行企业兼并和收购风潮，许多跨国、跨行业的企业通过并购整合为一个联合集团。在广告界，不同类型的媒介公司与广告公司合并成超级联合集团的例子比比皆是。企业的这种集团化发展，要求其必须重新整合内部人力资源、财务资源和信息资源，根据重新整合后的优势制定更有竞争力的经营战略。而联合集团在具体实施市场营销战略的过程中，无论是开展单一品牌战略、多品牌战略还是家族品牌战略，实行整合营销传播是其必然的选择。

（五）技术数字化

数字技术是以二进制数字"0"和"1"为编码程序的一种传播技术。数字技术的出现为计算机和网络的飞速发展奠定了基础。数字技术在信息容量、信息链接获取、信息复制、信息存储、信息传播速度、信息清晰度、信息丰富度和信息自由度等方面有着明显优势。数字技术的出现推动当代的政治、经济、社会和文化等各个领域产生了巨大的变化。对于企业来说，数字技术的运用极大地丰富了营销传播的形式，如网络营销、数据库营销、电子商务等。对于消费者来说，数字技术的出现使消费者由过去的被动接触商品信息变为可以主动搜索商品信息，企业的广告传播方式也不得不从过去的"推动"模式变为"拉动"模式。因此，今天的企业在开展商业信息传播的过程中，已经难以完全控制整个传播过程，企业必须将消费者对品牌接触的信息进行必要的整合，才有可能达成较为理想的传播效果。

（六）更加独立的消费者

营销传播活动的对象始终是消费者，因此，从本质上说，任何营销传播理论的实质就是研究人的理论。处于不同时代的消费者自然会有着相异的生活方式和价值判断，这就必然使得不同时代的消费者具有不尽相同的消费行为。这一特征在总体上决定了营销传播理论必然是不断发展完善的理论。况且，在上述经济全球化、文化多元化、媒介碎片化、企业集团化和技术数字化的生态环境中，消费者的价值观念和审美情趣更趋多元，对企业所开展的营销传播活动的态度更趋理性，对商品价值的判断也更独立，这就使传统的营销传播方法必然要随着消费者的变化而变化，整合营销传播概念正是在上述六大背景因素的作用下应运而生。

二、营销与传播的关系

传统营销理论的缺陷在于对传播在营销活动中的作用和意义没有受到足够重视，总是将研究的重心锁定在企业经营活动的目的，即营销的结果，也就是企业的销售利润上。传播是达到营销目的的手段和过程，忽略传播就谈不上有什么营销可言。因此，可以说没有传播就没有营销，营销的实现取决于传播的成败。

（一）传播创造商品意义

商品的社会学意义是由广告传播所构建的，而许多消费者选择、判断购买某种商品的决策依据往往正是商品所表征的社会学意义，而非商品本身。比如，当人们把奔驰轿车当作偶像来崇拜时，人们崇拜的并不是奔驰轿车本身，而是奔驰轿车所代表的社会学意义——财富、地位、成功等。因此，对于大多数商品而言，其核心的价值并不在于自身的物理属性的内容，而在于被人为赋予的具有社会象征意义的精神属性的内容。不过，商品的社会学意义必须通过广告传播才能够被大众接受和认同，而只有被大众接受和认同的商品的社会学意义，才能够形成价值，因此，传播可以使商品有意义。在当今社会里，一个没有社会学意义的商品是没有多少价值的，更不用说市场竞争力了。

（二）传播创造品牌识别

随着竞争环境的改变，商品生产的同质化和商品营销的同质化日趋严重。当市场某个领域被开发，并具有快速增长的潜力时，众多的品牌便会蜂拥而至。由于这些品牌所面对的是同一个市场，其产品的技术含量又没有太大的差异，于是，就产生了越来越多的相似产品，相伴而生的便是越来越多的相似营销。此时，企业的营销传播活动就只能是努力创建自身的品牌识别，并通过品牌识别与目标消费者进行沟通与交流。品牌识别的内容包括品牌的文化、价值观念等核心要素，如果企业希望目标消费者能够认同品牌的上述核心价值，就必须通过传播来达成。任何企业在营销活动中，都希望在消费者的心目中构建自己的品牌识别，并将此作为企业的营销目标，要想达到这个目标，有效而成功的传播活动就成为先决条件。

（三）传播构建顾客关系

在传统营销理论的发展过程中，专家学者提出了诸多概念，其中就包括关系营销。关系营销的概念只是指出了企业应该重视与利益相关者的关系，但并没有从实质上阐述企业究竟应该如何构建与利益相关者的关系。实际上，任何关系的建立都离不开传播活动，因此，企业只有通过传播才能使目标消费者和利益相关者对自己的品牌产生认知，认知是企业与消费者及利益相关者构建关系的第一步，而且现在的消费者在选择商品时倚重的不是理性的事实，而是对品牌的认知和感觉。在这样的前提下，企业实现营销的路径指向发生了根本改变，不再是传统的以产品为核心的促销模式，而是基于消费者对品牌的认同。

上述种种事实表明，根据消费者的需求进行产品设计、制定价格、建设渠道和策划促销似乎都不难做到，但是仅凭这些而缺乏与目标消费者及利益相关者的真正沟通，企业的营销目标也不可能实现。因此，营销效果取决于传播，没有传播就没有营销。

第二节　整合营销传播概念的界定

整合营销传播（integrated marketing communication，IMC）理论是美国西北大学教授唐·E. 舒尔茨（Don E. Schultz）于 1991 年在其《整合营销传播》一书中首次提出的全新概念，此理论迅速引发了市场营销观念和广告传播观念的深刻变革。从此，在营销与传播理论的统一下，企业通过品牌与消费者构建的关系就从过去的单一性走向更广阔领域的系统整合。

一、基本定义的演进

（一）舒尔茨的定义

整合营销传播这一理论概念是由舒尔茨教授提出的，他认为，整合营销传播是一种适应于所有企业中信息传播及内部沟通的管理体制，而这种传播与沟通就是尽可能与其潜在的客户及其他一些公共群体（如员工、媒介、立法者等）保持一种良好的、积极的关系。

舒尔茨在定义中强调整合营销传播是一种管理体制，该管理体制的主要内容就是开展信息传播活动，以期通过传播与消费者及利益相关者形成并保持良好的关系。这种理解无论是当时还是现在，都不能准确地表述整合营销传播概念的核心内容，实际上，这种表述与广告公司的运作管理体制并没有太大的差异，因此，舒尔茨本人也在不断对此定义进行修改和完善。

（二）美国广告公司协会的定义

美国广告公司协会认为整合营销传播是一个营销传播计划概念，要求充分认识用来制定综合计划时所使用的各种带来附加值的传播手段，如普通广告、销售促进和公共关系，并将之结合，提供具有良好清晰度、连贯性的信息，使传播影响力最大化。

这个定义的关键之处是将整合营销传播理解为致力于对各种促销形式的综合运用，努力形成"一个声音"向目标消费者传播，试图使营销传播的影响力得到最大限度的扩展。在整合营销传播概念产生之前，曾经风靡一时的企业形象识别系统（corporate identity system，CIS）的理论核心同样也是力图通过创建企业的"同一性"形成所谓的"识别性"，这与"一个声音"的传播理念有异曲同工之处。

（三）汤姆·邓肯博士的定义

美国科罗拉多大学的汤姆·邓肯（Tom Duncan）博士在整合营销传播领域所做的研究成果，为丰富和发展整合营销传播概念做出了杰出的贡献。他认为，随着企业与顾客及利益相关者之间的关系在企业经营战略中占据着越来越重要的地位，企业建立以消费者为中心的组织架构远比以企业自身为核心的组织架构重要得多。因此，整合营销传播就必须以顾客关系管理、一对一营销、关系营销、品牌营销等相关的营销传播内容为主。在此前提下，汤姆·邓肯对整合营销传播提出了如下定义：整合营销传播是一个提高品牌价值、管理客户关系的过程，具体而言就是通过战略性地控制或影响相关团体所接收到的信息，鼓励数据发展导向，有目的地与他们进行对话，从而创造并培养与顾客和其他利益相关者之间可获利关系的一个跨职能的过程。

这一定义之所以被业界广泛认可，是因为该定义准确地把握住了整合营销传播概念的核心，即品牌价值管理，并通过品牌价值管理客户及利益相关者的关系，而建立和培养稳定的关系则是整合营销传播的目标。

（四）总结

综合上述若干整合营销传播的定义，总结如下：

整合营销传播是企业组织以市场需求为导向、品牌为载体、商品的精神属性或物质属性为诉求内容，通过数据库运用及整合各种营销和传播方法，努力与目标消费者和利益相关者建立由外而内的彼此相互认同、相互信任的关系管理过程。

这个定义可以从以下几个方面加以理解：

第一，整合营销传播的本质是企业组织力图建立与目标消费者和利益相关者之间良好关系的管理过程。在这一管理过程中，企业必须对目标消费者和利益相关者的需求（包括物质需求和精神需求）、愿望、价值取向、文化理念等进行深入的分析和研究，以便有针对性地对有形的产品和无形的信息分别予以加工（设计、定价、渠道）、编码（筛选、创意、表现）并有效地进行沟通。同时，企业还应根据与目标消费者的沟通反馈，及时调整产品的设计和传播的内容和方法。

第二，整合营销传播的目的是建立与目标消费者或潜在目标消费者及利益相关者之间相互认同、相互信任的关系。这一点对于任何一个营销者和传播者来说都是不言而喻的。从消费者行为的角度而言，传播与营销的内在逻辑关系是：传播决定认知，认知又决定关系，关系则决定态度，态度决定品牌的选择。

传统营销理论从企业自身的角度出发，对营销结果不加掩饰地追求，常常通过大规模的广告和促销活动试图一步到位（从传播伊始直接达成营销结果），这种肤浅的认识和简单的操作手法从根本上忽略了消费者的感受，自然引起消费者的反感，对于达到营销结果而言只能适得其反。因此，在整合营销传播过程中，核心要素就是建立和维护与目标消费者及利益相关者之间的关系。如果企业与目标消费者及利益相关者之间形成了彼此认同和相互信任的关系，那么企业的品牌价值及营销业绩就是水到渠成的事了。

第三，整合营销传播活动的管理过程必须是以市场需求为导向。以市场需求为导向是其与传统营销理论的本质区别之一。虽然传统营销理论也非常强调管理导向要以目标消费者为中心，但由于其思考的出发点始终是企业，因此，所提出的相关理论只能是由内而外的管理过程，而整合营销传播概念的提出者舒尔茨教授则从一开始就反其道而行之，如表1-1所示，他所提出的4C理论是由外而内的管理过程。

表1-1　　　　　　　　由内而外的4P理论到由外而内的4C理论

由内而外的 4P 理论	由外而内的 4C 理论
产品（product）	研究消费者的需要和欲望（consumer wants and needs），不再卖所能生产的产品，而卖消费者确定购买的产品
价格（price）	了解消费者为满足需要所愿意支付的成本（cost）
渠道（place）	思考如何使消费者在购买商品时感觉方便（convenience）
促销（promotion）	考虑如何与消费者进行沟通（communication）

第四，整合营销传播的载体是品牌，内容则是商品的精神属性或物质属性。整合营销传播活动的对象不是产品，而是品牌，但大多数企业所开展的营销传播活动是以品牌的名义展开的，这样，品牌又成为传播活动的主体。这种角色的变化可能会使有些人产生认识上的混乱。其实，营销传播活动的主体只能是企业和目标消费者，而品牌只不过是连接企业与目标消费者之间的载体。没有品牌，企业与目标消费者之间的

沟通就无从谈起。

品牌之所以能够成为沟通的载体，是因为它不仅以其物质属性为基础而存在，更以其精神属性为灵魂而增值，企业既可以通过品牌与目标消费者针对产品的具体功能、品质和使用利益等形而下的内容进行讨论与沟通，也可以通过品牌与目标消费者针对品牌的抽象理念、文化和精神等形而上的内容进行沟通与交流。在人与人的交往中，彼此关系的确立与发展，更多要依赖于双方所共同具有的价值理念和文化认同。因此，在整合营销传播活动中，与目标消费者沟通的内容就应该是以品牌的精神属性为主，这种精神与文化上的交流才有可能真正与目标消费者形成相互认同和相互信任的关系。

第五，整合营销传播必须建立功能强大的数据资料库，有效地整合品牌信息、视听觉符号和各种传播媒介，以求达到最理想的传播效果。建立数据完备的消费者资料库是开展整合营销传播活动的基础，企业只有先行掌握消费者的各种资料（包括人口统计资料、心理统计资料和以往购买记录等，这是企业的无形资产，也是整合营销传播的基本条件和核心），才能针对现有和潜在消费者及利益相关者制定沟通策略。

整合营销传播必须强调对品牌视觉、听觉符号信息的统一并有效地予以整合，还必须整合各种传播媒介和传播工具，包括大众媒介、互动媒介、人员销售、广告、促销、公共关系、CIS、展示设计、包装设计等，以使目标消费者和利益相关者在任何地点、任何时间都能接触到统一而明确的品牌信息，并使企业的营销传播力达到最大。

二、对整合营销概念的正确理解

为了正确理解整合营销的概念，需要对以下几方面进行明确：

（一）立足于传播，服务于营销，明确整合目标

对整合营销传播概念的认识如果只停留在"对不同媒体发出同一种声音"的媒体整合上，就是对其简单化和单一化的理解；同时，对整合营销传播的理解也不能将其无限扩大到企业管理、战略计划和生产等各个环节上，这种将整合营销传播概念盲目扩大化必将导致企业营销战略的导向性偏移，使企业的传播失去方向，失去核心。

（二）整合企业传播历史，实现品牌可接受程度的最大化

国外整合营销传播的成功案例都是对企业的传播历史进行了系统的整合，得到正确的品牌定位，并且能够一直坚持，使定位得到彰显，并使品牌传播的理念更为清晰。当然，对于没有历史的新企业，或是完全没有知名度的新品牌，鉴于其没有可整合的传播历史，企业需要的是整合营销传播的观念。

（三）明确整合思路和整合方法

企业在实行整合时要有明确的整合思路，把握传播方向，整合的核心只能是一个，如果同时有多个核心，那就不是真正意义上的整合营销传播了。整合营销传播的成功

还有赖于一整套规范与合理的整合方法，这些方法可以有效地保证传播的顺利实施，保证传播能不断地向前推进。

（四）达成综合效果，建立永续关系

整合营销传播的重要目标是企业希望通过整合传播一致的信息，向消费者传达企业或品牌的一致形象，进而促使其发生消费行为，并希望建立永续关系。这就需要策略性整合：综合运用多种传播手段，与消费者建立持久关系，尤其是顾客与品牌的关系。整合营销传播是企业应对逐步走向分裂的传播环境的有效方法，是一种适应市场竞争的传播理论，实施中需要在操作层面上进行规范化的操控与把握，没有规范化与制度化支持的整合营销传播必将是失败的和短命的，不但不能给企业带来效益，还会让企业和品牌走向绝境。

三、对整合营销传播概念的认识误区

在对整合营销传播概念进行研究的过程中，不同的专业背景对整合营销传播的理解往往会有不同的结果，也因此可能在认识上存在以下误区：

（一）传统大众传播将丧失作用

有些专家和学者认为一旦确定整合营销传播战略，就必须采用新媒体对品牌产品进行营销传播，而不能使用传统的大众传播的广告推广方式。这个观点显然是站不住脚的。对于一个企业而言，它在激烈的市场竞争中所采用的营销和传播方式都只不过是一种手段，到底应该使用哪种营销与传播手段则要根据企业希望达到什么样的营销目标确定。无论是新媒体还是传统媒体，其本身并没有高低优劣之分，相互之间至少在相当一段时期内是一种互补的关系而不是取代的关系。至于一个企业在开展整合营销传播的过程中，到底应该以新媒体还是传统媒体为主来开展相应的营销传播活动，则要视企业所提供的品牌产品的市场特征、消费者的消费行为特征和媒介接触习惯而定。

（二）整合营销传播就是整合所有媒体开展传播活动

有些业内人士在理解整合营销传播这个概念时，往往习惯于将整合营销传播理解为就是将所有媒介予以整合，从而向目标消费者开展立体式的全方位品牌信息传播。然而，在具体的实践过程中，绝大部分企业都没有足够的资金可以将所有的媒介予以整合使用。因此，整合营销传播理论的核心要点并不是一定要整合利用所有媒介来开展传播活动，而是对多种营销与传媒手段的组合进行分析，来确定各种不同组合给企业带来的战略价值。比如，利用传统媒介开展广告活动比较适合于具有大众消费特征的快速消费品；人员直销方式则更适合于消费领域狭窄和技术含量较高的耐用商品；至于销售促进手段则更适合于已经在渠道上形成积压的商品。对于企业而言，一个最基本的理念就是：在开展营销传播活动时，一定要努力做到在正确的时间、正确的地

点、利用正确的媒介、向正确的目标受众传递正确的品牌信息。

（三）整合营销传播与传统营销传播在实践上并无本质区别

从表面上来看，整合营销传播所采用的营销传播工具与传统营销传播工具并没有明显差异，而其在品牌产品信息的传播层面上，又与传统营销传播所追求的一致性、统一性等信息目标极为相似，由此，使得一些人认为整合营销传播与传统营销传播并不存在本质上的区别。不过，如果再进行深入的仔细辨析，还是会发现两者之间在本质上的差异性。

其一，传统营销理论以 4P 作为核心理念，这就在本质上决定了其必然以产品作为营销传播的导向；整合营销传播则是以 4C 作为核心理念，这就在本质上决定了它必然以消费者作为营销传播的导向。企业在上述两种不同观念的引导下所开展的营销传播活动，即使所采用的营销与传播工具没有多大的差异，但是两者在指导思想上一定会呈现极大的异质性。

其二，与传统营销传播相比，整合营销传播更加重视对新技术的开发与利用，甚至可以这么说，整合营销传播之所以能够在传统营销理论的基础上形成自身全新的理论体系，最为关键的一点就是及时发现并利用网络信息技术来识别目标消费者，在具体的实践上就是高度重视和建立消费者数据库。正是有了消费者数据库的支撑，整合营销传播才有可能使得营销传播活动更为精准、更有效率和更加节省传播成本。

其三，与传统营销的大众传播相比，整合营销传播更加注重"一对一"的传播。在传统营销传播理论的指导下，企业在开展营销传播活动中往往更倾向于借助大众传媒向广大受众传播品牌产品的相关信息，这种手段固然可以在短时间里扩大企业产品的知名度，但是由于所花费的传播成本过高也常常使得许多企业难以效法。更为严重的是，这种方法不太可能根据不同消费者的不同需求、不同偏好和不同审美品位制定更为个性化的传播策略，自然也就不可能达到更为理想的传播效果。整合营销传播则试图从传统营销的定位理论入手，通过数据库对消费者需求进行分析并运用多种传播手段来满足消费者的个性化需求。

整合营销传播理论发展至今已有数十年，但许多企业对于它的理解仍然是望文生义，认为就是将企业产品的信息通过整合各种媒介向目标受众传达出"一种形象，一种声音"而已，这种浅层次的理解必将影响整合营销传播的效果。因此，只有当人们对整合营销传播理论有了更为全面、更为深入、更为本质的理解，整合营销传播在企业的营销传播活动中才能显示出真正的作用。

本 章 小 结

经济全球化所带来的各国各地区的经济相互交织影响与融合，经济行为统一规则得到了制定；同时文化的多元化也使得大众对文化的态度由信仰转向消费，由此营销传播的中心开始集中到商品品牌的文化个性塑造上。另外，媒介的碎片化也开始要求传播主题定位于特定受众并展开相应的营销活动；企业的集团化也要求其必须对内部资源进行整合，从而制定更有竞争力的品牌经营战略。此外，技术数字化也要求企业必须将消费者对品牌接触的信息进行必要的整合，达到理想的传播效果。最后，由于消费者的价值观念更加独立以及多元化，也要求传统的营销传播方法必须要进行相应的改变，由此整合营销应运而生。

营销的实现取决于传播。传播能够创造商品的意义，创造品牌识别，并构建顾客关系。

有许多学者对整合营销理论（整合营销）的定义发表过看法，从总体上看，整合营销传播是企业组织以市场需求为导向、品牌为载体、商品的精神属性或物质属性为诉求内容，通过数据库运用及整合各种营销和传播方法，努力与目标消费者和利益相关者建立由外而内的彼此认同、相互信任的关系管理过程。

整合营销传播立足于传播，服务于营销，明确整合目标；整合企业传播历史能够实现品牌可接受程度的最大化；进行整合营销传播时需要明确整合思路和整合方法，以达到综合效果，建立永续关系。

对于整合营销传播也存在着认识上的误区，包括传统大众传播将丧失作用、整合营销传播就是整合所有媒体、与传统营销传播在实践上无本质区别等。

【思考题】

1. 整合营销传播概念兴起的时代背景是什么？
2. 为什么说营销的成败取决于传播？
3. 4P 理论和 4C 理论的本质区别是什么？

第二章
营销传播理论的演变

【学习目标】

- 认识市场营销驱动重心的演变发展
- 熟悉广告观念的演变发展
- 了解传播学理论的研究成果
- 了解品牌理论的研究成果
- 了解视觉传播理论的研究成果

任何一个理论的提出都不可能是从天而降，它必然要从其他相关学科中汲取和借鉴有用的理论和观点作为构建本理论的支撑，整合营销传播理论自然也不例外。整合营销传播理论是在营销理论和传播理论的演化过程中产生的，从营销学、传播学、广告学、品牌学和视觉传达理论等相关学科的研究成果中孕育出来的，有着强烈的时代背景。因此有必要对相关学科的研究成果做一个梳理和说明，在此基础上明晰整合营销传播理论的产生和发展。

第一节　市场营销驱动重心的演变发展

整合营销传播的理论是在营销与传播理论的基础上逐步演变发展而来，因此，回顾和考察市场营销驱动重心演变的过程对正确理解和把握整合营销传播概念无疑是必要的。由于新技术（电脑技术、网络技术和传媒革新等）的出现和推动，使市场经济得到不断发展和完善，市场营销驱动重心逐步从生产商、分销商向消费者转移，经历了从20世纪五六十年代盛行的产品驱动模式到21世纪初的顾客驱动模式的演变过程。

一、以生产商为驱动重心

这种营销模式在20世纪70年代之前被众多的企业广泛使用。市场营销理论最初所关心和讨论的核心要素并不是顾客，而是如何使卖方的利益最大化。之所以会如此，是因为20世纪50年代正是第二次世界大战刚刚结束不久，当时的社会生产力水平比较低下，企业开足马力生产仍然不能满足消费者需求。对这个时代的企业而言，如何提高生产效率便成为工作的重心所在。一个重要的方法便是通过大量生产来发挥规模经济，而量产的必要条件是标准化和规格化。如美国某汽车公司不管顾客需要什么颜色的汽车，只生产黑色汽车，并对该车进行降价，由 950 美元降到 850 美元，同时按新定的价格目标，着手改革公司内部的生产线，引进现代化的大规模装配作业线，使过去 12.5 小时生产一辆提高到 93 分钟即可生产一辆，大幅降低成本。持有这种观念的企业只管生产，极少关注市场、关注消费者。

在这种背景下，自然就形成以生产企业为驱动重心，零售商和消费者则处于被动接受的营销传播模式。生产企业通过大规模生产、大规模传播和大规模营销的手段，牢牢地把控着市场绝对的主导权和话语权，它们决定生产什么产品、使用什么分销体系、制定产品价格、确定品牌诉求信息的内容等。这种营销传播模式对于生产商而言自然是完美的，但是对于消费者和分销渠道来说则是不满意的。因为对于消费者和分销渠道中的零售商而言，他们在市场营销体系中可以进行的选择是非常有限的，而在一个没有多少选择的环境里，无论是经济领域还是其他领域，结果只有一个，那就是无法选择的一方不得不向对方出让自身的利益。

二、以分销商为驱动重心

20 世纪 70~80 年代，随着计算机技术在商业领域的广泛应用和大型连锁超市的出现，越来越多的零售商和分销商在很短的时间里便能够掌握、存储、经营、分析大量的市场数据，这些数据使零售商能够跟踪产品的流通，定出有效的边际价格，了解客户所要购买的商品以及进行购买的时间。由于这些分销渠道对封闭市场的信息具有控制力，使得市场控制力很快就从制造商转移到了零售商或者分销渠道。

在这个传播系统的底端是消费者（或者最终用户），他们也要通过分销系统或分销渠道获取他们想要的产品和服务相关的信息。这个系统的中部是分销渠道，也就是说，现在分销商或零售商在分销商驱动的市场上是支配者。大部分的营销传播是由分销系统营运商控制的。营运商与上游的制造商或生产商进行沟通并获取想要的产品，然后，与下游的消费者和最终用户进行交流，以促进消费者采取购买行为。虽然交互式的传播是存在的，但基本上是存在于生产商和分销商之间，而且这种传播仍然只是输出，从分销渠道向消费者和最终用户输出信息，这种营销传播模式是单向的传播方式。供大于求，企业把产品生产出来了，放在仓库，堆得高高的，企业面临着来自市场的巨大压力。企业如何战胜竞争对手，并顺利地让消费者接受自己的产品成了这一时期经营管理的重要内容。后来逐渐演化为老板觉得没有做不成的生意，没有卖不出去的产品，只有不努力的销售员。当然，还有一种动机是因为厂商认为"好酒也怕巷子深"，消费者对于购买具有惰性或抗拒，因此组织必须进行积极的销售与促销，消费者才会购买其产品。

三、以消费者为驱动重心

20 世纪 90 年代初期，当时的市场由于电脑的普及、互联网的出现和其他形式的电子沟通和数据交换技术的广泛运用，市场控制的权力由分销商向消费者发生转移。越来越多的消费者可以通过新媒体（网络、电子邮件、传真、手机）获取大量的商品信息，这就使得消费者有了更多的信息选择权和商品的比较权，消费者逐渐从过去在市场中的被动地位转为主动地位。这种控制权的改变迫使生产商和经销商不得不以消费者的需求为中心来开展相应的营销传播活动。企业要从顾客的观点来确定目标市场的需求，并且比竞争对手更为有效地传送目标市场所期望的商品或服务，进而比竞争对手更有效地满足目标市场的需求。它真正把消费者的需求放在第一位，企业的一切行为都是为消费者服务的。

这种控制权的改变直接导致营销传播理论上的一个突破：营销传播的模式从以往单向的线性传播转为双向互动的沟通交流。同时，这种控制权的改变也使得生产商、经销商和消费者彼此间的关系和各自所扮演的角色也发生了相应改变：生产商不再单纯地扮演商品生产者的角色，它也负有向消费者进行直接沟通的义务；渠道商也不能简单地扮演上下游连接者的角色，它还应努力去搜寻消费者的多重需求以及实现这种需要的方法与途径。无论是生产商还是经销商，都一致认为目标消费者的消费行为、消费习惯、消费心理等才是最为重要和最有价值的信息。

上述三种以不同要素作为驱动重心的营销传播模式的转变过程经过梳理应该不难理解，不过，由于驱动重心的要素不同，"整合"在其中所扮演的角色和发挥的作用显然也有着本质上的差异。在以产品或分销商作为驱动重心的营销传播模式中，营销与传播的整合就非常简单，企业只需要将具体的营销与传播手段加以整合即可，而不需要思考如何影响客户或潜在客户。在以顾客为驱动重心的营销传播模式里，整合就具有强制性，也就是说，企业必须从消费者的需求入手来整合所有的营销传播活动。因此，整合营销传播的整合实际上就是将营销传播的起点（企业）与终点（消费者）整合为一。

第二节　广告观念的演变发展

随着现代市场营销活动的逐步发展，广告传播在大量的实践中逐步形成自己的理论体系，在这个过程中，许多杰出的广告传播专家和学者根据自己多年的实践经验和体会，总结了诸多有益于后来者学习和借鉴的广告传播观点和理论。本节将全面地对这些理论做一个归纳和分析。

一、早期的广告传播观念

早期的广告传播观念源自20世纪20年代在英美等国市场上广为流行的产品观念。在这一观念的影响下，产生了以克劳德·霍普金斯（Claude Hopkins）为代表的硬性推销派和以西多·麦克马纳斯（Theodore MacManus）为代表的软性推销派。这两种流派的观点对后来的两种广告理论流派（科学派和艺术派）的形成产生了深刻的影响。

（一）硬性推销的广告传播观

在 20 世纪初期产品观念的影响下，当时全美著名的劳德 & 托马斯广告公司的三位代表人物约翰·肯尼迪（John Kennedy）、阿尔伯特·拉斯科尔（Albert Raskol）和克劳德·霍普金斯（Claude Hopkins）一致主张"广告是印在纸上的推销术"，认为广告必须向消费者讲清为什么他们要花钱购买广告所诉求的产品。他们这种在广告创作中刻意强调销售理由和购买原因的传播观点，即为硬性推销的广告传播观，这一观点在当时形成了一个极有影响力的广告流派。

在具体的广告创作方面，约翰·肯尼迪发明了一种叫作原因追究法的诉求模式，即把广告诉求的焦点转移到努力克服受众对广告的抵制情绪的销售理由及其创意方面。

 扩展阅读

舒普博士的康复剂创意广告

约翰·肯尼迪在 1903 年为专卖药品的舒普博士的康复剂所创作的经典广告里，充分体现了其"刻意征服来自消费者的抵制情绪"的创意理念。这条广告诉求了一个十分简单的信息：

我的书免费，我的治疗也免费——如果无效的话，

要是它有效，要是它成功了，要是你又恢复了健康，

我请你付费——5.50 美元……

我下一步会寄给您附近的药品商的名字，他会让你去取 6 瓶我处方的药品，药用一个月。

如果有效，才花费您 5.50 美元；如果无效，药品商就把账算在我身上。

试试我们的产品，你什么也不会损失。

资料来源：朱利安·西沃卡. 肥皂剧、性和香烟：美国广告 200 年经典范例［M］. 周向民，田力男，译. 北京：光明日报出版社，1999：51。

紧接着，克劳德·霍普金斯继承了肯尼迪的"广告推销术"并发扬光大。他认为广告的唯一目的是实现销售。广告是否盈利，取决于广告引起的实际销售，广告是建立在固定的原则基础上，是根据基本规律进行运作的。作为"推销术"的忠实实践者，他还首创了产品试销策略，发展了赠送样品的促销方式。

霍普金斯在他所撰写的《我的广告生涯》一书中，除了重点讲述其津津乐道的直邮广告的效果之外，还提出了许多至今仍然适用的广告创作原则，其中最有价值的是"预先占有权"理论。该理论认为，如果有谁提出一个某行业非常普遍的产品特征并声称首先拥有它，那么谁就占有了它。

（二）软性推销的广告传播观

软性推销派的广告传播诉求策略大多围绕着对于消费者的心理暗示和联想展开，努力营造和传播一种诱使受众产生美妙的身临其境的感觉，从而形成对广告产品正面的和积极的深刻印象，当时的心理学家沃尔特·斯科特（Walter Scott）在其《广告心理学》一书中，论证了这种促使消费者产生虚幻印象的心理暗示的广告创作方法是正确的，同时，斯科特还对肯尼迪等人所提倡的硬性推销法的广告创作提出了质疑：它描写的是产品本身，而不是赞美它将提供给消费者的那种喜悦。[①]

软性推销派的另一位代表人物是雷蒙·罗必凯（Raymond Rubicam）。当年，他用暗示销售的广告创作手法，辅以华美的艺术设计为斯坦威钢琴创作的洋溢着优雅感觉的《不朽的钢琴》作品，为他赢得了巨大的声誉。1923 年，他和挚友约翰·奥尔·扬（John Orr Young）合伙创办了扬 & 罗必凯广告公司。20 世纪 20 年代末，美国出现了严重的经济危机，市场一片萧条，广告创作水平普遍下降，但雷蒙·罗必凯坚持其软性推销的创作理念，极力倡导高雅的诉求风格，用间接暗示和委婉的创意手法较好地发挥了广告传播的说服力。

上述两大流派的广告传播理念和广告创作实践持续到 20 世纪 30 年代，虽然硬性推销派和软性推销派在广告传播手段的运用上似乎水火不容，硬性推销派将广告传播的诉求重点集中在商品本身，而软性推销派则将广告传播的诉求重点集中在消费者的主观感受上，但两种主张采用不同的创作模式都能够帮助企业扩大销售，从这一点看，两者又是高度一致的。事实上，20 世纪早期的硬性推销理论和软性推销理论，为后来的广告创意理论的研究和实践奠定了基础，并形成目前广告创意理论和实践的两种基本模式，即理性（科学）诉求和感性（艺术）诉求。

二、转折期的广告传播观念

第二次世界大战结束后，全球经济得到迅速恢复和调整，尤其是西方资本主义国家的经济飞速增长使真正意义上的买方市场得以形成。供大于求的需求关系使产品的竞争日趋激烈，而科技的发展又使产品的同质化现象日益严重。此时，许多企业仍然奉行市场推销观念。该观念认为，消费者通常具有一种购买惰性或者抗拒心理，企业如果试图让消费者购买自己的产品，就必须对消费者进行劝说，或者运用一系列促销行为诱使其购买。反映这一观念的广告传播理论分别是罗瑟·瑞夫斯（Rosser Reeves）的 USP 理论、大卫·奥格威（David Ogilvy）的品牌形象理论、李奥·贝纳（Leo Burnett）的"产品与生俱来的戏剧性"理论。

（一）瑞夫斯的 USP 理论

20 世纪 50 年代是一个由产品观念向推销观念转变的时期，什么是产品观念？就是

---

① 朱利安·西沃卡. 肥皂剧、性和香烟：美国广告 200 年经典范例［M］. 周向民，田力男，译. 北京：光明日报出版社，1999：51.

以产品为中心，通过提高产品质量，改进产品功能来吸引消费者，这是卖方市场条件下的市场观念。什么是推销观念呢？就是指供大于求，买方市场出现，这个时候人们认为消费者是有惰性和对抗心理的，如果顺其自然的话，消费者不会足量要购买某一企业的商品，因此需要大力推销，以刺激消费者购买。在这种对推销观念、推销术的强烈需求下，USP 理论应运而生。

广告大师罗瑟·瑞夫斯继承了霍普金斯的科学广告理论，结合多年的广告实践经验，于 1961 年提出了 USP（unique selling proposition）理论，这是广告发展史上具有深远影响的广告产业理论。USP 理论也叫独特销售主张，它的核心是说每一种产品都应该发展自己的一个独特的销售主张，并通过足量的重复传递给消费者。

USP 的核心理论可以概括为：明确的概念、独特的主张和实效的销售。

1. 明确的概念。

明确的概念是指在广告创意过程中，创意人员必须努力找出产品本身可以给消费者带来的特定益处，并提炼出一种容易让消费者理解和记忆的概念。

 扩展阅读

美国第 30 任总统柯立芝的故事

老柯立芝耐心地坐在新英格兰一个小教堂里凝神聆听一位牧师长达 2 个小时慢条斯理的布道。后来一位朋友问他布道的内容是什么。

"罪恶"，柯立芝说。

"他说了些什么？"那位朋友接着问。

"他反对罪恶"，柯立芝说。

资料来源：科学派广告旗手罗瑟·瑞夫斯与 USP 理论［EB/OL］. https：//zhuanlan. zhihu. com/p/143089511？ivk_sa = 1024320u。

这个故事阐释了一条现实原则，消费者只会记住一个广告中的一件事情——或者一个强烈的主张，或者一个突出的概念。一则广告或许讲了 5 件、10 件事情，但消费者只想挑出一件。罗瑟·瑞夫斯认为，应该把广告看作一个凸透镜，"那些以最快的速度爬上说服效果之梯的广告不会把消费者置于这般困境，而是集中精力，向消费者陈述一项动人的主张或概念，很容易让消费者记住。就像一面把太阳光线聚到一个火热的亮圈里的凸透镜一样。这些广告使出浑身解数说明唯一一个中心"①。

2. 独特的主张。

独特的主张是指该主张是竞争者所不能或不会提出的一种全新的诉求。独特意味着与众不同，只有独特，才有可能使受众产生印象。独特是从产品的功能和内在品质

---

① 罗瑟·瑞夫斯. 时效的广告：达彼思广告公司经营哲学：USP［M］. 张冰艳，译. 呼和浩特：内蒙古人民出版社：1999：81.

出发，在产品同质化现象尚不突出的情况下，寻求产品的差异。如"怕上火喝王老吉""小饿小困喝香飘飘""美团外卖送啥都快"都清晰地描述了产品和服务的独特主张。

3. 实效的销售。

实效的销售是指通过广告诉求在短时间内促进产品销售业绩，这也是瑞夫斯判断一则广告创意是否成功的最重要的依据。"实效"不等于"有效"。只要广告信息被受众看到或听到并引起受众的注意，就可以判定其为"有效"，但是只有最终能够吸引受众掏钱来购买广告商品才算是"实效"。广告活动的成功与否，"实效"是判断的依据。

（二）大卫·奥格威的品牌形象论

大卫·奥格威是美国 20 世纪中期著名的广告大师之一，他所提出的品牌形象理论是对瑞夫斯观念的发展。奥格威认为，随着产品竞争的加剧，仅仅从产品本身的物理层面去寻求独特因素不足以为品牌建立起个性形象。广告创意最大的威胁是大量的同质化产品充斥市场，直接导致广告所诉求的产品很难从自身找到什么差异性了，因此，必须建立一种产品自身的个性形象。以下从四个方面来阐述品牌形象论的基本要点。

1. 品牌形象应具有个性特征。

奥格威认为，产品就像人一样，也有自己的个性，如严谨、开朗、贵族、气质等。个性是品牌形象的核心，没有了个性，鲜明的品牌形象就很难建立。产品的个性是由许多因素混合而成的，包括产品的名称、包装、价格和广告风格。每次广告活动都应该认真考虑广告的诉求传播是否对产品的形象有利，也就是说，广告作品必须保持一以贯之的形象风格。

2. 广告活动是对品牌的长期投资。

从长远的观点看，广告必须维护一个好的品牌形象，甚至应该以牺牲短期利益来获取品牌的长远利益。奥格威认为，努力塑造产品的品质形象是极其有效的方法，这种方法一旦得以贯彻执行，就等于领到了一张通往高档品牌的通行证，尤其是那些感性色彩较浓厚的产品更是如此，如啤酒、饮料和汽车等。如果广告诉求传播看起来低俗而恶劣，便会大大地影响产品的销售，因为没有消费者愿意使用低格调的产品。

3. 传播品牌形象重于诉求产品。

随着同类产品的差异性减小，品牌之间的同质性越来越大，消费者选择品牌时理性就越来越少。因此，在广告活动中，塑造并传播品牌形象远比只是单纯强调产品的具体功能特征重要得多。

4. 运用形象来满足消费者的心理需求。

根据亚伯拉罕·H. 马斯洛（Abraham H. Maslow）的需求理论，消费者的生活需求应该是随着生活水平的提高而不断变化的，这种变化的趋势大致为：从以实质利益为主、心理利益为辅的需求向以心理利益为主、实质利益为辅的需求（心理利益的需求）转化和递进。奥格威敏锐地发觉并把握了消费者的这种需求上的变化，认为消费者购买产品所追求的是"实质利益 + 心理利益"。因此，对某些产品和某些消费者而言，运用广告传播的形象来满足消费者的心理需求是广告活动走向成功的关键因素。

（三）李奥·贝纳的"产品与生俱来的戏剧性"理论

李奥·贝纳是芝加哥广告学派的创始人及领袖，著有《写广告的艺术》一书。李奥·贝纳所代表的芝加哥学派在广告传播上强调"产品与生俱来的戏剧性"，即"商品能够使人们发生兴趣的魔力"。广告创作"最重要的任务是把它发掘出来并加以利用，而不是投机取巧，或依靠技巧及牵强的联想"，突出商品的内在戏剧性并使它引人注目。他说："每件商品都有其内在的戏剧化的一面。我们的当务之急就是要发掘出商品的特征，然后令商品戏剧化地成为广告里的英雄。"①

真诚、自然、温情，是李奥·贝纳挖掘"产品与生俱来的戏剧性"的主要表现手法，也是以他为代表的芝加哥广告学派的信条。李奥·贝纳的广告诉求传播理论是对早期以西奥多·麦克马纳斯和雷蒙·罗必凯为代表的软性推销派在新时期的继承与发展，其关注的焦点仍然是产品，只不过是将产品的特征（与生俱来的戏剧性）通过视觉符号的刺激、环境氛围的营造来影响消费者对商品的主观感受，从而达到销售目的。

三、整合期的广告传播理论

从 20 世纪 70 年代开始，广告传播及其理论研究进入了一个新的历史阶段。从具体的理论来看，广告传播的理论由过去的以经验为主的单一性诉求理论逐渐向目前的以学理为主的营销与传播的系统性和整合性理论发展。②

（一）品牌形象理论的发展

20 世纪 80 年代末，戴维·阿克（David Aaker）在奥格威的品牌形象理论的基础上陆续发表了一系列品牌研究专著，品牌形象的理论逐渐成形和丰富。之后，又有专家学者提出相关的品牌研究成果，品牌形象理论更趋成熟。

1. 品牌个性理论。

兴起于 20 世纪 80 年代的品牌个性论，为美国精信广告公司所首倡。其理论的核心就是将品牌人格化，主张通过塑造品牌的独特个性以形成品牌之间的差异性，该理论是对奥格威的品牌形象理论和 70 年代风靡市场的品牌定位理论的继承与发展。

该理论在具体操作上把品牌人格化，努力为品牌塑造独特的个性，这种个性应该与目标消费者的个性特征相符合，并且以此与目标消费者进行情感上的沟通和交流，从而建立起目标受众与品牌之间的巩固而持久的良好关系。

2. 品牌经营理论。

品牌经营理论是美国著名的品牌专家戴维·阿克在丰富和发展品牌个性论的基础上提出来的系统而全面的品牌理论。该理论通过其所著的"品牌三部曲"（《管理品牌资产》《创建强势品牌》《品牌领导》），提出了品牌个性尺度理论、品牌个性要素理论、

---

① 汤姆·狄龙.怎样创作广告［M］.刘毅志，译.北京：中国友谊出版公司，1991：80.
② 张金海.20 世纪广告传播理论研究［M］.武汉：武汉大学出版社，2002：62.

品牌关系理论、品牌价值理论、品牌认同理论和品牌领导理论。

3. 品牌价值理论。

品牌价值理论的核心为：品牌是一项重要的资产，该项资产对于产品的成功与否起着至关重要的作用，必须引起高度的重视并妥善管理。品牌价值包含正反两个方面的价值，正的是资产，负的是负债。一个品牌价值的形成包括四个方面：知名度、品质、忠诚度和关联性。

品牌价值理论是资本经济的产物，是受企业资本运作体系的启发而衍生出来的。它将品牌理论由以产品差异化为目的并在微观层面发挥作用，向以创造综合的品牌资产为目的并在企业的宏观层面发挥作用进行转化和提升。

4. 品牌认同理论。

是戴维·阿克在20世纪90年代后期提出来的。如果说他在之前提出的品牌价值理论是对品牌理论在概念的内涵和外延上的一个创新的话，那么品牌认同理论则是在此基础上对如何建立强势品牌以及在建立强势品牌时所必须解决的问题提出的具体看法。

品牌认同理论就是要解决在一个竞争环境里如何创建强势品牌的问题，其核心是以品牌的核心价值和意义建立品牌的永久生命力，其结构可分为基本认同和延伸认同两个部分，品牌的基本认同是指一个品牌的本质属性，该属性不会因为时间的流逝而改变而消失；品牌的延伸认同则是为品牌带来更丰富的内涵以使品牌认同表达得更完整。

（二）定位理论

定位理论是20世纪70年代继罗瑟·瑞夫斯提出的USP理论和大卫·奥格威提出的品牌形象理论之后，由阿尔·里斯（Al Ries）和杰克·特劳特（Jack Trout）提出的最具划时代意义的营销传播理论。定位理论的核心就是主张在广告策略中运用一种新的沟通方法，从而创造更有效的传播效果。其基本要点有以下三个方面：

1. 广告活动的目的是在目标受众的心目中占据一席之地。

定位并不是要去创作某种新奇或与众不同的事情，而是去明晰那些已经存在于人们心目中的对某种品牌早已有之的对应关系。

2. 通过广告创造出有关品牌的"第一说法、第一事件、第一位置"。

广告传播要尽力表达"第一"的概念，因为人们大都只对第一的事物产生兴趣，受众在接受这些信息时，往往不自觉地把它当作知识、概念而深深地镌刻到大脑里，从而产生较深的记忆。

3. 广告传播应重在表现品牌之间的区别。

定位理论认为，广告传播策略必须另辟蹊径，这条出路就是避免在同类产品中做信息内容重复的广告，而是努力在广告创意上表现出广告品牌与其同类品牌在类别上的差别。例如，七喜通过提出"非可乐"概念而一举切入市场获得极大的成功，大众汽车的"想想小的好处"则在类别上区别了同类的其他汽车品牌。

（三）共鸣理论

共鸣理论是20世纪80年代在美国广告界出现并广为运用的广告传播理论，但该理论的提出者难以考证。共鸣理论主张在广告创作中针对目标群体，通过珍贵的、难以忘怀的生活经历及人生中美好、温馨的体验和感受等诉求内容唤起并激发目标受众内心深处的情感共鸣，并以此赋予品牌特定的内涵和象征意义，建立起目标对象的移情联想，从而产生互动沟通的品牌传播效果。

1. 经典的怀旧。

怀旧是人们的情感体验方式，是引发人们共鸣的工具和过程，怀旧还可以成为一种沟通和促销的手段。对于一个品牌而言，隽永，说明了时间的沉淀与认可；经典，则暗示了品牌的底蕴厚重。经典的品牌不仅使顾客免于尝试新产品的风险，更可以勾起顾客的回忆，使顾客在情感上容易产生共鸣，进而达到沟通的功效。

2. 温馨的情感。

共鸣理论认为，一种积极的、温和的、短暂的感情，包括生理上的反应，可以使人们直接体验与爱、家庭、友情有关的情愫进而促进其在情感上的共鸣，没有人的参与或唤起爱或友情，是不会产生温馨感的。

总之，共鸣理论认为，除了传递信息之外，广告创作还可以引起如温馨、快乐之类的情感共鸣。这种情感共鸣如果处理得当，就可以和广告所要诉求的品牌发生联系，共鸣理论从实质上说，仍然是广告艺术派的路子，认为"怎么说"比"说什么"更加重要。

（四）CIS 理论

CIS（corporate identity system）即企业识别系统，由企业理念识别系统（mind identity，MI）、企业行为识别系统（behavior identity，BI）和企业视觉识别系统（visual identity，VI）三部分构成。该理论强调从企业的经营理念到企业文化、从企业员工的个体行为到企业组织的对外传播活动、从企业传播的视觉识别的基本要素到所有应用要素予以整合、规划，构建具有高度统一性、独特性和可识别性的企业识别系统，以利于树立起完整统一且极富个性的企业形象，并通过对企业内部和外部的一致传播，促进企业的内部员工和外部的消费者对企业的经营理念的全面认同，进而达到提升企业的市场地位，增进企业经营绩效的目的。

概括地说，CIS 理论是一个关于企业形象的系统战略理论和具体运作方法，它强调的是企业形象的个性、差异性和可识别性。如果企业实际运用 CIS 理论，企业营销传播活动的重心就从产品、品牌战略延伸至企业战略，从产品、品牌形象延伸至企业形象，从品牌定位延伸至企业形象定位。

上述广告传播理论的演进脉络肇始于肯尼迪、霍普金斯为代表的硬性推销派和麦克马纳斯、雷蒙·罗必凯为代表的软性推销派，分别代表了两种不同的广告传播理念，前者注重促销，后者注重传播；前者被称为广告传播的科学派，后者则被称为广告传播的艺术派。其后，这两种流派分别经过罗瑟·瑞夫斯、大卫·奥格威、李奥·贝纳等人提出的相关理论及共鸣理论、CIS 理论、定位理论的进一步丰富和完善，殊途同归于品牌理论并最终奠定了整合营销传播理论的基石。

第三节　整合营销传播理论的学科背景

一、传播学理论研究成果

虽然人类的传播活动与人类的历史一样古老并且相生相伴，但是人类对传播活动的本质规律的认识却直到 20 世纪四五十年代才逐步深入，不过，传播学研究几十年来取得了长足的进步，研究成果层出不穷，学科体系不断壮大，随着当代社会及经济形态中信息资源的地位日益突出，信息的价值越来越大，传播活动对人们生活方式的改变影响日深，传播活动的基本理论已经成为当代人所必须掌握的基本常识。

（一）大众传播的基本概念

整合营销传播理论的重心在于通过建立与目标消费者及利益相关者的关系提升品牌价值，虽然唐·E. 舒尔茨（Don E. Schultz）教授从形而上的抽象理念提出"营销即传播，传播即营销"的观点，但是从具体操作层面而言，从事整合营销传播活动的人员还是有必要对大众传播的基本概念和模式有比较全面的理解和掌握。

1. 传播概念的基本界定。

传播活动从本质上说就是信息流通的过程。传播一词源于拉丁文，意思是共同分享某种东西，传播是一种共享信息的过程，是主客体双方各自对信息进行编码和译码及双向流通的过程，包括人类传播和大众传播两大类型，而人类传播又可以分为人内传播、人际传播、组织传播和群体传播等类型。

2. 传播符号。

人类传播活动的本质就是信息交流的过程，而任何信息都必须有赖于符号这个传播载体。符号是意义和形式的统一体，是特定指示对象的代表物。

（1）按照符号形态的差异，符号可以分为语言符号和非语言符号。

①语言符号。语言符号包括口头语言和文字语言两种类型。在所有的符号中，人们日常使用的口头语言是最为重要、最基本，也是最为核心的符号。按照著名语言学家爱德华·萨丕尔（Edward Sapir）的说法，语言是商品，而文字不过是货币，货币没有商品做保障就一文不值，同样文字没有语言做依托也就毫无意义。

口头语言使人最终脱离动物界而成为人，文字语言则使人脱离原始状态而跨入文明，口头语音的传播功能主要体现在共时性，而文字语言传播的功能则主要体现在历时性。人们通过口头语言把握具体的现实世界，而通过文字语言去探寻抽象的精神世界。不管是口头语言还是文字语言，对传播信息来说，都非常重要。

②非语言符号。是指语言之外的所有传播信息的符号，这些符号大体上可以分为体语、视觉性非语言符号和听觉性非语言符号。在人类的传播活动中，非语言符号的使用在大多数的情况下必须以语言符号的使用为前提。同时，人们对非语言符号的解

读一般也必须有一个凭借语言符号对非语言符号予以"译码转换"的过程，这个过程的实质就是用语言符号阐释非语言符号所传播的信息内涵。

（2）根据符号表征事物的方式不同，又可以将符号分为图标型符号、索引型符号和象征型符号。

①图标型符号。图标型符号是指人们通过临摹和加工后的具象的图形来直接表征事物的符号，如卫生间区分性别的象形图案、计算机界面上表示废弃文件处置区域的垃圾桶和交通指示牌。由于这类符号能够直观、形象地表征所要指示的事物，因此这种符号也最容易被人们认知与理解。

②索引型符号。索引型符号是指事物本身所表现出来的能够反映事物特征或症候的信号。这类符号与其所表征的事物或观念之间存在着自然的因果逻辑关系或常识性的联系，不是直接描摹事物本身。如汽车排出的尾气、各种类型的地图、患者过高的体温等都属于索引型符号。因此，这类符号在某种程度上有着与信号相同的意义，解读和理解这类符号的难度比图标型符号要稍稍大一些。

③象征型符号。象征型符号是指以约定俗成的方式表征具有一定抽象意义的事物，与指示对象没有必然联系的符号。如文字、数字、色彩、服装、旗帜、鸽子、橄榄枝、音乐、企业标志、宗教形象等都属于象征型符号。例如，奥林匹克旗帜由五个不同颜色的圆环连接在一起组成奥运五环，象征五大洲的团结，也象征全世界的运动员以公正、坦率的比赛和友好的精神在奥林匹克运动会上友好相见，欢聚一堂，以促进奥林匹克运动的发展。与上述其他符号不同，象征型符号的意义需要言传身教才能被人们理解，因此，社会因素与文化因素对这类符号的传播起着很大的作用。

在整合营销传播活动中，将大量使用非语言符号尤其是视觉性非语言符号进行广告创意，通过直观而生动的形象向目标消费者和利益相关者诉求相关信息。因此，对于非语言符号概念的理解及其准确的使用是从事营销传播工作的人员所必须重点学习和掌握的内容。

（二）传播过程的经典模式

过程是指行为的发生与发展。从哲学的角度而言，任何过程归根结底都必然源于时间并受制于时间，也就是说，过程的本质就是时间。与人类的其他行为一样，传播过程同样也具有明显的过程性，每一个传播活动都不可避免地是在过程中实现，当然也是在时间中体现传播过程的构成要素，包括信源（传播主体）、信宿（传播对象）、信息、渠道（媒介）和反馈。

传播学的许多重要理论成果大都是通过模式来阐释的，对于传播过程的研究，专家学者从不同的角度提出了许多经典模式。

1. 拉斯韦尔的5W模式。

哈罗德·拉斯韦尔（Harold Losswell）是20世纪初美国最著名的政治学者，他的本行是政治学，但是他打通了心理学、社会学和政治学的壁垒，铸就了传播学的基座。哈罗德·拉斯韦尔在24岁时出版了《世界大战中的宣传技巧》一书，书中描述了第一次世界大战中的宣传，包括使用的符号，包括交战双方所使用的报纸、宣传手册、传单、书籍、海报、电影、图片等。研究发现"宣传是通过操纵表述以期影响人类的行为的技巧"。各国政府通过对敌军暴行的大力宣传，引发民众对敌军的仇恨，从而有效煽动公众和军队的反抗情绪，全身心投入战争，获取胜利。宣传在这个过程中产生前所未有的神奇功效。

结合他观察到的现象与研究，拉斯维尔在 1948 年发表的《传播在社会中的结构与功能》中，首次提出传播过程必须包含五大要素：谁（who）、说什么（say what）、通过什么渠道说（in which channel）、对谁说（to whom）和产生什么效果（with what effect），其模式如图 2－1 所示。

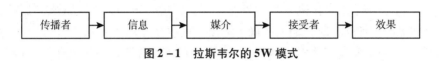

图 2－1　拉斯韦尔的 5W 模式

这一模式简单直白，把传播活动的五个构成要素说得清清楚楚，即传播主体、传播内容、传播渠道、传播对象和传播效果。不过该模式是立足于传播主体来研究传播活动，对传播对象的反馈显然重视不够，没有揭示出人类社会传播的双向性和互动性的特点，还存在许多不足和有待进一步完善之处。

 扩展阅读

魔　弹　论

魔弹论也称"靶子论""皮下注射论""枪弹论"或"机械的刺激——反应论"，是盛行于 20 世纪 20～40 年代的一种媒介威力强大的理论。这种理论认为，受众就像射击场里一个固定不动的靶子或医生面前的一个昏迷的病人，完全处于消极被动的地位，毫无反抗能力，只要枪口对准靶子，针头扎准人体某部位，子弹和注射液就会迅速产生出神奇效果。受众消极被动地等待和接受媒介所灌输的各种思想、感情、知识，大众传媒有着不可抗拒的巨大力量，受众对大众传媒提供的信息产生大致相同的反应，受众性格差异并不重要，重要的是信息，信息直接改变态度，而态度的变化即等于行为的变化。

在两次世界大战之间的几十年内，大众传媒如报刊、电影、广播等迅速发展并普及，对人们的日常生活产生了巨大的冲击力，人们普遍认为大众传播具有惊人的强大效果，传播研究者认为大众媒介具有"魔弹式"的威力。这种观点产生的理论背景是西方盛行的本能心理学和大众社会理论。本能心理学认为，人的行为正如动物的遗传本能反应一样，是受"刺激－反应"机制主导的，施以某种特定的刺激就必然会引起某种特定的反应。大众社会理论是在孔德、斯宾塞的社会有机体思想和韦伯等有关工业化社会理论的基础上形成的。他们认为，大众社会中的个人，在心

理上陷于孤立，对媒介的依赖性很强，因而导致媒介对社会的影响力很大。

资料来源：魔弹论［EB/OL］. https：//baike. baidu. com/item/% E9% AD% 94% E5% BC% B9% E8% AE% BA/3953562? fr = aladdin。

2. 拉扎斯菲尔德的两级传播模式。

美国哥伦比亚大学教授保罗·拉扎斯菲尔德（Paul Lazersfeld）等在 1940 年美国大选期间，在俄亥俄州伊利县，以居民为调查对象进行了实地调查，测定了大众传播对选民的政治态度影响，研究人员把大众传播可能产生的效果分为："无变化""小变化""强化""结晶""改变"五种类型。调查发现，超过一半的人在大众媒介影响下，原有态度得到巩固和加强，28% 的人明确了态度，而改变立场的受众仅占 8%。于是，他们于 1948 年出版了专著《人们的选择》，提出大众传媒对选民的影响非常有限的观点。这个结论推翻了人们对媒介万能的假设，同时在研究过程中，著者还有一个出人意料且意义重大的发现，即在大众传播过程中的两级传播现象。

两级传播是指在传播活动中，一部分在某些领域有一定研究和兴趣的受众（舆论领袖），将其通过大众媒介所接收的信息再通过人际传播的方式向其周围的人传播的过程。由于这个过程分为前后相连的两个阶段：第一个阶段或者说第一级传播是从大众传媒到舆论领袖，第二个阶段或者说第二级传播是从舆论领袖再到社会大众，因此称之为两级传播，其模式如图 2 - 2 所示。

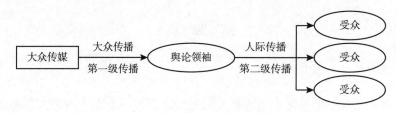

图 2 - 2　拉扎斯菲尔德的两级传播模式

这个传播模式理论突出的是人际传播的意义，意在表明人际传播的效力超过大众传播。以选举为例，我们可以看到，在每一次大选时，一方面竞选人会通过电视等大众传媒宣传自己的主张。另一方面，也会有竞选的志愿者派发传单，甚至是入门进行一对一的沟通交流，以达到劝服的目的。特别在互联网发展了之后，更是给予了竞选人与选民更多的直接沟通的机会。竞选人在社交媒体上更自如的构建自己的媒介形象。这种直接的互动会给予普通人极大的鼓舞，能够满足他们构建拟态亲密关系的需求。而且，伴随着互联网的发展，人际传播的规模以及影响力将会越来越大（甚至是有了大众传播的影响力）。因此，当下也越来越强调人际传播的作用。

但两级传播理论也具有明显的缺陷：第一，过分夸大两级传播中意见领袖的作用。两级传播理论认为意见领袖是信息传播中的中转站，大部分信息都是通过意见领袖的扩散与创新传递给受众，但实际上，大部分新闻报道都是直接通过大众媒介为受众所熟知，而且意见领袖也并不总是对受众产生子弹射击般的影响，他们之间很多时候只是分享信息而非劝服沟通。第二，对意见领袖的信息来源存在绝对化。两级传播论隐含着认为大众传播媒介是意见领袖的唯一信息渠道，但实际上意见领袖并非是固定的，在某一群众中的意见领袖在另一群体中可能就会变成追随者，受到其他意见领袖的影响，因此影响意见领袖的信息的来源可能是多样的，而两级传播并未对此进行涉及。第三，简单化了大众传播的过程，而实际的传播过程可能有更多级，更加复杂。

3. 循环模式。

1954 年，世界上首位传播学博士威尔伯·施拉姆（Wilbur Schramm）在其发表的论文《大众传播的过程与效果》中，首次提出了著名的人际传播模式。这个模式非常形象地表征了人际传播的本质特征。从传播学的角度来看，人际传播的过程就是信息循环往复流动的过程，参与对话的双方同时具有发出信息和接收信息的功能（编码、译码和释码），传播的双方不存在谁是主体、谁是客体的问题。这个模式的重要意义就在于突出了信息反馈和传播双方互动的人际交流的特征，揭示了信息的双向流通及人们共享信息的内在关系，其模式如图 2–3 所示。

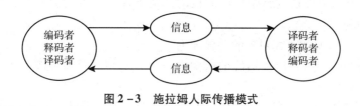

图 2–3 施拉姆人际传播模式

4. 系统模式。

系统模式就是把微观的传播过程置于宏观的社会系统中进行综合考察，其着眼点不再纠结于传播过程的内部诸环节，而在于把握传播过程与外部环境的联系和相互影响。[①] 美国社会学者约翰·赖利（John Riley）与蒂尔达·怀特·赖利（Tilda White Riley）夫妇于 1959 年发表了《大众传播与社会系统》的论文，认为以往对传播过程的研究模式没有引入社会学的观点，他们为此提出了一个将传播过程置于整个社会系统之中的理论观点。后来，荷兰传播学大师丹尼斯·麦奎尔（Danis McQuail）等人在《大众传播模式》一书中根据赖利夫妇的观点绘制出了这个模式，其模式如图 2–4 所示[②]。

在这个模式里，无论是传播者还是接收者均在各自所处的社会环境之中。此社会环境包括基本群体、更大的社会结构和社会总系统三个层次，比如某位在校大学生，其基本群体应该是他的家人、大学和高中同学以及班主任等老师，他的传播活动就会在无形之中受到其身处的这个群体的影响和制约。另外，该大学生及其所处的基本群体又会受到更大的社会结构如政治团体、传统文化、宗教信仰、价值观念的影响和制约。最后，身处上述两个层次的传播者和接收者又全部受到无所不包的社会总系统的影响，如一个国家是专制、腐败的极权国家还是自由、民主的法治国家，这对一个人

---

① 李彬. 大众传播学 [M]. 北京：中央广播电视大学出版社，2000：96.
② 麦奎尔，温德尔. 大众传播模式论 [M]. 祝建华，武伟，译. 上海：上海译文出版社，1987：49.

的价值观和思维方式的影响是决定性的。

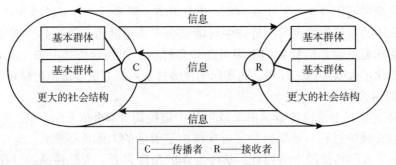

C——传播者　R——接收者

图 2-4　赖利夫妇的系统模式

（三）大众传播的劝服理论

劝服只是大众传播的一种形式，却是很多人十分感兴趣的一种形式。对于如何利用更为巧妙的劝服方法达到营销传播的目的，是所有营销传播管理人员所必须研究和思考的基本问题。

1. 基于传播信源为研究对象的劝服理论。

传播环境中，受众对传播信源的认知由三个变量构成，即传播信源的可信度、知名度和动机。

（1）传播信源的可信度。美国耶鲁大学教授卡尔·霍夫兰（Carl Hovland）以其实证研究方法为传播学理论贡献了诸多的研究成果，在传播信源的可信度方面，霍夫兰的研究结论是：可信度高的传播信源更有可能使受众改变态度，从而达到较好的劝服效果；相反，可信度低的传播信源则难以使受众改变态度。不过，由于大多数受众在接收到信息一段时间之后会不可避免地产生睡眠者效应（随着时间的流逝，实验对象对传播信源的印象渐渐淡忘，最后只是对信息内容本身还有残存记忆），因此，企业在开展营销传播活动时，至少有以下两点需要加以重视：一是为了提高品牌传播的劝服效果，必须尽可能地借助于具有更高可信度的传播媒介，尽可能选择具有高可信度的传播者或品牌代言人；二是在品牌传播过程中，不可完全依赖高可信度的传播信源，因为高可信度的传播信源虽然可以在短时间内影响甚至改变目标受众的态度，但是品牌传播活动一旦停止，受众的态度就会由于睡眠者效应而恢复原先的判断，除非企业能够长时间不间断地开展大规模的广告传播活动，但在实际操作过程中，这对于大多数企业显然是不太现实的。

（2）传播信源的知名度。企业推出新产品的时候，喜欢选用知名度较高的代言人，让产品一夜之间家喻户晓。如新冠肺炎疫情期间，各大直播平台邀请知名人士前来直播，网民蜂拥涌入直播间。当然，要注意传播信源的可信度与知名度是完全不同的概念。可信度是由于目标受众对信源（传播机构）的信赖或者对品牌代言人的专业身份与其代言的商品有着关联性而产生的信任；知名度则更偏向于与商品没有直接关联的非专业性，如果说高可信度的传播信源在短时间内可以改变受众的态度（主要是对品牌认知），那么高知名度的传播信源则只能影响受众的态度面，而难以改变受众的态度，因为受众是由于喜欢高知名度的传播信源（如代言品牌的文艺、体育、影视等明星）而爱屋及乌，也喜欢这些明星所代言的商品，但这种喜欢是感性的，是建立在对商品缺乏认知的基础上的，自然难以持久，对于需要一定的技术含量的商品而言，完全依赖明星代言以期影响目标消费者的态度则难以达到劝服效果。

（3）传播信源的动机。对于企业营销传播活动而言，不论如何掩饰，企业开展营销传播的动机当然是谋求企业自身的利益。正是这种动机的可疑，致使企业的广告传播的劝服效果往往难以尽如人意。譬如你在一家店里试穿衣服，导购员不停地称赞这件衣服非常合身，但你仍然将信将疑。因此，企业在开展营销传播活动时，可以采用创意、搞笑、幽默或加入公益色彩等方法，来淡化自己的动机，以降低消费者对广告天然的抵触感，对受众劝服的效果会大大提高。

2. 基于传播方式为研究对象的劝服理论。

以霍夫兰为代表的耶鲁学派对传播方式进行了长时间的深入研究，提出了四种传播方式的比较研究。这些研究实际上都是围绕一个主题，即传播者应该采用什么方式传递信息才更有劝服的效果。四种传播方式的比较研究如下：

（1）一面之词与两面之词，霍夫兰所领导的研究团队经过充分而深入的实证分析，提供了四种不同情况：第一，如果受众一开始就倾向于反对传播者的观点，那么把正反两方面的意见都提出来就比一面之词更为有效。第二，如果受众原来就倾向于接受传播者的观点，那么只讲"一（正）面之词"就比讲"两面之词"效果要好。第三，对于受教育程度较高的受众而言，更适合向其传播两面之词。第四，对受教育程度比较低的受众而言，传播者在向他们传播信息时，最好还是采用一面之词，因为如果传播者将两种不同的意见都予以传播，则会使他们困惑不解，无所适从。

在现实生活中，大多数营销人员在介绍商品时说的多是产品的好处，回避产品的坏处。这种方法可以说服那些比较容易相信他人的消费者，或者是对该产品有一定好感的消费者，营销人员说的好话会起到进一步肯定的作用。总之，传播者采用一面之词还是两面之词的传播方法要取决于受众的两个变量：一是受众固有的立场（赞同/反对）；二是受众的受教育程度（高/低）。

（2）先说还是后说更有利。从心理学的角度而言，人们在认知一则信息时，往往对信息的开始部分和结尾部分印象较深，而对支撑信息观点的数据、事实以及论证过程则往往记不太清楚，心理学把这种现象称为首因效应与近因效应。首因效应是指人们对所接收的信息的开始部分认知较深，近因效应是指人们对所接收的信息的结尾部分记忆较牢。

在营销传播活动中，先说还是后说对于广告在影视媒体投放的操作具有重要的指导意义。在影视媒体的广告时段中，如果媒体安排某一时段播放10条广告，那么显然处于第1条和第10条的广告就占有明显的有利位置。由于先说的信息容易引起受众的注意，后说的信息则可能促使受众产生记忆，因此，第1条和第10条广告的时段当然就会被许多广告主争夺。不过，对于企业而言，如果其营销传播的产品属于快速消费品，受众对广告信息内容的记忆显然就比注意重要得多；如果其营销传播的产品属于耐用品，受众对广告信息内容的注意当然就比记忆重要。

（3）结论是由传播者给出还是由接受者自己得出。在向目标受众传递信息并且希望他们改变原有态度时，传播者是应该将自己的观点或结论直截了当地向目标受众灌输，以便让受众全盘接受，还是间接含蓄地暗示，使受众根据客观事实自己得出结论？这两种方法哪一种更有效？大体上说，对于文化程度比较高，并且习惯于独立思考的受众而言，采用含蓄暗示的传播方式可能效果会更好一些；对于文化程度相对较低，习惯于听信盲从的受众而言，还是直截了当地将结论告诉他们效果更好。

对于营销传播来说，国内大多数企业目前仍然习惯于将自己的观点强加给目标受众，这种做法对习惯于听信盲从的目标受众而言当然是一种行之有效的方法，但是对于习惯于独立思考的目标受众而言，这种灌输式的沟通效果不佳。近年来欧美国家的广告创意作品大都采用含蓄暗示，让目标受众自己根据事实得出有利于某商品品牌的结论。这种由受众自己得出结论的传播（创意）方法，由于受众在接收品牌信息时需要经过自身的思考，因此，受众对采用这种传播方式的品牌印象会更深刻。

（4）理智还是情感。在传播活动中，传播主体的双方都希望自己的观点能够影响甚至劝服对方，那么究竟该使用何种方式才能够达到更好的效果？这就涉及传播方式所研究的最后一组要素：是理智型劝服还是情感型劝服更有效？

理智型劝服是指传播者运用以充分的事实根据、周密的逻辑推理、冷静的思考分析为特点的诉求方式，试图使受众相信进而接受传播者的观点。情感型劝服则是指传播者运用以绘声绘色的语言、充满想象的憧憬、感人肺腑的故事为特点的诉求方式，试图使受众喜欢进而接受传播者的观点。一般而言，理智型劝服可能达到的传播效果是受众对传播者的观点产生信任，情感型劝服可能达到的传播效果是受众对传播者的观点产生积极的态度。因此，情感型劝服的效果比理智型劝服的效果更加明显，因为人们态度的形成与改变过程中最关键的因素是情感而不是认知和行为。在营销传播活动中，究竟采用理智型还是情感型的诉求方式，还要根据目标受众的消费行为方式以及商品的基本属性加以灵活运用，不可一概而论。

二、品牌理论的研究成果

早在 20 世纪 60 年代初，美国知名的广告大师大卫·奥格威就提出了品牌概念并将其运用在广告创作的活动中，但直到 20 世纪 80 年代随着戴维·阿克的"品牌三部曲"《管理品牌资产》《创建强势品牌》《品牌领导》的问世，对于品牌的理论研究与具体实践才在理论家和实业界受到高度重视并逐渐成为营销传播学科的显学。

（一）基于顾客价值创造的品牌创建理论

该理论由美国学者凯文·莱恩·凯勒（Kevin Lane Keller）提出，凯勒认为品牌的价值基于顾客的认知，以及由认知产生的对企业的品牌营销所做出的相对于无品牌产品的差异性反应。如果这个差异性反应是正面和积极的，则这个品牌就有正面的价值；反之，如果消费者做出的是消极的反应，则这个品牌就有负面的品牌价值。

凯勒指出，这里的顾客不仅包括个人消费者，而且包括机构购买者。因此，这个概念不仅适用于最终消费品的品牌创建，也适用于工业品的品牌创建。在这个基础上，凯勒提出了一个品牌创建理论模型。

这个模型的前提是，企业创建品牌是通过一系列的创建工具实现的，凯勒把这些工具分为三大组，分别是品牌构成要素、配套的营销策略组合，以及影响顾客对品牌（产品）联想的各种辅助性工具。

第一组工具是选择品牌要素，包括品牌名称、标志、符号象征、包装、口号和特征等，通过有意识地选择，以达到如下目的：富有意义、易于记忆、可延伸、有适应力和可保护性。

第二组工具是营销组合策略的开发，他采取了传统的4P方式，认为产品策略体现产品的功能性和象征性利益，价格策略是产品价值的体现，渠道策略是对"推"和"拉"策略的整合应用，然后通过整合传播策略，传播和显示品牌价值。

第三组工具是品牌创建的相对次要的一些变量，包括品牌产品的原产国、公司、分销渠道、赞助品牌等，目的是建立品牌更丰富的联想，帮助品牌提升知名度、美誉度、使品牌更有意义。

通过应用上述三组工具实现两大直接目的：在顾客心目中建立起知名度和品牌联想。知名度包括品牌认知的深度和宽度。其中品牌认知的深度是指品牌的识别性（提示下辨认的速度和正确度）和记忆性（无提示下能够回忆和表达的程度）；品牌认知的宽度是指顾客实际购买和消费的情况，包括经常购买、偶尔购买等。品牌联想可以分为三个方面：一个是品牌联想的强度（相关性和内在一致性）；一个是喜欢程度（满意和兑现承诺情况），还有一个是独特性（包括是否有竞争力，是否有独特性）。

（二）基于品牌识别的品牌创建理论

戴维·阿克的品牌识别理论最早在《创建强势品牌》（1995）一书中被提出，1998年在《品牌领导》一书中对这个模型进行了改进，但没有实质性的变化，基本思想完全一致。品牌识别理论认为，品牌识别系统的建设分为三个步骤（如图2-5所示）。

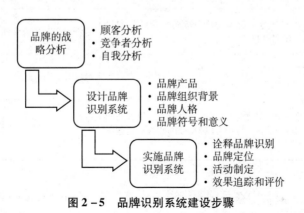

图2-5 品牌识别系统建设步骤

第一步是进行品牌的战略分析，包括：顾客分析，具体分析市场趋势、动机、未满足的需要和市场细分；竞争者分析，包括品牌形象、品牌识别、势力和战略、弱点等；自我分析，包括品牌现在的形象、品牌历史、实力和能力、组织价值等。

第二步是在内外环境分析的基础上，设计品牌识别系统。品牌识别由品牌精髓、品牌核心和延伸识别三个部分组成。具体体现在四个方面：品牌产品，包括品牌覆盖的产品范围、产品的特性、质量/价格、使用体验、使用者和原产国，这些直接影响顾客的感受，或产生一些好的或不良的联想等；品牌组织背景，包括组织特性，如组织的创新性、质量要求、对环境的友好性等，组织的全球性或地区性，这些方面会影响顾客对品牌的好感、尊重等感情；品牌的人格，包括品牌人格化的个性形象，品牌与消费者的关系；品牌的符号和意义，包括品牌的视觉标识、名称、隐喻式图案、品牌传统。通过上述对品牌识别的界定，确定品牌给顾客创造的价值目标导向——功能性利益、情感性利益还是自我表达利益，明确本品牌是否可以为其他品牌提供支持。在品牌识别、品牌的顾客价值以及品牌与其他品牌关系的基础上，明确品牌－顾客关系，这样一个完整的品牌识别系统的设计工作就完成了。

第三步是实施品牌识别系统，首先是更形象化地诠释品牌识别，然后进行品牌定位，积极向目标受众传播品牌识别及其价值取向，再就是品牌创建的一系列具体活动，最后是效果追踪和评价。

（三）基于品牌价值的品牌资产理论

20 世纪 80 年代末 90 年代初开始，品牌权益（资产、价值）理论成为新的、重大的学术研究热点领域。目前，在国外文献中，有品牌资产（brand asset）、品牌权益（brand equity）和品牌价值（brand value）等几个与品牌资产有关的概念（如表 2 - 1 所示）。

表 2 - 1　　　　　　　　　　　　　　与品牌资产相关的概念

概念	内涵	研究重点
品牌资产	它是从资产分类的财务会计角度对品牌的静态描述，属于结果性概念	品牌资产财务价值评估
品牌权益	品牌资产形成的动态过程以及各个影响因素之间的相互作用，属于过程性和关系性概念	对权益的形成机理及测评
品牌价值	从哲学和经济学本源上描述品牌资产之所以存在的根本原因，为品牌资产和品牌权益的研究奠定理论基础，属于原因性概念	从经济学本源上描述品牌资产的使用价值和价值

品牌资产研究主要集中在品牌资产财务价值评估（brand valuation），也就是品牌资产的价格评估上，它是仿照企业其他无形资产评估的方法对品牌资产的价格进行估算。在公司并购、品牌使用许可与特许、合资谈判、侵权诉讼索赔等产权交易活动中都涉

及或要求对品牌作价。出于这种需要，许多资产评估公司纷纷涉足品牌评估，并发展出许多评估方法，主要有应本法、市场法和收益法等。

品牌权益是品牌领域中使用最广泛但歧义也最多的概念。该领域的研究主要集中在对权益的形成机理及测评上，即以探究品牌权益的构成要素及相互关系为出发点，寻找隐藏在品牌资产的经济价值背后的本质驱动因素。关注的是品牌权益的形成原因和过程，偏重对品牌与顾客的相互影响进行定性研究。

品牌价值研究主要集中在从经济学本源上描述品牌资产的使用价值和价值，其中，使用价值表现为品牌具有识别功能、竞争功能和增值功能；价值包括成本价值和增值价值，品牌价值研究缺乏从价值哲学的高度出发，探讨品牌价值的本质、评价、分类、选择、取向、创造、演进及管理等一系列问题。

三、视觉传播理论的研究成果

相对于其他相关学科，视觉传播理论的研究成果显然不是那么丰富，对于从事营销传播管理的专业人士而言，相较于营销或传播学科的知识，他们对于这些研究成果可能感觉有些陌生，但是这些研究成果是从事整合营销传播理论的研究者和实际操作者不可忽视的重要内容。

（一）格式塔理论

格式塔（gestalt）这个词来自德语，意思是形式或形状，该理论的代表人物是德国心理学家马克思·韦特墨（Max Wertheimer）。他认为人的眼睛只收集所有的视觉刺激，大脑则负责把感觉信息整理成连续的图像，没有大脑把个别的感觉元素连接在一起，运动现象就不会产生。他的观点衍生出了一个著名的论断：整体不等于部分之和。也就是说，知觉是各种感觉综合运用的结果，而不是个别感觉元素的简单相加。

后来，格式塔心理学派的继承者进一步发展了韦特墨的理论，提出一个新的观点，认为人们在感知事物时总是会受到结构因素的支配。结构因素是指一种本能的心理反应，一种先验的感知框架，它先天性地存在于人的意识领域，而不会因为种族、民族、性别、年龄、政治信仰以及价值观念的不同而受到影响。结构因素对观者的感知活动的影响表现在以下三个方面：

1. 类似与相近。

即人们在感知（观看）事物时往往趋向于把相似的东西（符号）视为一类并归并在一起。

2. 完形趋向。

是指人们对事务的感知总是趋于整齐、规范、统一和完好，并力求避免残缺、混杂、凌乱和破损。

3. 残缺闭合。

完形趋向是在已经完好的图形中排斥不完好的成分，而残缺闭合则是把接近完好的图形下意识地完善起来，将其中的残缺部分修补闭合。

格式塔理论的特点在于它关注构成图形内容的诸多个别形式，并指导视觉传播者如何将这些基本元素综合成一个意义整体，也可以启发设计人员如何反其道而行之，将受众的注意力集中在某些特定的表现元素上。

（二）符号学理论

符号学是关于符号的研究科学。在营销传播过程中，企业通过品牌与目标消费者进行沟通的载体实际上就是符号。如果一幅广告作品的视觉符号能够被更多的受众理解，该广告诉求信息自然就更容易被受众记住。

当代符号学的兴起发端于第一次世界大战前夕两位语言学家的研究。瑞士语言学家弗迪南·德·索绪尔（Ferdinand de Saussure）以其大量的研究成果建立了关于符号的一般理论。与此同时，美国哲学家查尔斯·桑德斯·皮尔斯（Charles Sanders Peirce）发表了关于符号的社会效果的研究论文。这两位专家的研究成果为当代符号学理论的建立奠定了基础。

从视觉传播的角度看，一幅广告创意作品实际上是幅图像，它是众多视觉符号的集合。既然是集合，就必然有一种规范，就好像语言符号是由众多的单词构成的，它们必须按照语法规则组合才有意义一样，视觉符号的集合也有着自身特殊的集合规则，法国文学理论家、符号学大师罗兰·巴特（Roland Barthes）将这个集合过程称为编码，每个社会的文化发展进程中，都会形成自己所特有的编码系统，个别而单一的符号按照这种编码系统集成图像，以传播较为复杂的意义。

（三）认知理论

认知理论认为，视觉过程是观者积极地通过大脑活动所达成的一种知觉结论。认知理论是从主体的角度来研究视觉理论。[①] 对同样一个视觉作品，不同的观者会有不同的理解，因此，认知理论的研究实际上就是观者对视觉物体的理解过程。

理解是一个十分复杂的过程，理解是种积极的、带有创造性的认知活动，因此，任何理解过程都不可避免地带有观者主观的感情色彩，理解活动也要受许多因素的制约，其中主要有心理预设、文化背景、动机、情绪和态度等。

1. 心理预设。

人们在理解活动开始之前，都带有某种根据自身的生活经验而形成心理期待，不知不觉地预先设定了视觉物体应有的形状，由于心理预设因素的干扰，人们对客观现实的认知常常难以做到实事求是，或者说，人们看到的东西往往都是他们想看到的东西。

2. 文化背景。

每个人都生活在特定的文化背景之中，每个人的行为、观念、习惯、性情都不可避免地会受到某种文化模式的影响和熏陶，因此，人们对事物的理解自然便会受到自身文化背景的影响而带有鲜明独特的文化烙印。

---

① 莱斯特. 视觉传播：形象载动信息 [M]. 霍文利，史雪云，王海茹，译. 北京：中国传媒大学出版社，2003：70.

3. 动机。

研究表明，动机与理解具有密切的关系，尽管在有些理解活动中人们的动机藏得很深，甚至连理解者本人都未必有所察觉。美国社会心理学家戴维·麦克里兰（David McClelland）和约翰·阿特金森（John Atkinson）所做的实验对此做了很有说服力的证明。

该实验是将实验对象分成三组，让第一组、第二组、第三组的实验对象分别在实验开始之前 16 个小时、4 个小时和 1 个小时之内不吃任何东西，实验分两步进行：第一步先让实验对象在光线充足的房间里清楚地看到一张汽车图片；第二步是逐渐使房内的光线变暗，直到房间里的东西影影绰绰，似有若无，然后再换一张图片并请实验对象辨认图片上的物品，告诉实验对象，"这张图片上有三样东西，请说出它们是什么?"其实，图片上什么东西都没有。

实验的结果是，实验对象看到食品的次数与他们停食的时间成正比，即空腹时间越长的实验对象看到的所谓食品的人数就越多。出现这种差别的一大原因就在于不同的实验对象在观看过程中带有不同程度的减轻饥饿的动机，饿得越厉害的人的这种动机就越强烈，也就越希望看到食品。动机与理解的关系由此可见一斑。

4. 情绪。

在理解活动中，人们无不处于一种特定的情绪状态，或舒畅，或悲伤，或兴奋，或郁闷，或心烦意乱，或心平气和，等等。处于不同情绪状态之中的人也会产生对同一事物的不同理解。

5. 态度。

尽管影响人们理解的因素有很多，但归根结底人们的认知活动还是由其态度所决定的，即人生观和价值观所决定的，社会心理学家高尔顿·奥尔波特（Gordon Allport）在其《偏见的本质》书里有一段对话，提供了很典型的例证：

> X 先生：犹太人的毛病就是他们只顾及自己的团体。
>
> Y 先生：可根据福利基金会的记录，从捐款人数与捐款数量的比例上看却表明他们比非犹太人更慷慨。
>
> X 先生：那正表明他们总是力图用钱赢得别人的好感，用钱跻身于教会事业，除了钱他们什么也不想，怪不得犹太银行家这么多。
>
> Y 先生：但新近的研究表明银行界中犹太人的百分比是微不足道的，比非犹太人所占的比例小多了。
>
> X 先生：正是这样，他们不从事令人敬佩的事业，只干点儿电影业或开夜总会之类的事情。

这段对话清楚地表明，由于 X 先生已经形成对犹太人的否定态度，因此，他对几乎所有犹太人的信息的理解都是负面的，而且总是从自己的偏见角度去理解同他的观点相矛盾的信息，结果就是把反驳自己观点的论据都变成支持其观点的论据。可见，一个人的态度对其理解活动所产生的作用有多大。

本 章 小 结

由于新技术（电脑技术、网络技术和传媒革新等）的出现和推动，使得市场经济得到不断发展和完善，市场营销驱动重心先后经历了以生产商、分销商和消费者为驱动重心的三个阶段。

广告观念的演变历经三个阶段：早期的广告传播观念、转折期的广告传播观念和整合期的广告传播理论。早期的广告传播观念包括硬性推销的广告传播观、软性推销的广告传播观；转折期的广告传播观念包括瑞夫斯的 USP 理论、大卫·奥格威的品牌形象理论、李奥·贝纳的"产品与生俱来的戏剧性"理论；整合期的广告传播理论代表是不断发展完善的品牌形象理论、20 世纪 70 年代的定位理论、80 年代的共鸣理论以及 CIS 理论。

整合营销传播理论的学科背景包括传播学、品牌学和视觉传播理论等。传播学理论研究成果包括大众传播的基本概念、传播过程的经典模式、大众传播的劝服理论；品牌理论的研究成果包括基于顾客价值创造的品牌创建理论、基于品牌识别的品牌创建理论、基于品牌价值的品牌资产理论；视觉传播理论的研究成果包括视觉传播中的感觉理论、知觉理论。

【思考题】

1. 市场营销驱动重心的演变经历了哪几个阶段？
2. 硬性推销派与软性推销派有什么异同？
3. 大众传播的劝服理论在整合营销传播的实践中应该如何应用？

第三章
识别客户与潜在客户

【学习目标】

- 掌握集中法的概念
- 了解态度研究方法与行为研究方法
- 掌握如何利用现有信息建立客户数据库

第一节　市场细分与集中法

整合营销五大步骤的第一步就是运用行为数据库识别并界定客户与潜在客户。这是营销传播的起点，也是其他步骤的基础。只有对客户有了充分的了解，才能够有的放矢地实施自己的营销计划，从而为营销成功奠定基础。这是与传统营销方式完全不同的步骤。因此，为了充分了解客户，首先需要对客户群体进行分类，进行市场细分。

一、市场细分

市场细分是把市场分成若干个具有明显特征的企业客户群或者群体消费者。有效的市场细分，应该满足以下条件：

首先，该市场细分中的消费者或者企业客户本质上相似，有相同的需要、态度、兴趣和观念。也就是说，在该细分中的个人或企业是同质的。

其次，该市场细分和总体人群不同。细分要明显区别于其他细分人群，也要区别于一般人群。

再次，该市场细分要足够大，以便从财务的角度进行单独的营销活动。

最后，该市场细分必须能通过一定形式的媒体或营销沟通方法接触到。

市场研究人员花费大量的资源和时间研究细分变量，从而寻找有效的市场细分。细分变量主要有四类，即地理变量、人口变量、心理变量、行为变量。以这些变量为依据来细分市场就产生出地理细分、人口细分、心理细分和行为细分四种基本形式。在通过市场细分获得数据之后，营销人员随后要进行市场分析，就是对属于这四种市场的消费者需求和购买行为分别进行研究，从中发现有利的市场空间，为下一步的营销策划奠定基础。

市场细分理论基于一个最为普通的观点，即所有的消费群体并不是同一的。它承认在多元选择的市场背景下，消费者由于各种因素的区别，本身也呈现为多样化。因此它在一定程度上显示出对于消费者的尊重和认识。虽然整合营销传播认为市场细分法并不十分科学，但目前它在国内外的营销传播实践中都运用得十分普遍。

 扩展阅读

宝洁的市场细分

在地理细分上，宝洁公司针对东方人的发质与西方人不同的特点，开发了专为亚洲人头发补充营养的"潘婷"，以满足亚洲消费者的需要。同样是汰渍洗衣粉，由于比利时和欧洲其他地方水中的矿物质的含量是美国的两倍，宝洁公司就研制出软化硬水的成分来满足顾客的需求。在人口细分上，由于其定位多为青年消费群体，因此将洗衣粉等产品分为"高价市场""低价市场"等，并选取年轻而有活力的青春偶像来作为广告模特。在心理细分上，宝洁强调不仅要在不同的国家销售产品，还要根据不同国家消费者的需要研制开发新产品。宝洁重视各国的文化差异，广泛地开展市场调研活动并从中获得不同国家的市场特征。例如，宝洁为中国市场的产品设计了符合中国消费者接受心理的中文名称，如飘柔、海飞丝、舒肤佳、佳洁士等。在行为细分上，宝洁尽量生产不同功效的产品以满足不同消费者的利益需求。在美国市场上，宝洁有8种洗衣粉品牌、6种肥皂品牌、4种洗发水品牌和3种牙膏品牌。以洗发水为例，4种品牌皆有不同的定位，如飘柔的"柔顺头发"、潘婷的"健康且富含维生素B5"、海飞丝的"有效祛除头屑"、维达沙宣的"使头发柔亮润泽"。通过这种将一个品牌和一种特殊产品的特性、功能联系起来的方式，宝洁不仅成功地巩固了品牌在顾客心中的印象，而且在洗发水市场上获得了良好的品牌声誉。

资料来源：黄鹏，何西军．整合营销传播：原理与实务［M］．上海：复旦大学出版社，2012：67。

二、集中法

整合营销传播认为：市场细分方法具有很大缺陷。首先，它从根本上来看是对于群体的划分，而不是对于个体的划分，它没有能够对客户或者潜在客户进行具体的分析和个性化的探讨；其次，它对于客户的关注停留在表面层次上，没有真正对客户的特征进行深入分析。

整合营销传播认为：对于客户的划分应该从客户的行为入手，而不应该从客户的地理环境或者其他变量入手。整合营销传播所提出的"集中法"，就是按照顾客行为将他们划分成为不同的类型。"集中法"认为：顾客群本身的分类是以他们所做的事情为基础的，而不是以市场形成的人作为分类架构。例如，有顾客想减脂瘦身，他们总是买低脂低能量的食品，他们消费这类产品的方式很相似，就可以被集中归为一种类型。这种类型的划分超越了顾客的年龄、收入、地理区域等因素，只是消费行为上接近，无论表面上看上去差异多么大的顾客，也可以被划分为一种类别。有关客户做什么、怎么表现或者是他们过去和产品或者服务有什么关系的记录资料远比他们的年龄、性别或居住资料更有用。

对于集中法中怎样再将具体客户划分为不同群体，一般来说，企业可以把客户群体按照客户与品牌的关系集中归类为三个大的类别：现有客户、竞争客户和新兴客户。现有客户指的是正在为公司带来利润的那些客户，他们可能被当成单一的目标，也可能进一步被细分归类成为高金额或高利润的使用者与临时或低利润的使用者等。竞争客户是指在本公司的产品和其他公司产品间摇摆不定的人。同样，竞争客户也可以细分为对竞争对手极度忠诚的人以及过去的行为表现摇摆不定的人。新兴客户则是指一些具有购买潜力的人，如第一次当妈妈的人、刚入校的大学生、刚刚退休的人等。新兴客户和任何一个竞争对手都没有稳固的既定关系，但由于他们属于新的类别，自然会有特殊的信息需求，因此可能要通过与已经建立的途径或渠道所不同的方式才能接触到他们。除此，公司也可以根据自己的实际情况将客户进行分类。

 扩展阅读

淘宝店铺的集中法

淘宝上面的每家店铺后台都有大量的数据，包括整个店铺最近 7 天、7～14 天、14～27 天、27～56 天、大于 56 天成交的客户人数，他们交易的次数、交易的金额数和平均的交易额，根据这些数据就可以分析店铺成交主要集中在哪一部分客户身上。通过分析客户画像，我们可以更加清楚地了解到，店铺现在拥有的客户是属于哪一个人群，拥有哪些特征，如买家等级、地理位置、年龄、性别、消费综合层级等。

通过地理位置的分析，我们可以针对转化高的地域加大直通车的推广，提高整个店铺的转化率，通过职业分析，我们可以将目标锁定在一定的范围，而通过消费综合层级分析，我们可以了解到我们店铺的客户是"高富帅"还是"矮穷挫"。那么店铺的经营者就可以根据上述客户特征分析客户能够接受的最有效的活动，例如权益发放的红包营销、密令红包，又或者定向优惠的专享价、打折、减现等等。

资料来源：程宇宁. 整合营销传播：品牌传播的策划、创意与管理 [M]. 北京：中国人民大学出版社，2019：72。

一些学者对于集中法提出了更进一步的探讨。唐·派伯斯（Don Peppers）和玛莎·罗杰斯（Martha Rogers）提出了"一对一营销"的概念。它指的是一种非常个性

化的营销方式，这一方式根据客户过去的行为或指定的偏好来运用客户数据库，传达量身定做的营销、优惠或产品信息。随着科技的发展与技术的进步，越来越多的学者开展有关研究，并提出了精准营销的概念。在精准营销下，要求企业掌握非常详尽的客户资料，使对客户的管理与认识更加人性化，能够创造完全个性化的服务。因此这种营销过程往往要对数据库提出很高的要求，而随着互联网以及大数据技术的发展与应用，现在很多电商平台已经可以做到精准推送和个性化推送，从而实现了"一对一营销"的精准化。如天猫、京东、唯品会、拼多多等。可以说"一对一营销"或者精准营销是"集中法"技术革新后的一种极端的呈现，但是对于现代企业来说是十分必要的。

在企业营销实践中，"市场细分法"与"集中法"常常密不可分。在对客户的现有行为进行分类的前期，往往还需要对客户的自身数据进行归纳管理，进而推断出他们下一步的消费行为。也有的是营销人员根据客户与潜在客户的行为把他们界定出来并集中以后，再利用传统的市场细分方法加强这些信息行为的处理，比如通过人口统计、地理或心理统计信息再加以具体分析等。市场细分与集中法往往是结合起来使用的，因为仅仅依靠客户的一两次的购买行为来预测他长期的购买意向的做法并不可靠。例如，一个向来是低端消费的顾客很有可能在一个突发的情况下购买一次高端产品，而一个向来是高端消费的顾客也有可能在某一特定情形下购买一次低端产品。因此，影响一个消费者购买行为的因素有很多，我们在实际操作中必须结合多种因素来加以判断。

但无论如何，集中法相比较起市场细分法来说毕竟显示了很大的优势。市场细分法更为重视的是客户的表面特征，在处理客户数据时并不能显示其优势；而集中法则是一种更为深层次的划分。它关注顾客的行为和个性化的区别。因此，集中法往往被认为比市场细分法更加丰富与深入，也更具人性化的特征。以消费者行为上的改变以及这种行为为营销传播带来的利润来评判营销传播的价值始终是整合营销传播思想中的一根主线。

第二节　态度研究方法与行为研究方法

在采用集中法来对客户进行分类后，我们就需要能够判断客户是否有购买行为或者有潜在购买行为。将哪些顾客划分为现有客户、竞争客户以及新兴客户需要有一些评判标准，在这里，我们比较两种对顾客行为的推断方法。

一、态度研究方法

第一种是有关"态度影响行为"的观点。这种观点在传统的广告研究中早已有之。从 20 世纪 40 年代开始，态度是否会影响行为的辩论就出现在各种文献当中。认可态度能够影响行为的观点认为：传播活动会使消费者经历某种心路历程，对一个产品从认知变成了解、再变成喜好等，最后带来一定的购买行为。美国学者罗伯特·拉维基（Robert Lavidge）和盖瑞·史坦纳（Gary Steiner）在 1961 年首次提出"传播效果等级模式"。该等级模型假设：个人在达成购买决定前，会先经过一连串的态度阶段，这一连串的态度阶段便是从认知到购买的阶段。该模式还假设：营销传播是促成这种行为的工具。因此，客户或潜在客户接触越多的信息或者有越多的接触机会，他们就能越快地做出一系列行动，最终促使他们购买营销人员的产品或服务。如图 3-1 所示。

图 3-1 传播的效果等级模式

消费者在接受广告以后所经历的一系列心路历程有：态度上发生改变从而导致认知的认可，进而产生情感上的偏好，再上升到对于这种产品的态度上的肯定，最后产生购买行为。

尽管这个模式从视觉上来看很有说服力，但一些学者认为它存在着很大的问题：首先是它没有考虑到竞争因素的影响，将广告改变消费者心路历程看作简单的、单向的、不受干扰的过程；事实上，消费者看到广告以后是否就会引起态度上的某种变化会受到许多因素的干扰。更重要的是，这个模式是建立在假设的基础上的，它假设了人们对于某种产品的态度肯定就会导致他们对这种产品的购买。所以尽管得到接纳，但是根本就没有科学的证据显示这个模式能够正确地评断人心对于广告或营销传播的响应方式。

行为主义研究者认为：态度改变并不能一定引起行为上的改变；态度上的认同也不能导致行为上的购买。反而根据一些文献显示：客户或潜在客户最有价值的相关信息就是他们过去所做过的事情，例如他们曾经有哪些购买行为、购物活动或者与购物相关的活动等会在很大程度上影响未来的购买行为。人和组织都是习惯的产物，所以他们在过去怎么做，将来很可能还会那么做。行为数据总是比其他任何一种信息都更能够提供有价值的见解。因此，营销人员预测客户未来做法的重要标准是他是否曾经那么做过，而不是对某一产品是否感兴趣或者有购买欲望。与其用态度资料来预测客户将来可能会做什么，不如用此来解释为什么这些客户会做这些事情，以及他们将来为什么还可能再这么做。

二、行为研究方法

第二种测量顾客购买行为的方法，即从财务上的利润回报来测量营销传播结果，我们把它叫作客户投资回报率（ROCI）。它分为计算短期客户投资回报率与长期客户投资回报率。这一点，舒尔茨（Don E. Schultz）多次在他的著作中提到，我们也将在下面的章节中具体阐述。在这里所要说明的是：研究顾客的购买行为是营销传播者一向都非常感兴趣的话题，也是营销传播中非常重要的话题。它不仅可以揭示在以往的营销传播中所收到的效果，也可以进一步推断未来的营销活动中顾客的购买行为，从而判断出未来的营销传播效果。

通过测量顾客购买行为的方法，结合当前所使用的数据库，就可以分析出顾客下一步的行为倾向。这对于目前的营销传播规划是非常有价值的。

 扩展阅读

花 旗 银 行

花旗银行的总裁曾经说过："如果我们看到某个客户在分期付款购买汽车时很快就要付最后一笔款，我们就可以根据客户的消费模式预测出这位客户很可能在6个月之内再购买一辆汽车。于是我们便可以及时准确并且抢先让这位客户知道，我们银行会有特别优惠的汽车贷款利率给他。我们马上便会寄去我们银行购买汽车分期付款的宣传品。"

资料来源：卫军英. 整合营销传播典例［M］. 杭州：浙江大学出版社，2008：69。

花旗银行的数据管理系统能够透视到客户的口袋里有多少钱，将来会有多少钱，从而判断客户的钱会给银行带来多少利润。采用这种客户的行为方式预测客户可能给公司带来的利润既科学又可靠，减少了很多主观判断的不确定性。

不过，这一测量顾客购买行为的方法虽然可行，但要实施起来还存在一定困难。特别是在我国的市场环境下。一是需要有较为完整的消费者数据库，数据库完善了才能够对消费者的行为进行具体分析；二是要掌握完整的 ROCI 财务测量方法，这需要对员工进行专门的培训才能得以实行。但可以看到的是：行为测量法已经越来越多地运用于营销传播研究中，并且也起到了越来越明显的作用。

第三节　建立客户信息数据库

在了解了根据顾客的购买行为来判断公司未来盈利的基本思路以后，一个最为重要但又有难度的环节就是建立客户信息数据库了。在互联网广泛应用以及高科技迅猛发展的今天，能找到客户与潜在客户的资料已经并不是什么难事，但由于公司需求的不同以及财力的不同，在建立和选择数据库的时候面临着不同的情况。并不是每一个公司都有足够的实力来购买和使用完善大型的客户管理系统。对于中国的企业来说，建立完善的数据库需要大笔资金的投入，许多企业宁愿将大量资金用于做广告，也不愿进行硬件或软件建设以构建成熟的数据库系统。因此构建数据库对很多中国企业来说是难以迈出的第一步。

整合营销传播认为：建构客户信息数据库的方法有很多，各个公司可以针对自己的实际情况选取实用的数据库或是从不同渠道获取客户资源。相当一部分资料是来源于企业内部的，销售部门、会计部门和客服部门都可能保存着有价值的资料，因此，寻找数据不妨从内部开始，只要统计人员能够把现有的内部资料整合起来，也一样能够提供有用信息。因此，建立有效的数据库的过程可以分为三个步骤。

一、获取一切有效的信息

大部分公司的信息源都散布在组织的不同部门的各个角落，如市场营销部门的客户数据、销售部门的客户或渠道数据、客户服务部门的客户反馈数据、会计部门的信用和财务数据，只要公司能够有效地挖掘这些信息，将它们串联起来，就能够在需要的时候派上用场。销售方面的数据是最直接的也最具代表性的数据，根据当年各项产品的销售量可以非常明显地看出该产品的市场需求量。其次，客户终端的信息可以显示出该项产品的市场需求模式，如产品比较适合于什么样的人群，在什么情况下会有销量等。态度研究是在购买行为产生之后的辅助测量，它可以显示出顾客在作出购买决策之前有什么样的心理波动，或者什么样的心理波动有可能会导致购买行为。财务数据、客户反馈数据和产品使用数据都能在一定程度上为以上三种数据提供辅助信息。另外，还包括了媒体报道情况，即该产品或者企业在媒体中的曝光状况，这也可以间接反映出企业或品牌的外在形象。如果企业在平时就多留意所有与自己及产品有关的各项信息并加以收集，一个基本的企业内部资料库就能形成。

二、筛选与加工相关数据

在获得了数据信息以后，如果不加以整理，惊人的数据量可能会把人淹没。另外，数据虽然很多，但是会变成有效客户信息的往往少之又少。因此必须对搜集到的信息进行有效的整理。这里我们引用舒尔茨所认为的在对信息进行选取过滤的时候可以参照的三个标准：首先是这些数据是否有助于公司更贴近客户与潜在客户，我们能否给他们提供他们想要的产品或服务；其次是这些数据是否能够帮助我们了解客户的举动，并利用这些知识来为未来的客户带来满意的体验；最后是这些数据是否有助于我们更妥善地分配有限的资源以及让我们作出更好的营销传播决策。如果那些数据在这三个关键层面有价值，那么这些数据就值得掌握、分析与管理。

 扩展阅读

宝马公司

伦敦的数据库集团当汉比联合有限公司（Dunnhumby Associated Limited）表示，从 20 世纪 80 年代早期开始，英国的宝马公司就一直在搜集整合各种形式的客户数据资料。该公司所搜集的信息有各种来源，包括新手和二手车的购买记录、保修和

服务记录、宝马车的金融服务记录、直接邮件和因特网来源，还有从竞争销售数据来源得到的外界信息等。这使宝马公司能够建立起营销数据库，并在市场上占有了很大的优势。这个庞大的数据库有很多不同的使用目的。最主要的目的是预测客户有可能在什么时候换车。有了这些资料以后，车商就可以和客户讨论并协助他们规划下次的购车时间。由于分析人员可以准确地区分以及锁定客户，并联系那些愿意对此做出反应的客户，因此，宝马公司的各种宣传活动的响应率在过去几年增长了两倍。最后，为了维持顶级客户服务的声誉，宝马公司把这些来自数据库的信息提供给电话客户服务中心的一线员工。接听人员既掌握了客户终身价值的细节，又掌握了客户与宝马联系的情况，不管他们是通过什么渠道购买车辆。

资料来源：唐·伊·舒尔茨.IMC：创造企业价值的五大关键步骤 [M]. 何西军，黄鹂，译. 北京：中国财政经济出版社，2005：66。

三、建立属于自己的客户信息数据库

对于不同的公司来说，有的需要数据库，有的则不需要；有的需要庞大的、复杂的数据库，而有的则只需要简单的数据库。究竟建立何种数据库需要视公司的具体情况而定，不能够一概而论。

舒尔茨认为，运用客户和潜在客户的数据来进一步了解他们的行为，这通常需要整合或集中来源的数据，即整合并分享客户数据。他提出一个矩阵以便于我们观察所得来的数据是如何被整合的。在以下的矩阵中，横轴是从可衡量的数据到隐含的数据。可量化的数据是针对众多客户与潜在客户提供具体而有条理的信息。隐含数据则来自研究的调查方法或是不定期的客户接触与评论。纵轴是从可观察到的数据到可以推测的信息。可观察的信息基于可以追踪的实际客户行为与数据。可推测的数据则是基于意见调查与其他抽样技术搜集来的信息。

当两种资料结合在一起时，就可以画出一个矩阵，如图 3-2 所示。

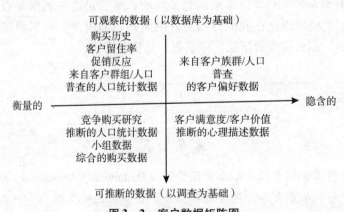

图 3-2 客户数据矩阵图

资料来源：黄鹂，何西军.整合营销传播：原理与实务 [M]. 上海：复旦大学出版社，2012：78。

在图 3-2 中，四个象限中分别填入公司经常会搜集的各种数据实例。虽然矩阵并没有涵盖所有的内容，但是列出了整合营销主管们可能会在组织中找到的大多数数据类型。在左上方的矩阵中，"购买历史、客户留住率、促销反应、人口统计数据"等属于"可观察、可衡量的数据"；右上方的"客户偏好数据"属于"隐含的、可观察的数据"；左下方的"竞争购买研究、推断的人口统计数据、小组数据以及综合的购买数据"都属于"可衡量和可推测的数据"；右下方的"客户满意度/客户价值推断的心理描述数据"则属于"暗含的和可推测的数据"。这些数据在被进行恰当的归类以后，便成为对公司有价值的数据。

除了以上将客户行为加以区分之外，一些数据库还要区分"硬连接"和"软连接"。就很多组织而言，对消费者的深入了解是数据的连接方式所产生的结果。"硬连接"是指可以实际匹配各种数据的活动，例如匹配客户的购买记录与第三方的人口统计数据；"软连接"则是指那些依靠人为介入或运作来确保成功的活动，如客户剖析、客户评分和数据搜集的样本设计等。所有这些方法都依赖于个人设计或开发各种模型以及算法的技巧与能力。

这些技术上的操作完成之后，公司便可以根据所得到的客户情况来建立相应数据库。把所得到的数据都输入库中，加以分门别类，形成满足自己公司需要的客户资料库。对于整合营销传播管理者来说，最重要的策略性输出显然是客户与潜在客户的细分或归类集中。集中了客户与潜在客户后，就可以进行信息传递和服务履行。最后可以使用分析各种数据来提出各种长远规划。当然，分析这些数据与营销传播计划能否进行整合也有很大的关系。

需要说明的是，数据库的建立所采用的技术和手段不是一成不变的，而且每个公司也会采用适合于自己的技术手段，或者针对自己的情况来建构适合于自己的数据库。

 扩展阅读

南方航空的客户行为数据库

南方航空是我国运输飞机最多、航线网络最发达、年客运量最大的航空公司。南航经营包括波音 777、747、757、737，空客 A330、321、320、319、300 在内的客货运输机 400 余架，形成以广州、北京为中心枢纽，密集覆盖国内 150 多个通航点，全面辐射亚洲 40 多个通航点，链接欧、美、澳、非洲的发达航线网络。

南航为了进行更好的客户管理以及创造更好的业绩倾力打造了客户行为数据库（customer behavior database，CBD）。"在没有客户行为数据库之前，一些客户的资料我们甚至都没有记录下来。也许是分散的没有集中起来，也许是根本就没有记录。因此，也谈不上形成一个整体的关注旅客的数据库。"此次项目的负责人黄文强介绍道："通过记录旅客数据库的行为，我们可以更好地总结旅客个性化需求、提供更有针对性的服务，维系客户和我们的关系，确保他们的忠诚度。客户行为数据库就是从旅客查询航空公司的产品开始，直到预订、支付、出票，再到办理登记手续、过安检，在候机室、两舱休息室，或者是在登机口休息，登记完成后在机舱的服务，到最后到达目的地后的行李的提取，再到旅客里程的累计，以及下一次旅行的开始，这就相当于形成了一个闭环，我们叫作旅行价值链。"在旅行价值链里面，客户行为数据库会记录下所有旅客和航空公司的接触点信息，接触点的行为的记录都存储在客户行为数据库里面，然后就能够通过数据库和识别引擎来获知旅客的一些行为习惯，在下一次旅行的时候就能够调出上一次旅行的情况，比如说他是通过网上订票的还是通过代理点订票的，他的支付方式是信用卡的还是传统的支付模式，对于高端旅客在"两舱"休息室里喝的是红茶、绿茶还是咖啡，这些细节都会被记录下来。在他下一次旅行的时候，空乘人员就不用再去询问他要喝茶还是咖啡，这样就会让旅客感觉到服务的贴心。也有可能当上一次在乘坐南航航班的时候，航班延误了，那么在下一次旅行的时候，南航的工作人员就会向旅客道歉，南航也会针对航班延误出台一些政策，比如对里程做一些补偿，问候或者送一些小礼物，让旅客能够感受到南航的关怀。而这些都是基于对客户信息的把握。

客户行为数据库与客户资料数据核心（SVC）、产品数据核心（SAC）共同组成了南航营销与服务的三大核心数据库。实现对所有高价值客户实施针对性营销和个性化服务，可以很好地提高营销服务精准率，提升营销业绩和品牌效应，并推动南航战略转型全面落地。

资料来源：南方航空客户行为的数据库管理 ［EB/OL］. https：//www. docin. com/p－253071688. html。

本 章 小 结

整合营销五大步骤的第一步就是运用行为数据库识别并界定客户与潜在客户。为了更好地了解客户，传统的营销方式需要对客户进行细分，并且按照地理、人文、心理与行为四个变量对市场进行细分。但在整合营销理念下，考虑到顾客在购买产品时往往会选择同一类别的产品，对产品的使用方式上也比较接近，而这类客户恰恰是需要集中关注的，这种对群体的划分已经超出收入、年龄、地理等因素，因此整合营销下的客户群体更需要集中法去深入了解目标顾客群体。

在采用集中法来对客户进行分类后，接下来需要判断客户是否有购买行为或者是潜在购买行为。将顾客划分为现有客户、竞争客户以及新兴客户需要有一些评判标准，通常的方法有态度研究法与行为研究法。

在了解根据顾客的购买行为来判断公司未来盈利的基本思路以后，一个最为重要的环节是建立客户信息数据库。如何有效利用现有资源建立客户资料数据库，需要三个步骤。一是获取一切有效的信息；二是筛选与加工相关数据，为各种营销传播活动服务；三是建立属于自己的客户数据库。

【思考题】

1. 什么是"市场细分法"?
2. 什么是"集中法"?
3. 怎样有效利用现有资源建立客户资料数据库?

第四章
整合营销传播效果分析

【学习目标】

● 了解整合营销传播效果的评估模型
● 认识企业实施整合营销传播战略之后对其效果进行检测和评估的工具和方法

第一节 传播效果评估模型基础

AIDMA 是美国广告学家 E. S. 刘易斯（E. S. Lewis）于 1898 年最先提出的。其中 AIDMA 中各字母的含义为：A：attention，引起注意；I：interest，产生兴趣；D：desire，培养欲望；M：memory，形成记忆；A：action，促成行动。具体如图 4 - 1 所示。

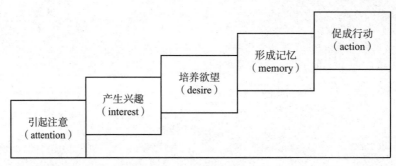

图 4 - 1 AIDMA 模型

AIDMA 模型将消费者的心理过程分为了五个部分，以动态的形式描述了消费者从看到整合营销信息到发生购物行为的过程。

一、引起注意（Attention）

人们在现实生活中会面临各种各样的刺激，但是大多数时候，人们并不能感受所有对象的刺激，只能感受到少数能够引起注意的对象。

美国社会学家保罗·F. 拉扎斯菲尔德（Paul F. Lazarsfeld）认为，受众在接触大众传播的信息时并不是不加以选择的，而是更愿意选择那些自己愿意接触的信息。对于不愿意接触的信息则会产生一种回避的倾向，即受众是带着选择性去接触大众传播的信息的。"选择性接触"机制的存在说明，受众在大众传媒面前具有一定的主观能动性，大众传媒并不能随心所欲地左右受众群体的选择。

二、产生兴趣（Interest）

人们总是会对令他感兴趣的事物给予优先注意，并表现出带有倾向性、选择性的态度和情绪。

三、培养欲望（Desire）

欲望是人的天性之一，而人的欲望是可以被激发的。而激发消费者的消费欲望是每一个整合营销活动的目标。

四、形成记忆（Memory）

整合营销活动的目的之一就是为了给人们留下对商品或服务的深刻印象，在必要的时候通过回忆获得相关的信息，从而应用于实际活动中。

五、促成行动（Action）

从引起消费者注意到促成购买行动的整个过程，购买行动是所有整合营销活动所追求的最终目标。

第二节　传播效果评价实施案例

AIDMA 模型主要用于广告传播效果的评估，广告是整合营销的传播媒介，通过对广告的传播效果的销量能够完成整合营销传播效果的评估。

本节将以 F 市 HCZ 商贸城的公交车载电视广告传播效果的评估为案例，在上述测量模型与理论的基础上，设计并分析传播效果评估方案。

一、传播效果评价目标

了解 F 市公交车载电视广告的受众特点，评测 HCZ 商贸城在 F 市公交车上广告的传播效果及其影响因素，对 HCZ 商贸城在 F 市公交车载电视上的广告投放策略与广告策略的改善提出建议。

二、传播效果评价内容

（一）F市公交车乘坐情况（移动电视广告的覆盖面）

（1）F市公交车总数（通过公交集团获知）；

（2）F市每天乘坐公交车出行人次；

（3）平均每人每天乘坐公交车的时间：总时长、平均每次乘坐（从上车到下车）的时长、乘坐的主要时间段；

（4）乘坐的公交车的主要线路；

（5）乘坐公交车的主要行为（坐上公交车的时候都在做什么？）；

（6）公众的主要出行工具。

（二）公众观看公交车车载移动电视及其广告的情况

1. 公交移动电视播放情况。

每天打开/播放的时长，播放的主要节目，公交车工作人员开关移动电视的时长，是否按时打开移动电视（开机率），移动电视是否损坏、损坏率，播放的音效是否正常、画质是否清晰。

本部分可以用于测算到达率（"不同的"个人在特定期间中暴露于某一媒体广告排期表下的人数）、覆盖人次（对于户外视频而言，准确计算到达率比较困难，采取直接统计该媒体的覆盖人次的办法）和覆盖率（在广告播出时段，特定地区以各种方式收看公交移动电视广告的人口占该地区总人口的比例）。

2. 公众观看公交车车载移动电视情况。

包含：每天平均观看的次数，每次的时长，观看时候的关注程度（专心地看、随便看看、只瞄几眼、断断续续……），观看移动电视/关注的原因，不关注的原因〔节目的原因、乘车的环境（是否会因为车内嘈杂、拥挤遮挡等原因无法看见电视及其广告）、自身的原因（自身情绪、习惯看手机、习惯打瞌睡、习惯看窗外、觉得眼睛累）、硬件原因（信号接收不畅而导致广告信息传播不完整或者传播失败）〕，所喜欢的节目、总体态度（满意度：移动电视的节目质量、节目丰富程度、节目的声音画质、对广告的感受）。

3. 公交车车载移动电视广告的情况。

包含：当前F市公交车车载移动电视广告的主要形式，公众对公交车车载移动电视广告总体态度，观看广告的动机，印象比较深的广告品牌（引起关注的主要原因是什么），是否因为公交车载广告有过询问、购买行为，广告信息符合需求或者与计划购买/消费的商品相契合。对于广告播放重复频率的容忍情况（广告播放的重复率比重越大时加深公众记忆的比例就越大，当比重超过一定尺度便会加大公众对于广告的厌恶度，如何把握广告重复率的比重）。

（三）公众对 HCZ 商贸城及其广告的认知

1. 公众对 HCZ 商贸城的认知。

包含：是否听过 HCZ 商贸城，从什么方式了解到 HCZ 商贸城，公众对 HCZ 商贸城的总体感觉是什么样的。

2. 公众在 HCZ 商贸城的消费经历。

包含：是否去过？何时去？什么原因去？买过什么？消费水平？以何种交通方式到达？消费感受（好在哪里，不好在哪里）？是否推荐/抱怨？公众认为什么样的人群、什么样的情况下会去到 HCZ 商贸城？

3. 公众是否接触过/听过/看过 HCZ 商贸城的广告？在哪里看到？总体印象如何？

4. HCZ 商贸城在 F 市公交车载移动电视上的广告效果。

（1）触达效果。

①广告信息的传递情况：广告信息发布量（每周/每日次数）、传播时间点、时长、播出频次（用以监测公交媒体是否按照广告主所购买的媒体发布量和发布方式刊播广告信息）。

②广告信息的到达情况：广告到达率（有多少消费者接触到广告信息）；广告到达频率（目标消费者接触过多少次广告信息：一天几次、一周几次）。

（2）广告信息对消费者的心理和行为产生的影响。

①消费者接触广告后对广告产生的认知：非提示广告认知、提示广告认知。

②消费者接触广告后对广告产生的理解：广告的主要诉求点是否被受众准确认知；（信息理解的错误程度），消费者觉得广告词向自身传递了什么？

③消费者接触广告后对广告产生的评价（情绪情感）：是否喜欢广告的表达形式（有好感，愿意看）；对广告中的活动产生好感，感受到广告的说服力，对广告传递的情感、价值是否产生共鸣。对广告的内容、声音画面品质、创意程度、趣味性、表现力的评价。

④消费者接触广告后对广告产生的记忆：受访者回忆起广告内容的比例；能记住/想起广告的主要信息占总信息的比例（如广告语），是否对广告的内容进行搜索（电话问询、百度/微信/微博等网络搜索）。

⑤消费者接触广告后对品牌产生的认知：建立和提高品牌认知（广告对品牌知名度的提升效果）。

⑥消费者接触广告后对品牌产生的态度：是否形成"HCZ 商贸城"品牌好感度；是否对该品牌产生浓厚的兴趣，是否感受到商城满足自己的消费需求。

⑦消费者接触广告后对品牌产生的评价：认同品牌价值（不会产生厌恶和反感，未因广告产生抵抗情绪），对品牌形象的感知。

⑧消费者接触广告后对品牌消费的态度和消费行为：产生购买意向；实际产生购买行为（到店率、购买率和反复购买率、购买的商品品种、金额），若有消费，消费后的感受与评价，是否产生品牌忠诚度。

5. 目标消费者对广告的偏好。

目标消费者对公交移动电视广告的期望：公众更喜欢的公交车车载移动电视广告的形式（插播式广告、节目式广告、赞助式广告、转借式广告）、风格（幽默、直白、平实、版本丰富多变等）、互动方式，不喜欢的广告内容和表达形式。

三、传播效果评价量表与问卷设计

基于评价内容设计量表，并转化成为问卷调查，能够全面、系统地了解 F 市 HCZ 商贸城在 F 市公交集团公交车载电视广告的传播效果。问卷总共分为以下六个部分：

第一部分：公交车乘坐情况；第二部分：公交车载移动电视观看情况；第三部分：关于商贸城认知情况；第四部分：HCZ 商贸城公交广告效果情况；第五部分：个人背景问题；第六部分：访问员填写内容。

（一）公交车乘坐情况

S1. 当前您在 F 市出行的交通工具，最常选择的是：_____（单选），其他的还包括_____（可多选）？

①公交车　②自行车　③自驾汽车　④地铁　⑤滴滴/出租车　⑥公司/单位派车
⑦电动车　⑧其他_____

A1. 您日常乘坐公交车的主要线路是？请写出最常乘坐的 3 条线路：_____、
_____、_____。

A2. 您日常乘坐公交车的频率_____？（单选）
①每天乘坐 2 次及以上　②一周 5~7 次　③一周 2~4 次　④一周 1 次及以下

A3. 您每次乘坐公交车的平均时长_____？（单选）
①20 分钟以内　②20~40 分钟　③40~60 分钟　④60 分钟以上

A4. 以下哪些时间点您有可能在公交车上_____？（可多选）
①7：15　②8：15　③9：15　④10：30　⑤11：15　⑥12：15　⑦13：30
⑧14：30　⑨15：30　⑩16：00　⑪16：45　⑫17：15　⑬18：15　⑭19：15
⑮20：30　⑯21：30

A5. 您乘坐公交车过程中打发时间的方式是_____？（可多选）
①看手机（含听歌）　②聊天　③看窗外　④看车载移动电视　⑤小睡　⑥发呆
⑦其他_____

A6. 您对公交车中哪部分的广告印象比较深刻_____？（可多选）
①公交车载电视　②拉环　③公交车身广告　④椅背　⑤车内投币箱
⑥其他_____

（二）公交车载移动电视观看情况

B1. F 市公交车载移动电视的以下节目，您最愿意观看的是_____？（可多选）
①F 市好味道　②淘最 F 市　③家装我做主　④F 市好工作

⑤F 市电视台新闻（转播）　⑥周围人气秀　⑦家住 F 市

⑧幸运满车　⑨漫步 F 市　⑩其他_____　⑪不确定

B2. 对公交车载移动电视以下方面的评价您是否赞同，在相应赞同程度下方空格中打"√"。

题号	对 F 市公交车载移动电视的评价	非常赞同	比较赞同	一般	比较不赞同	非常不赞同
B2.1	我觉得公交电视的节目总体上很丰富有吸引力					
B2.2	公交电视广告中推荐的商品与服务正是我近期所需要的					
B2.3	我会因为公交电视广告的推荐去咨询或购买商品					
B2.4	我认为公交电视上的广告的重复率太高，让人厌烦					
B2.5	我看公交电视的时候通常很专注					
B2.6	如果公交移动电视中的广告制作精良，我会愿意观看					
B2.7	我对公交车载电视广告很不满					
B2.8	相比网络/电视/广播等其他广告，我看公交广告时更认真					

B3. 请问，您对哪个公交车载移动电视广告印象最好_____？（可多选）

①蒙拉丽莎婚纱摄影　②F 市蜡像馆　③方糖 KTV　④HCZ 商贸城　⑤苗医生

⑥其他_____

B4. 如果一个公交车载广告很吸引你，主要是哪些方面吸引你？（可多选）

①产品/服务本身　②音乐　③广告词　④画面　⑤明星　⑥有创意

⑦带有公益宣传的　⑧其他_____

B5. 若公交车载移动电视不吸引你，主要原因可能是_____？（可多选）

①习惯看手机或打瞌睡　②节目很无趣　③移动电视断断续续信号差

④画质不清晰　⑤车载电视节目本身声音模糊　⑥车内很嘈杂

⑦没有什么心情在公交车上看电视　⑧晕车　⑨总有人挡住公交电视

⑩车载电视节目中广告太多　⑪公交电视经常没有开启

⑫在公交车上看电视眼睛很疲劳　⑬其他原因_____

B6. 您认为公交车载移动电视广告中的哪一种形式的广告会让您印象最深刻_____？（单选）

①专题广告　②节目间的插播广告　③屏幕下方滚动播放的广告字幕

④其他_____

（三）关于商贸城认知情况

C1. 逛街购物，您的第一选择是哪里_____？（单选）

①BL/WX 商圈　②TJ/CS 万达广场　③HCZ 商贸城　④WFJ 购物广场

⑤师大学生街　⑥MHD 购物广场　⑦DJK 购物商圈　⑧五四北/东二环 TH 广场

⑨其他_____

C2. 您是否听说过 HCZ 商贸城_____?（可多选）

①从没听说　②有听同学/同事/朋友/亲戚提起过　③曾在公交车广告中听到过

④其他_____

C3. 您上一次去 HCZ 商贸城的时间是_____?（单选）

①从没去过　②一个星期以内　③一个月以内　④半年以内　⑤一年以内

⑥一年之前

C4. 您是否曾在 HCZ 商贸城购物/消费_____?（单选）

①从未去过　②去过，但未消费　③曾买过衣鞋饰品　④曾用过餐

⑤曾买过眼镜　⑥消费过其他_____

C5. 您对 HCZ 商贸城的总体评价_____?（单选）

①没有去过，无法评价　②非常好　③比较好　④一般　⑤比较不好

⑥非常不好

C6. 您可能因为什么原因去到 HCZ 商贸城_____?（可多选）

①想要购买物美价廉的东西　②那里有 F 市区最大的眼镜批发市场

③看到它的广告所以过去看看　④根本不想去

⑤乘坐火车/动车/高铁时提前到达车站太无聊，去 HCZ 商贸城逛一逛

⑥其他_____

（四）HCZ 商贸城公交广告效果情况

D1. 您是否有在公交车上看过 HCZ 商贸城的广告_____?（单选）

①从没看过　②看过，但是次数不多　③看过很多次　④不确定

D2. 以下的广告台词，您印象最深刻的是哪一句_____?（单选）

①逛街购物就到 HCZ 商贸城　②一站式的时尚前沿，满足您多变的消费需求

③不变的物美价廉　④以上广告词都没有印象

D3. 若您有在公交车上看过 HCZ 商贸城的广告，以下的说法您的赞同程度如何？

题号	对 HCZ 商贸城在公交车上的广告的感受	非常赞同	比较赞同	一般	比较不赞同	非常不赞同
D3. 1	看完 HCZ 商贸城的广告，我知道 HCZ 商贸城是一个物美价廉的购物商场					
D3. 2	我愿意在公交车上收看 HCZ 商贸城的广告					
D3. 3	我觉得 HCZ 商贸城的广告让我印象深刻					
D3. 4	我感觉 HCZ 商贸城的公交广告很有说服力					
D3. 5	我认为该广告所传递的"一站式购物、物美价廉"的特点很符合我的需求					
D3. 6	看完该广告，我感觉 HCZ 商贸城是一个适合我逛街购物的地方					

续表

题号	对 HCZ 商贸城在公交车上的广告的感受	非常赞同	比较赞同	一般	比较不赞同	非常不赞同
D3.7	我觉得 HCZ 商贸城的广告看起来毫无吸引力					
D3.8	下车后我还能回忆起 HCZ 商贸城广告的内容					
D3.9	我曾在百度等浏览器上搜索过 HCZ 商贸城的广告					
D3.10	看完该广告，我不会对 HCZ 商贸城有更好的印象					
D3.11	看完 HCZ 商贸城的广告，我很想去那里购物					
D3.12	我觉得 HCZ 商贸城的广告风格我不喜欢					
D3.13	看完该广告，我很想打电话去咨询有没有促销活动					
D3.14	我认为 HCZ 商贸城的广告内容很明确易懂					
D3.15	看完该广告，我更加觉得去 HCZ 商贸城购物是一个明智的选择					
D3.16	总体而言，我觉得 HCZ 商贸城的公交广告挺好的					

D4. 若您不喜欢 HCZ 商贸城的广告，可能的原因是_____？（可多选）
①没看过该广告无法评价 ②该广告没有创意 ③该广告传递的信息不真实
④广告的画质不好 ⑤广告音质模糊 ⑥没听懂该广告想传达什么
⑦广告播放次数过多让人厌烦 ⑧没有互动显得无趣
⑨广告没有剧情、不贴近生活 ⑩其他_____

（五）个人背景问题（略）

（六）访问员填写内容

访问地点：_____；访问时间：_____
公交路线：_____；车内乘客数量：_____
公交车上观看车载电视的人数：_____；移动电视是否开启：①是 ②否
车载移动电视播放质量：音质：_____；画面：_____；信号：_____
（评分：5 分：非常好；4 分：比较好；3 分：一般；2 分：比较不好；1 分：非常不好）

四、传播效果评价调研实施

（一）调查总体

调查总体是 F 市的公交乘客。

（二）样本容量

根据样本量的计算公式，具体如公式（4-1）所示：

$$n = Z^2 \rho (1 - \rho)/D^2 \qquad (4-1)$$

其中，取 $Z = 1.96$（对应置信度是 95%），允许的最大误差 $D = 0.05$，总体的估计性差异设置为 $\rho = 0.5$。

（三）抽样方案

采用等比例配额抽样与等距抽样结合的抽样方案。

1. 等比例配额抽样。

根据 F 市年鉴了解 F 市各区的人口数量，按照 F 市五个区的人口进行等比配额抽样，分配出各区的抽样数量，具体如表 4-1 所示。

表4-1　　　　　　　　F 市各区人口数量记录和等比配额

区域	人口数（人）	配额比例（%）
GL 区	687706	23.54
CS 区	762746	26.11
JA 区	792491	27.12
TJ 区	446891	15.30
MW 区	231929	7.94
合计	2921763	100

2. 等距抽样。

在 F 市所有公交路线的各个起点或终点以及该路线的公交站点的人群，邀请其填写问卷。采用等距抽样方法，间隔 10 个人进行一次问卷调查。如有拒访者，则调查下一个。

 扩展阅读

HCZ 商贸城公交车载电视广告的传播效果结果与提升对策

一、传播效果总结

通过调研得到 HCZ 商贸城在 F 市公交车载电视上的广告传播效果：

1. 广告的触达效果（attention & memory）。

统计数据得到 73.6% 的受访者表示看过 HCZ 商贸城的公交车载电视广告。

---

2. 广告的心理效果与行为效果（interest & desire & action）。

对于受访者接触 HCZ 商贸城广告后对广告产生的理解情况：大部分受访者都能够准确理解 HCZ 商贸城的公交车载电视广告的主要诉求，如看完广告知道 HCZ 商贸城是一个物美价廉的购物商场。

对于受访者接触 HCZ 商贸城广告后对广告产生的评价（情绪、情感）情况：喜欢 HCZ 商贸城广告风格的受访者还是多于不喜欢其广告风格的受访者人数，并且受访者对 HCZ 商贸城的广告有一定的好感，认为其广告有一定的说服力，对于商贸城广告所传递的情感、价值能够产生一定的共鸣，但是还是有部分人群认为看完其广告并不会使得他们去商贸城购物，所以 HCZ 商贸城的广告还没有做到符合大多数人的口味，并没有使得大多数人能够产生共鸣。同时，不喜欢 HCZ 商贸城广告可能的原因主要有以下几点：

（1）广告缺乏创意。

（2）广告播放的次数过多，使人产生厌烦心理。

（3）趣味性低，缺乏互动。

（4）广告的画面品质不高。

对于受访者接触 HCZ 商贸城广告后对广告产生的记忆情况：将近一半的受访者表示不记得 HCZ 商贸城广告的广告词。对于广告的内容，表示记不清楚的受访者也多过能回忆起广告内容的市民。并且，将近一半的受访者表示不曾在百度等浏览器上搜索过 HCZ 商贸城的广告，部分受访者表示不会因为看完广告而去电话咨询 HCZ 商贸城有无促销活动，这说明了受访者接触 HCZ 商贸城广告后对广告产生的记忆并不是非常理想，并没有促成受访者的行动。

对于受访者接触 HCZ 商贸城广告后对品牌产生的认知情况：对于大多数受访者而言，去商场逛街购物第一选择的地方是 TJ/WD 广场，而选择 HCZ 商贸城的仅有5.6%。这说明了 HCZ 商贸城的广告对品牌的提升效果并不明显，品牌认知有待建立和提高。

对于受访者接触 HCZ 商贸城广告后对品牌产生的态度以及评价情况：大多数受访者对于 HCZ 商贸城的总体评价一般，对于 HCZ 商贸城的品牌兴趣较低，而其广告传递的诉求倒还是比较符合受访者的购物需求。由于广告播放的次数频繁，部分受访者已经对 HCZ 商贸城的广告产生了厌烦情绪，这说明了受访者已经因为广告而对 HCZ 商贸城产生抵抗情绪。

对于受访者接触 HCZ 商贸城广告后对品牌的消费态度和消费行为情况：较为多数人表示在看完 HCZ 商贸城的广告后并不会产生很想去商贸城购物的行为，也就是说 HCZ 商贸城的广告并没有让受访者产生强烈的购买欲望。

二、传播效果提升策略

综上分析，F 市的公交车载电视广告的传播效果尚可，主要表现在可以给乘客留下较高的印象，有一定的说服力，但是在提高商贸城的品牌印象、购买意向等方面表现不尽如人意。

据调研发现，对公交车上的广告印象最深的部分是公交车载电视，而 F 市公交车载电视采用了数字电视技术，通过无线发射、地面接收的方式进行电视节目的播放，覆盖的 F 市所有公交车，这表明了 F 市的公交车载电视具有较高的接触度，没有外来的信息源侵入，信息具有封闭无损耗传播的特点。但是如果仅仅是靠无意识的信息接触，是无法发挥其广告的全部效果的。同时，公交具有乘客流动大、人员密集、空间封闭、电视屏幕较小等特点，会造成车上乘客无法集中精力去关注视频广告。而且根据保罗·拉扎斯菲尔德（Paul Lazarsfeld）的选择性假说可以知道，对于长期处在广告环境中的受众而言，他们在接触广告的时候不是不加以选择的，他们会更愿意去观看自己愿意观看的广告，不愿意观看的信息就会产生回避心理，即便公交车载电视具有封闭的性质，有强制乘客收看的特点。但是如果可以充分利用这个特点，制作出吸引受众的广告，就会达到广告本身应有的效果。

所以根据刘易斯的 AIDMA 模型，以调研数据结论为依据，从五个方面来对 HCZ 商贸城提出改进策略以提升其传播效果。

1. 引起注意。

（1）降低重复率，加快更新速度。F 市的公交车载电视频道单一，电视节目统一播放，同类信息重复性轰炸等，受众无法选择，充分体现了其强制收看的特点。在公交车内，车载电视成了乘客唯一的收视来源，乘客被迫接收。据此次调查研究表明，有 44.1% 的受访者表示对公交电视上高重复率的广告表示厌烦，其中本科生选择赞同的人数最多；24.2% 的受访者对公交车载电视广告很不满，其中女性所占比例高于男性。46.6% 的受访者表示看过商贸城的公交广告但是次数不多，27% 的受访者表示看过很多次商贸城的公交广告，但是有 27.5% 的受访者表示对商贸城的公交广告播放次数过多很厌烦，这说明了受众如果过多地接收同一个广告，特别是女性受众，就极易产生逆反情绪，从而抵触 HCZ 商贸城的广告，进而降低了广告的传播效果也降低了女性对 HCZ 商贸城广告的信任感。所以在广告的内容方面应当做到时常更新，或者采用间歇式、阶段性的方式对广告进行播放，这样不仅能避免受众产生厌烦情绪，也能吸引受众的注意力。

（2）创作合理的音乐增强对乘客的吸引力。广告的音乐是影响乘客接收广告信息的重要原因之一。据调查，公交车载电视广告吸引乘客的主要因素之一是音乐，占 46.1%，这说明在公交车这一特殊环境中，最能吸引乘客注意的是广告中的音乐，而音乐具有丰富的表现力和感染力，对于为广告中的产品量身打造的音乐不仅可以吸引乘客的关注并且能够营造一种良好的氛围，引导乘客身临广告中，为广告起到锦上添花的作用。所以 HCZ 商贸城广告的音乐应当根据目标受众而创作，这样才能有效地吸引受众的注意力。

据调查，公交车乘客中，主要是以 40 岁以下的人群为主，其中 21～30 岁的年轻人居多。HCZ 商贸城可以根据这部分群体的口味，如利用当红流行音乐作为背景音乐，不仅可以吸引乘客的注意力，还可以拉近和乘客的情感距离，更有助于乘客耐心观看 HCZ 商贸城的广告。也可以根据 HCZ 商贸城的品牌以及所传播的商品信息创作出符合该目标群体的口味、符合当下流行趋势的广告背景音乐，从而引起乘客的关注。

（3）结合受众关注的热点。调查结果还显示，F市的乘客最愿意观看的节目还包括F市电视台转播，这说明了市民对社会时事还是非常关注的，商贸城可以合理利用这些资源为自己服务，将自身的广告与F市电视台转播或者受众关注的热点结合起来，从而可以更加容易引起市民的关注。

（4）广告词。广告词是广告内容的高度浓缩和概括，是引起受众注意，诱发受众产生强烈消费欲望的重要工具。所以，广告词要开门见山，突出HCZ商贸城价格实惠、一站式购物的优势，以短小的篇幅进行高频的重复播放。如"逛街购物商贸城，小小商城，大大优惠，大大满足"。

（5）利用明星元素，吸引乘客关注。在调查受众印象最好的电视广告中，受访者最喜欢的是SFQX蜡像馆，该广告的吸引点在于明星元素，突出情侣约会圣地、价格实惠等特色，其广告的画面主要都是一些明星蜡像，以此吸引大批受众前去观看。而明星对于学生等年轻群体具有较大的吸引力和影响力，往往其衣着打扮、生活方式、行为举止都会效仿明星。所以HCZ商贸城可以适当结合明星元素，不仅可以吸引乘客的眼球，还可以使得乘客爱屋及乌，帮助企业品牌树立起高大的形象，增加其销售量。

2. 产生兴趣。

目前F市公交车载电视的主要受众群体以中青年为主，他们有着追新求异的心理，所以商贸城的广告可以根据受众的喜好来制定广告内容，比如可以加入一些互动元素、搞笑元素等来使得受众产生兴趣。也可以根据不同阶层的受众喜好制作出满足不同阶层人员兴趣的广告形式，来维持乘客对其广告的兴趣，比如比较形式的广告、故事型广告形式等，而不是用一些简单的店面图片作为广告的主要画面内容，来宣传自身商场产品的丰富度。

（1）采用比较的广告形式，不仅可以让受众对其产生兴趣，还可以帮助乘客更好理解广告内容，也便于受众记忆，从而达到最佳的广告传播效果。

（2）可以根据HCZ商贸城的品牌和产品来设计一个以故事为主题的广告形式，而故事不同于其他平铺直叙的广告表现形式，它具有连贯性，引人入胜的故事不仅可以吸引乘客的目光，还可以为企业的品牌和产品增加宣传力度。

同时，不论是何种广告形式，其广告内容都应当以满足其自我实现的可能来迎合受众的心理需求从而引发兴趣。随着时代的发展，物质商品的多样化和逐渐趋于饱和，如若其广告内容没有抓住受众的心理，就无法激起受众的兴趣。HCZ商贸城的广告只有在合情合理地激发、满足受众的自我需求的基础上，才能做到抓住受众的心理，使其产生浓厚的兴趣。

3. 培养欲望。

要想培养受众的购买欲望，只有对受众的消费兴趣和需求进行不断的刺激，才能激发受众的购买欲望，进而促成购买行为。

调查分析显示，男性相较于女性而言，更容易相信公交电视广告中所推荐的商品，并且会因此去咨询或者购买。同时男性会比较认同公交电视广告中所推荐的商品是他们近期所需要的，所以，F 市 HCZ 商贸城可以适当地增加男性产品的广告时间，根据男性的需求来为合适的产品做广告，多为男性的产品进行电视广告宣传，培养男性受众的欲望。

另外，HCZ 商贸城也可以根据以下建议对广告进行改进：

（1）新产品上市的时候，可以对新产品的特点、用途等进行精心着重介绍，并不断地对受众给予刺激，使得受众认为其产品是他们生活中不可或缺的东西。

（2）利用性价比的优势，在广告中不断地宣传和突出自身不同于其他商场的优势之处，从而刺激受众"要买就要买性价比最高的"思想。

（3）根据特定时间播放特定的广告，更能准确打动乘客，培养其欲望。比如在饭点播放与 HCZ 商贸城餐饮相关的广告以引发消费者的消费欲望、在特定节假日播放相关的商场促销活动的广告、根据不同产品的旺季到来前播放有针对性的广告等，这样不仅可以为产品做好预热工作，也可以提高商贸城在市场上的知名度。其中广告无须过长，只需要做到宣传提醒即可，既不会引发受众的反感，又可以吸引受众的注意力。

4. 形成记忆。

首先，公交车载电视采用的是数字电视技术，但是技术和设备还不成熟，特别是遇到高层建筑、隧道等的阻挡，信号会出现中断，不利于乘客的观看和记忆。所以为了适应这一特殊的播放环境，商贸城的公交广告可以做出两个改变：一方面缩短广告的篇幅，由原来的 30 秒缩短成 15 秒或者 20 秒的时长；另一方面可以采用"印象转移"技巧，让乘客可以通过其他广告形式来加强对 HCZ 商贸城公交电视广告的印象，摆脱传而不达的现象，如公交椅背、公交车身等。

其次，在此次调查过程中发现，有 61% 的受访者认为专题广告会让受访者印象更为深刻。专题广告具有时间长、信息量大的特点，可以使得受众在一个较为轻松的氛围中获取到广告想要传播的信息并形成记忆，也可以更好地展示企业的产品和服务。所以 HCZ 商贸城可以适当增加一些专题广告，让受众可以更加准确地、详细地了解到关于 HCZ 商贸城的信息，又可以省去乏味的陈述，还能让企业的形象更加生动地展现在客户的面前，让受众留下更加深刻的印象。

再次，在 F 市民最愿意观看的公交车载电视节目的调查中，选择的人数最多的是"F 市好味道"，这是一档美食节目，在节目中主持人时常以幽默的语气和欢快的气氛主持节目，这表明了幽默可以有效地降低受众的逆反情绪，使得受众对节目产生愉悦的心理，易于接收节目所要传递的信息，也易于受众记忆。所以 HCZ 商贸城可以适当更改一下自身的广告风格，多采用一些幽默搞笑的风格来降低乘客对 HCZ 商贸城的公交车载电视广告的逆反心理，加深受众对其广告的印象。

最后，优秀的音乐可以刺激消费者的记忆力。HCZ 商贸城可以根据企业品牌和产品信息创作其广告的背景音乐，使其可以在乘客脑海中形成一个特殊的记忆，每当这个音乐响起的时候，乘客就会自然而然想起这个广告，并且与广告中的画面相结合，增强乘客对广告产品的印象和企业品牌的印象。

5. 促成行动。

据广告心理研究表明，由边缘线索形成的态度和稳定性相对较弱。要想促成受众的购买行动，得到长久性的广告传播效果，只有单方面的公交车载电视还不够，要与公交系统的其他媒介广告相结合，打出一套"组合拳"。根据调查结果显示，让受访者印象比较深刻的第二个广告方式是公交车身广告，第三个是公交椅背。所以建议 HCZ 商贸城可以配合公交车身广告、椅背广告、地铁等媒体，打出一套组合拳，从多个角度向受众展示 HCZ 商贸城的品牌和产品信息，做到多点触控、连续传播、强化记忆等效果，促成受众的购买行动。所以下面将逐一介绍如何利用多传播渠道配合公交车载电视广告传播。

（1）组合拳一：公交椅背。

HCZ 商贸城已经在公交车载电视上做了动态的广告投放，可以在公交椅背上投放商贸城的静态广告，二者互相配合，打出一套动静结合"组合拳"，既可以提高商贸城广告与受众的接触率，也可以加深受众的记忆效果。

（2）组合拳二：公交车身。

即商贸城可以利用车厢内车载电视广告的强制收看性，配合公交车身广告的画面冲击力对商贸城进行广告发布，如此不仅可以提高广告受众的数量，也可以加深在受众心中对 HCZ 商贸城的印象。

（3）组合拳三：地铁平台。

通过调查发现，在 F 市民出行方式的调查中，有31.0%受访者选择地铁，这说明了地铁已经成为现代都市生活中重要的交通工具之一。同时地铁环境舒适、出行便捷，备受各层消费者的关注，越来越多的人开始选择地铁出行。所以建议 HCZ 商贸城的广告投放可以采用公交和地铁两个平台相结合，在地铁的某一个媒体上投放广告，可以赢得更多受众的目光。

地铁中的梯牌广告：梯牌广告位于地铁进出站的两侧，占位数量多，广告画面连续，当乘客乘坐扶梯进出站时，框架上的画面会反复冲击乘客。所以建议 HCZ 商贸城可以设计一组由五六个画面组成的连贯故事，以吸引受众的目光，给他们留下更为深刻的印象。

地铁中的灯箱广告：灯箱广告具有位置醒目、画面清晰细腻、展示面积大等特点，它占据着重要的商圈黄金位置，极易吸引乘客的注视，所以适合做 HCZ 商贸城的品牌推广。

地铁中的自助售票机广告：乘客进站需要到自助购票机上购票，这就使得乘客被迫强制阅读。同时，自助售票机全线覆盖，客流稳定且充足，受关注度极高。

地铁中的屏蔽门贴广告：屏蔽门正对候车人群，与乘客零距离接触，视觉冲击力强，观看的时间长，关注度高，可以迅速扩大 HCZ 商贸城的品牌效应。

地铁车内 LCD 广告：地铁内的 LCD 显示屏是乘客重点关注的对象之一，乘客需要了解下一站的到站点，就需要观看 LCD 显示屏。同时，地铁车内的 LCD 显示屏全线覆盖，画面效果立体，到达率高，传播效果好，可以打造一个良好的企业形象。并且地铁的 LCD 显示屏属于近距离正面接触乘客，空间封闭，受干扰小，乘客可以全方位接收 HCZ 商贸城的广告，使其有深刻的印象。

资料来源：佘敏丽. 公交车载电视广告传播效果与提升对策研究 [D]. 福州：阳光学院，2015.

本 章 小 结

传播效果的形成包含了"引起注意—产生兴趣—培养欲望—形成记忆—促成行动"五大过程。

企业在进行传播效果评估时，应充分考虑传播效果评价内容、设计科学全面的评价量表、并进行科学的评价实施。

【思考题】

1. 广告学家 E. S. 刘易斯提出的 AIDMA 传播效果评估模型包含哪五部分？
2. 企业评估传播效果应包含哪些步骤？

第五章
整合营销目标：构建品牌形象

【学习目标】

- 理解品牌的定义和分类
- 掌握品牌定位的方法和策略
- 了解品牌识别的理论
- 掌握品牌识别的要素
- 掌握品牌延伸的策略

今天，已经有越来越多的企业开始认识到最有价值的资产并不是企业的有形资产，而是企业依托于品牌所建立的无形资产。在信息传媒业飞速发展的 21 世纪，消费者在面对铺天盖地的各种商品的广告信息时常常显得无所适从，而品牌尤其是强势品牌则往往成为消费者选择判断商品的重要依据，而建立强势的品牌也是整合营销传播的终极追求。

建立独特的品牌形象成为建设强势品牌的必由之路，本章将从品牌定义、品牌定位、品牌识别和品牌延伸等四个方面来探讨策划品牌形象的策略。建立独特品牌形象首先要理解和掌握品牌的定义，明白对于企业来说品牌到底是什么、怎么建设品牌；其次要理解品牌定位的概念，掌握品牌定位的步骤以及品牌定位的方法，能够运用品牌定位的策略为企业策划合适的品牌定位；再次要理解品牌识别的概念，掌握品牌识别策划的方法，能够应用品牌识别理论为企业策划独特的品牌形象；最后要了解品牌延伸的概念、品牌延伸的优点和缺点，掌握品牌延伸的策略，并能够正确应用品牌延伸的理论设计企业品牌延伸的策略。

第一节　品牌理论概述

一、品牌的定义

品牌（band）是一种识别标志、一种精神象征、一种价值理念，是品质优异的核心体现。培育和创造品牌的过程也是不断创新的过程，自身有了创新的力量，才能在激烈的竞争中立于不败之地，继而巩固原有品牌资产，多层次、多角度、多领域地参与竞争。

品牌指公司的名称、产品或服务的商标，和其他可以有别于竞争对手的标示、广告等构成公司独特市场形象的无形资产。

目前，理论界对于品牌的定义有多种，现列举如下：

品牌是指组织及其提供的产品或服务的有形和无形的综合表现，其目的是借以辨认组织产品或服务，并使之同竞争对手的产品或服务区别开来。

品牌是一种名称、术语、标记、符号或图案，或是他们的相互组合，用以识别企业提供给某个或某群消费者的产品或服务，并使之与竞争对手的产品或服务相区别。

品牌是企业或品牌主体（包括城市、个人等）一切无形资产总和的全息浓缩，而这一"浓缩"又可以以特定的"符号"来识别；它是主体与客体、主体与社会、企业与消费者相互作用的产物。

综合以上的各种定义，我们得到品牌的概念：品牌是名字、术语、标识、设计及其组成的集合，是能使拥有者的产品或服务区别于竞争对手并且带来增值的无形资产，是社会公众对拥有者的组织、产品及服务认知的总和。

二、品牌资产的内涵、特征和分类

（一）品牌资产的内涵

品牌资产（brand equity）是与品牌、品牌名称和标志相联系，能够增加或减少企业所销售产品或服务的价值的一系列资产与负债。它主要包括 5 个方面，即品牌忠诚度、品牌认知度、品牌知名度、品牌联想、其他专有资产（如商标、专利、渠道关系等），这些资产通过多种方式向消费者和企业提供价值。

品牌资产除了包括上述几个方面内容以外，还应包括品牌溢价能力、品牌盈利能力。在品牌资产金字塔中，最终能够为品牌主带来丰厚利润、获取更多市场份额的便是品牌忠诚度和品牌溢价能力这两大资产。品牌忠诚度和品牌溢价能力属于结果性的品牌资产，是伴随品牌知名度、认可度、品牌联想这三大品牌资产创建后的产物。

（二）品牌资产的特征

品牌资产作为一种特殊的资产，有其独特的性质和属性，本书将其特征归纳为以下五类：

1. 无形性和附加性。

品牌资产的无形性是相对于有形资产而言的。

有形资产通常是通过市场交换方式取得的，而品牌资产权一般是经由品牌使用人申请品牌注册，由注册机关按法定程序确定其所有权。

品牌资产的使用价值具有依附性，品牌资产会影响消费者的行为，包括购买行为以及对营销活动的反应，这种影响依附于消费者，而非依附于产品。

品牌资产意味着赋予产品一种附加价值，是品牌持有者长期在营销方面为品牌所确定的投资结构，这种投资所带来的收益包括了更高的忠诚度、对于竞争对手的营销行为具有较强的抵抗能力、对市场危机具有较强的应变能力、企业的顾客对产品价格的上升有较强的承受力、可以得到更多的行业合作和支持，以及增强营销沟通效果等。

2. 构成与估价上的特殊性和复杂性。

品牌资产构成通常包括多种要素，各种要素之间的关系也有多种形式，品牌资产以品牌名称为中心。

品牌资产包括增值价值，是指那些可以给企业带来额外收益的资产。品牌资产的价值最终要通过品牌未来获利能力或获利性反映出来。

3. 形成上的长期性与累积性。

品牌资产的形成并非一时之功，它的建立是一个长期的过程，需要不懈的努力和持续不断的经营。

品牌资产形成是一个过程，它的长期性反映了其形成过程中的累积性。

4. 投资与利用的交叉性。

品牌资产的维持或提升，需要营销宣传或营销活动的支持，它的形成过程离不开投资的支持，但与此同时也存在着对品牌资产的利用，两者是同时存在、互相促进的关系。

5. 品牌资产价值的波动性。

品牌资产的价值并非绝对，而是会随市场以及消费者的品牌经验而不断波动变化，既有正资产，也有负资产。这意味着品牌资产的管理过程需要格外谨慎，防止品牌资产的减值和损失。

（三）品牌的分类

品牌可以依据不同的标准划分为不同的种类：

1. 根据产品的类别划分。

（1）产品品牌。产品品牌是指有形产品的品牌，有关品牌的理论主要围绕产品品牌而建立，品牌资产理论也是以产品品牌为依托而建立的。

（2）服务品牌。服务品牌是指以无形的服务为载体的品牌，与有形产品相比，服务的无形性、易变性、生产与消费的同步性决定了以服务为基础的品牌是以多种相互作用为特点的。

（3）个人品牌。个人品牌是指以个人为载体的品牌。个人品牌涵盖了影视、体育、政治、商业、医院学校等领域的知名人物，社会的发展使得个人品牌无处不在。

（4）组织品牌。组织品牌是指以组织为载体的品牌。组织是一个特定的社会单元或集团，它有明确的组织活动目标，有精心设计的结构和协调的活动性系统，并与外部环境相联系。企业、机关、学校、医院等都是组织，各种组织对品牌塑造的需求都在加大，例如高校在朝着知名大学奋斗，医院也要塑造强势品牌，组织品牌的塑造是一个更大的系统工程。

（5）事件品牌。事件品牌是指以事件为载体的品牌，通常是体育、艺术节、商业会展、节庆等，如 NBA 球赛、奥运会、足球世界杯、广交会、世博会等。事件一方面给顾客带来某种利益，同时还是吸引企业进行产品品牌传播的载体。

（6）地理品牌。地理品牌是指品牌以地方和地点为载体，如国家品牌、城市品牌、旅游地品牌等。

2. 根据品牌知名度的辐射区域划分。

根据品牌的知名度和辐射区域划分，可以将品牌分为地区品牌和国内品牌。地区品牌是指在一个较小的区域之内生产销售的品牌，例如，地区性生产销售的特色产品。这些产品一般在一定范围内生产、销售，产品辐射范围不大，主要是受地理条件及某些文化特性影响，这有点像地方戏种秦腔主要在陕西，晋剧主要在山西，豫剧主要在河南等的现象。国内品牌是指国内知名度较高、产品辐射全国、全国销售的产品。国际品牌是指在国际市场上知名度、美誉度较高，产品辐射全球的品牌，例如苹果、麦当劳、谷歌、宝马等国际品牌。

3. 根据品牌产品生产经营的不同环节划分。

根据产品生产经营的所属环节可以将品牌分为制造商品牌和经营商品牌。制造商品牌是指制造商为自己生产制造的产品设计的品牌。经销商品牌是经销商根据自身的需求和对市场的了解，结合企业发展需要创立的品牌。

4. 根据品牌来源划分。

依据品牌的来源可以将品牌分为自有品牌、外来品牌和嫁接品牌。自有品牌是企业依据自身需要创立的品牌。外来品牌是指企业通过特许经营、兼并、收购或其他形式而取得的品牌。嫁接品牌主要指通过合资、合作方式形成的带有双方品牌的新产品。

5. 根据品牌的生命周期长短划分。

根据品牌的生命周期长短来划分，可以分为短期品牌、长期品牌。短期品牌是指品牌生命周期持续较短时间的品牌，由于某种原因在市场竞争中昙花一现。长期品牌是指品牌生命周期随着产品生命周期的更替，仍能经久不衰、永葆青春的品牌。例如老字号全聚德、内联升等，也有些是长久发展来的世界知名品牌，如可口可乐、大众等。

6. 根据品牌产品内销或外销划分。

依据产品品牌是针对国内市场还是国际市场，可以将品牌划分为内销品牌和外销品牌。由于世界各国在法律、文化、科技等宏观环境方面存在巨大差异，一种产品在不同的国家市场上有不同的品牌，在国内市场上也有单独的品牌。品牌划分为内销品牌和外销品牌对企业形象整体传播是不利的，但由于历史、文化等原因不得已而为之，而对于新的品牌命名应考虑到国际化的影响。

7. 根据品牌的行为划分。

根据品牌产品的所属行业不同可将品牌划分为家电业品牌、食用饮料业品牌、日用化工业品牌、汽车机械业品牌、商业品牌、服务业品牌、网络信息业品牌等几大类。

8. 根据品牌的原创性与延伸性划分。

根据品牌的原创性与延伸性可划分为主品牌、副品牌、副副品牌，如"海尔"品牌，现在有海尔冰箱、海尔彩电、海尔空调……，海尔洗衣机中又分海尔小神童、海尔节能王，等等。另外也可将品牌分成母品牌、子品牌、孙品牌等，如宝洁公司的海飞丝、飘柔、潘婷等。

9. 根据品牌的本体特征划分。

根据品牌的本体特征划分又可将品牌划分为个人品牌、企业品牌、城市品牌、国家品牌、国际品牌等。如流量明星属于个人品牌，哈尔滨冰雪节、青岛啤酒节等属于城市品牌，金字塔、万里长城、埃菲尔铁塔、自由女神像等属于国家品牌，联合国、奥运会、国际红十字会等属于国际品牌。

10. 按照品牌层次理论。

按照品牌层次理论，品牌可以分为四层——企业品牌、家族品牌、单一品牌（产品品牌）、品牌修饰。以通用别克这一系列的车为例，这里通用是企业品牌，别克是家族品牌，君威、赛欧、荣御是单一品牌，G 2.0、GS 2.5 是品牌修饰。

除了上述几种分类外，品牌还可依据产品或服务在市场上的态势划分为强势和弱势品牌；依据品牌用途不同，划分为生产资料品牌；等等。

第二节　品牌定位策略

一、品牌定位的概念

1969 年，艾·里斯（Al Rise）和杰克·特劳特（Jack Trout）首次提出了"定位"的概念。1979 年，这两位定位领域的权威大师又合作出版了第一部论述定位的专著《广告攻心战略——品牌定位》，他们应用心理学基础，阐述了一种新的创意观念，认为广告要获得成功，必须针对潜在消费者的心理需要下功夫，即"把产品定位在未来顾客的心中"。他们强调，"定位的基本方法，不是去创作某种新奇或与众不同的事项，而是去操纵已经存在于心中的东西，去重新结合已存在的联结关系"。

定位要以产品为出发点，在特定的市场中满足消费者的需求。特定的目标市场是从大众市场中细分出来的产物，由一群在某些方面极为相似的消费者组成。艾·里斯和杰克·特劳特认为，每个消费者心目中都存在着一级级的阶梯，他们将产品按要求在阶梯上排队，最让他们满意的（有时候或许只是他们最熟悉的）排在最前面，只有前一阶梯产品无法获得时，他们才会退而求其次。

企业要想满足消费者这种有层级的需求，占据比较有利的地位，就必须了解消费者最看重的方面，树立独具特色的定位的产品理念。定位的精髓就在于舍弃普通平常的东西而突出富有个性特色的东西。要有力地传达这种特色，必须以竞争对手为背景、以消费者为导向。目标消费者和竞争者是实际定位中必须着重考虑的内容，以确定怎样的细分市场和差异性优势适合作为主攻方向。

品牌定位（brand positioning）是指企业在市场定位和产品定位的基础上，对特定的品牌在文化取向及个性差异上的商业性决策，它是建立一个与目标市场有关的品牌形象的过程和结果。换言之，即指为某个特定品牌确定一个适当的市场位置，使商品在消费者的心中占据一个特殊的位置。

二、品牌定位的方法

（一）基于竞争角度的定位方法

1. "首席"或"第一"定位。

日常生活中，人们对"第一"印象最深刻，往往记不起"第二""第三"是谁，比如体育比赛的冠军大家都知道，但亚军、季军却很少有人去关注。市场营销中也是如此。因此，对于实力强大的公司或者开创性的公司，采用这种定位方法最有效。首席定位强调自己在市场上的领先地位，常见的宣传口号有"第一家""全球最大的""最早的""市场占有率第一"等，比如，美国百威啤酒就号称"全世界最大、最有名的美国啤酒"。

2. 比附定位。

就是攀附名牌来给自己的品牌进行定位，希望借助名牌的光环来提升本品牌的市场地位。例如"第二主义"定位，不否认市场的第一品牌，认为自己只能算"第二"，给消费者一种谦虚诚恳的印象，这样，可以沾"第一"品牌的光，进入消费者心里。又如美国阿维斯出租汽车公司就以"我们是第二，但我们更努力"进行定位。再如"攀龙附凤"定位法，也是承认自己的品牌不如那些市场中的卓越品牌，但自己在某地区或在某一方面类似这些卓越品牌，比如内蒙古的宁城老窖就以"宁城老窖——塞外茅台"来定位自己。

3. 比较定位。

设法找出竞争对手的缺点或弱点，通过与竞争对手的对比来明确自己的定位。比如，泰诺的广告词："为了千千万万不宜使用阿司匹林的人们，请大家选用泰诺"，通过对比，占据了"不宜使用阿司匹林"的消费者市场。

4. 空档定位。

企业通过细分市场寻找被许多消费者所重视但又尚未被竞争对手开发占领的市场空间，推出能有效满足这个空当市场需求的产品或服务。比如，元气森林的诞生，就是针对"0糖0脂"的健康饮料缺乏领导品牌这一市场空当。

（二）基于产品角度的定位方法

1. 产品功能定位。

消费者要购买某一品牌的产品，主要是因为它具有某种功能、能够满足消费者的某种需求。如果某品牌的产品具有某种特别的功能，是其他品牌的产品所做不到的，那么该品牌的产品就形成了与众不同的功能定位。比如，"海尔"推出的"小小神童"洗衣机，就是通过"小容量"这一差异化的功能，获得单身青年消费者的青睐和赞誉。

2. 产品类别定位。

明确自己的类别，并与那些司空见惯类型的产品区隔开来。比如，"七喜"品牌用"七喜，非可乐"将自己与"可口可乐""百事可乐"等碳酸型饮料区别开来。

3. 产品档次或价格定位。

依据品牌在消费者心中的价值高低可将品牌分出高、中、低等不同的档次，使用不同档次或价格的品牌，消费者产生的心理感受和情感体验是不同的，比如奥迪以"进取、尊贵、动感"将自己定位于高端品牌，无印良品用"有理由的便宜"将自己定位于平民大众品牌。

（三）基于消费者角度的定位方法

1. 目标消费群体定位。

目标消费群体定位直接明确本品牌产品的服务对象，并排除了其他消费群体。通过突出自己专门服务的对象，获得目标消费群的认同，这有利于增进消费者的归属感和品牌忠诚度。比如，海澜之家的"男人的衣柜"、帮宝适"从怀孕到育儿的母婴关怀"等，都属于此类定位方法。

2. 消费场合和时间定位。

这种定位是从消费者使用商品的场合和时间定位，比如，红牛饮料的"累了困了喝红牛"适宜于在体育运动或者忙碌的工作后迅速补充能量，消除疲劳；贵州青酒的"喝杯青酒交个朋友"则将自己定位于朋友相聚时喝的酒。

3. 消费文化定位。

消费者的生活态度以及价值观是市场细分的重要变量，品牌所定位的消费文化，成为消费者表达个人价值观与审美情趣的一种途径和方式，给消费者带来一种表现自我生活品位的审美体验。比如，麦当劳的"我就喜欢"的定位，给予年轻一代消费者展示自我的机会。

（四）基于企业形象角度的定位方法

1. 企业社会责任定位。

一个卓越的品牌应该勇于承担企业社会责任，彰显品牌的社会价值，通过企业社会责任定位，更易于树立自己良好的品牌形象。比如，日本的"无印良品"向社会传播健康、环保的生态消费观，引领消费新潮流，获得极大的成功。

2. 企业经营理念定位。

以企业所具有的经营理念作为品牌的定位诉求，体现企业良好的精神面貌和经营哲学，获得公众好感，进一步提升品牌形象。比如，TCL 的"为顾客创造价值，为员工创造机会，为社会创造效益"的经营理念定位，就属于此类。

3. 情感定位。

唤起消费者内心深处的情感共鸣，获得消费者的心理认同。比如，纳爱斯的"雕牌"洗衣粉，关注下岗职工问题，其公益广告宣传片中的"妈妈，我能帮您干活啦"，震颤到了消费者的内心深处，引起强烈的情感共鸣，成功塑造了"纳爱斯"和"雕牌"

品牌"关注社会、关心弱者、注重情感"的品牌形象。

（五）基于消费者需求的定位方法

企业的品牌定位可以从五个层次去选择定位方向，五层次依次分别是：产品特征定位、物质性利益定位、情感性利益定位、个性定位与价值观定位。

1. 品牌的产品特征定位。

所谓品牌的产品特征定位是指给消费者的品牌产品本身所拥有的独有的特征，如功能、款式、颜色、生产材料等。该层次的定位是品牌定位中最低层次的定位，是许多品牌所采取的定位策略，如哈药集团的"蓝瓶的钙"、洋河的"蓝色经典"等。当然，由于品牌的产品特征定位是产品本身所具有的独特性，因此这种独特性很易模仿，难以长久保持，特别是在山寨现象流行的今天更是如此，这是运用这种定位方法的企业所必须关注的。

2. 品牌的物质性利益定位。

所谓品牌的物质利益定位是指消费者通过使用产品得到的功效、产品质量、价格、产品品质等方面的好处。该层次的定位要比产品特征定位高一层，但竞争者也较易模仿，也是目前最常用的品牌定位策略，如海飞丝的"去头屑"、沃尔沃的"安全"等。

品牌的物质利益定位点有很多，如功效、质量、价格、产品品质等，关键是要让消费者感到产品某一方面的特色给自己带来的好处。如农夫山泉的定位——"我们不生产水，我们只是大自然的搬运工"在今天已经成为农夫山泉天然水品牌的传播标志，当初农夫山泉公司确定这一宣传诉求的时候，瓶装水市场正在集体以"品质如何纯净"作为卖点。用"大自然的搬运工"借以暗示水源的优质，消费者可以从宣传中感受到切切实实的物质性利益——大自然意味着优质的水源，使农夫山泉形成了感性偏好、理性认同的整体策略。

3. 品牌的情感性利益定位。

所谓品牌的情感性利益定位是指消费者通过使用产品得到的亲情、友情、爱情、快乐、幸福等心理的满足。品牌的情感性利益定位针对的是人的内心情感，因此品牌定位的穿透力比较强，比较难以模仿。许多成功的品牌采取了这种定位策略，如哈尔滨啤酒的"岁月流转，情怀依旧"、金六福的"福文化"等。

4. 品牌的个性定位。

现在越来越多的消费者被称为品牌消费者，品牌消费者最大的特征是在认同品牌情况下的消费。只有品牌的个性和消费者自己的个性一致的情况下，才会选择购买。消费者有意无意地在按照自己的个性选购商品，而且往往总是购买与自己的个性和形象相一致的品牌产品。而没有个性的品牌很难引起消费者的共鸣，因而也就难以建立品牌的忠诚。

品牌个性是消费者选择品牌的一个最重要的理由，是品牌的拟人化后的外观、气质和精神。品牌个性就像人的个性一样，它是通过品牌传播赋予品牌的一种心理特征，是品牌形象的内核，它是特定品牌使用者个性的类化，是其关系利益人心中的情感附加值和特定的生活价值观。品牌个性具有独特性和整体性，它创造了品牌的形象识别，使我们可以把一种品牌当作人看待，使品牌人格化、活性化。因此品牌的个性就是品牌人格化的特性。

品牌个性帮助品牌用普通的特色和益处来获得消费者忠诚。如百事可乐象征一种年轻、有趣、有活力、爱冒险的个性。哈雷摩托象征着狂放、不羁、野性、爱国的个性。品牌个性成为一类消费者选择、忠诚甚至是迷恋产品的理由，品牌个性淡化了产品的属性对消费者的影响，因为个性的不可复制而使品牌从竞争品牌中凸显出来，表现出品牌很好的延续性。

5. 品牌的价值观定位。

价值观是指一个人对周围的客观事物（包括人、事、物）的意义、重要性的总评价和总看法。价值观具有相对的稳定性和持久性。在特定的时间、地点、条件下，人们的价值观总是相对稳定和持久的。但是，随着人们的经济地位的改变，以及人生观和世界观的改变，这种价值观也会随之改变。价值观不仅影响个人的行为，还影响着群体行为和整个组织行为。正是因为价值观影响人的行为，决定人的生活方式，因此不同价值观、不同生活方式的消费者对品牌的消费也不一样，因此基于消费者价值观的定位无疑是最难模仿的，价值观定位是品牌定位的最高阶段，也是一个品牌长盛不衰的最有力的武器。

作为一个豪华高档轿车品牌，宝马将品牌延伸到服饰行业，并且取得了成功。这其中最主要的原因在于它的品牌定位是价值观定位，即倡导"潇洒、优雅、时尚、悠闲、轻松"的生活方式，宝马汽车代表了豪华，宝马服饰也是服装中的贵族，定价高昂。二者都传神地体现了宝马核心价值观。宝马进行品牌延伸的举措不仅能获得服饰的利润，而且可以通过涉足服饰领域向更多的消费者推广宝马生活方式与宝马品牌。宝马希望通过宝马生活方式店的服饰向人们直接展示宝马精良的品质和完美的细节，从而改变一些人的价值观，认同宝马品牌所包含的生活方式，将人们培育成为宝马汽车的潜在消费者。

 扩展阅读

三只松鼠的品牌定位

三只松鼠以坚果类为核心产品，定位于"森林系"，倡导"慢食快活"的生活方式，致力为消费者提供健康、新鲜的森林食品。作为第一个网络原创坚果类品牌，三只松鼠坚持"做中国淘宝最好的用户体验店，通过完善购买、互动、线下体验等各个环节，寻找电商世界最优价值的顾客体验"。而在主打产品选择上，三只松鼠主推碧根果，打造了"三只松鼠＝碧根果，碧根果＝三只松鼠"的概念，获得了极大的品牌影响力。

三只松鼠不仅立足坚果"蓝海"，同时一反传统坚果的炒货市场，将坚果市场进行品类细分，专注于袋装类坚果市场。传统的坚果市场以散货为主，其特征为购买便捷、需求偶然、品牌弱化等特点。而依托于互联网的电商品牌，对于产品质量，受众需求以及消费体验的要求则更高。

三只松鼠将目标顾客定位于 80 后、90 后的办公室一族。针对这一类群体的消费特点和消费诉求，三只松鼠将品牌定位于绿色、新鲜的"森林系"。这一概念代表绿色、健康、自然、新鲜，正符合快生活节奏下的办公室一族所追求的消费理念。基于情感的概念化创新，使得顾客耳目一新，大大增强了顾客黏性，形成独特的品牌地位。

资料来源：魏开心. 三只松鼠品牌形象及经营研究［J］. 读天下，2018（16）：286。

第三节　品牌个性识别策略

品牌识别是品牌营销的重要分支理论，建立在美国著名营销大师里斯和特劳特的定位理论基础之上。其研究可追溯至 20 世纪 50 年代兴起的企业识别（corporate identity，CI），这一时期的识别主要是视觉识别，在品牌的传播中强调保持统一标准的视觉符号，70 年代传入日本后，日本学者发展了这一理论，形成了企业识别系统（corporate identity system，CIS），包含视觉识别（VI）、行为识别（BI）、理念识别（MI）。以公司文化理念为核心并由内而外对其进行传播成为这一阶段的基本特征。进入 90 年代，在市场竞争中，品牌的威力日趋强大。企业在塑造形象的过程中不断引入新的要素，包括品牌定位、品牌个性、品牌联想等，而这一阶段企业仍旧关注品牌外在形象，品牌核心价值同消费者对品牌的联想无法做到有效统一，同日常的营销传播活动（价值活动）达不到有效对接，品牌识别理论的提出解决了这一难题，品牌识别通过产生一个有价值的主张，包括功能上、情感上或价值自我再现上的利益，为品牌提供了方向、意图和价值，有助于建立品牌和顾客之间的关系，推动品牌建设，实现品牌价值的最大化。公司在建立品牌形象的过程中不断引入新的要素，包括品牌定位、品牌识别、品牌符号、品牌形象等，只是这一阶段公司仍侧重关注品牌外在形象，不清楚品牌的基本含义，品牌的诉求不能抵达消费者。而品牌识别通过产生一个有价值的主张，建立起品牌和顾客之间的关系，形成品牌资产，实现品牌价值的最大化。这时品牌识别为品牌提供了方向、意图和价值，品牌识别（brand identity）理论应运而生。

一、品牌识别的概念

品牌识别在英文中有两种表示方法："identity"指的是身份、一致性、自身特性，强调品牌的一种本质属性；"identification"是指区别、使显出特色，强调具体动作行为。这两种不同的表示方法形象地反映了关于品牌识别概念最基本的争论点，即品牌识别是品牌的本质属性还是具体的动作行为。

法国学者 J. N. 卡普菲勒（J. N. Kapferer）在 1992 年首次提出品牌识别概念，强调品牌识别在品牌资产创建中的核心性和战略性。他认为品牌识别属于品牌设计者的业务范畴，目的是确定品牌的意义、目的和形象，而品牌形象是这一设计过程的直接结果。

国际著名的品牌研究专家戴维·阿克（David Aaker）在《创建强势品牌》一书中提出，品牌识别是品牌战略制定者试图建立或保持的一系列独特的品牌联想。这些联想表达了品牌所代表的东西，以及企业对消费者的承诺。

从国内相关研究来看，范秀成和高琳在阿克和卡普菲勒的研究基础上，将品牌识别区分为核心识别和扩展识别。核心识别又称为品牌基因，反映品牌最重要和最稳定的本质元素，规定了品牌延续性发展和品牌传播的基本信息。扩展识别是能为品牌带来更丰富的内涵，同时使品牌识别表达更完整的元素。[①]

品牌专家翁向东在《本土品牌战略》中提出，品牌识别是指对产品、企业、人、符号等营销传播活动具体如何体现品牌核心价值进行界定，从而形成区别竞争者的品牌联想。这个定义强调了品牌识别是品牌所有者的一种行为，目的是通过传播建立差别化优势。[②]

根据国内外学者的论述，本书认为品牌识别是由品牌战略制定者设计规划，承载着品牌最核心、最稳定、最独特的要素，能够引起人们对品牌美好印象的联想物，这些联想物暗示着企业对消费者的某种承诺，集中了品牌延续和传播的基本信息，从而形成区别于竞争者的品牌联想。

二、品牌识别的要素

品牌识别不同于作为产品标识的商标，是具有更为广阔内涵的全新概念。品牌识别具有标识、区别的功能，但这只是其基本内涵及功能，除此之外，品牌识别还包括其他许多内涵，如企业文化、对消费者的承诺等，只有将这些内涵最大限度地整合起来，才能实现提升企业竞争力这一最终功能和目标。品牌识别的内涵要素分为显性要素和隐性要素，其中显性要素作为一种标识存在，是品牌识别的基础和依托，隐性要素则是品牌识别的精神内核和实质。

（一）显性要素

显性要素是品牌外在、具体可见的构成要件，包括品牌名称、听觉识别辅助要素、标志物和视觉识别辅助要素和听觉识别辅助要素。

1. 品牌名称。

正如人的名字普遍带有某种寓意一样，品牌名称也应包含与产品或企业相关的寓意，让消费者能从中得到有关企业或产品的愉快联想，进而产生对品牌的认知与偏好。品牌命名一是要符合易读、易记原则，名字要简洁明快，易于传播；二是名称应具备

---

① 范秀成，高琳. 基于品牌识别的品牌延伸 [J]. 天津大学学报（社会科学版），2002（4）：333－337.
② 翁向东. 本土品牌战略（第二版）[M]. 南京：南京大学出版社，2008.

独特的个性，避免与其他品牌名称混淆；三是名称要有新鲜感，赶时代潮流，创造新概念；四是名称要易于上口，难发音或音韵不好的字，都不宜作名称；五是名称要有气魄、起点高、具备冲击力及浓厚的感情色彩，给人以震撼感。

2. 听觉识别辅助要素。

听觉识别辅助要素能够有效弥补视觉符号在传播上的不足，包括口号、音乐、语声。这些要素通常利用影视、广播、网络等有声途径达到传递品牌信息、渲染品牌氛围、强化品牌识别的目的，也可以在视觉媒体中以文字形式出现，引起观众的语音想象。

口号（slogan）是用来协助广告为某一品牌或组织树立形象、创造识别、明确定位的标志性短语。品牌口号通常是品牌价值主张及其个性特征的缩影，它以精练睿智的表意和极富诉求力的口吻与其他识别符号相配合，提高受众对品牌的记忆度，同时使品牌形象在不同的市场、媒介和活动中保持一致。成功的口号往往令人耳熟能详并成为大众描述某品牌的专用语，如特步"飞一般的感觉"、诺基亚"科技以人为本"等。

音乐（music）具有特殊的感染力和记忆效果，是品牌在广告中常用的听觉识别和传播手段。从拼多多的"拼得多，省得多"的"洗脑"广告曲到华为的品牌主题曲 *Dream It Possible* 等，美妙的旋律或朗朗上口的歌词都让消费者记忆犹新，可见音乐的确是消费者的共同语言，音乐营销的确是最能直指人心的利器。

语声（sound）特指在广告传播中，表达品牌名称或口号等重要内容时所表现出来的特殊语音效果。品牌语声采用特定音质、音效、播放方式或播音人，对品牌的听觉识别内容进行严格设定，并在品牌传播中统一使用。从而在整体上强化品牌的识别效果。一些品牌语声令人印象深刻，如苹果手机的语音助手 Siri、Windows 的启动音效等。

3. 标志物。

视觉识别基本要素（标志物）的识别是标识系统的核心，视觉识别基本要素，也是标识系统的核心，包含标志商标、标识字体和标识色彩。品牌的识别，除了文字，一般人第一眼看到的是标志物。品牌标志物有三种成功要素：第一种：造成产品的联想，如麦当劳"M"的圆弧状。第二种：代表公司名称，如宝洁（P&G）和联合利华（Unilever）。第三种：抽象的情感联结，如味全有五个红色实心圈圈，代表"酸、甜、苦、辣、咸"五种味道。

4. 视觉识别辅助要素。

视觉识别辅助要素是为方便品牌传播和强化品牌形象而开发的一系列配合视觉基本要素使用的图形、色彩和形象。主要包括辅助图形、辅助色彩和吉祥物。

辅助图形（auxiliary icon）是指在形态上与标志、标识字体或品牌文化存在一定关联的图形、图像、符号等。辅助图形主要通过造型比例的变化、装饰性的描绘或多维延伸的单元组合创造强烈的视觉结构，并根据应用载体和传播媒介的变化进行灵活调整。如雪碧的"S"形气泡图，阿迪达斯三道充满力度的线条等都是辅助图形应用的成功范例。

辅助色彩（auxiliary color）是为配合标识色彩使用而开发的具有系列化特征的色彩

及其组合。辅助色彩主要应用于品牌系列产品的包装、不同类别的子品牌以及其他需要区别的环境、媒介、内容和活动。辅助色彩的运用已得到企业的广泛重视。

吉祥物（Mascot）是指以独特生动的面貌为品牌传播代言的动物、人物、植物、道具等形象。吉祥物的设计通常采用拟人手法，赋予和品牌性格相关的对象性格特征，以此拉近品牌与消费者的距离，增强品牌形象的亲和力和诉求性，从而展现出更具人性化特征的品牌个性。如京东的狗、腾讯的企鹅、盒马鲜生的河马等。

（二）隐性要素

品牌识别的隐性要素是品牌内含的因素，不可以被直接感知，它存在于品牌的整个形成过程之中，是品牌的核心。它包括品牌承诺、品牌价值、品牌文化和品牌体验几个部分。

1. 品牌承诺。

品牌承诺是企业生产者要对消费者做出关于产品质量、产品理念等方面的承诺。一个品牌对消费者而言是一种保证，企业生产者要始终如一地履行他们的诺言。产品本身不可能保持不变，许多优秀的品牌都是在不断变化的，但仍受消费者喜爱，那是因为企业生产者是随着消费者需求的变化将产品变化了，而灌注在产品中的经营理念、价值观、始终保持稳定一致。如格力变频空调从"好空调、格力造"到"精品空调、格力创造"，再到"完美变频、就是格力"，再到"一晚只需一度电"。

2. 品牌价值。

品牌价值是品牌识别要素中最为核心的部分，也是品牌区别于同类竞争品牌的重要标志。它是品牌在需求者心目中的综合形象。品牌价值既可以是功能性利益，也可以是情感性和自我表现性利益，在商品同质化日趋严重的糟糕环境下，我们已经没有过多的时间花在消费的犹豫上，我们时常会因信赖某品牌而做出某项购买决定，因此我们已经离不开品牌而独立生活。这就是品牌对我们生活产生的变革。可口可乐公司推广部副总裁曾说：假如可口可乐的资产毁于一旦，拥有"可口可乐"名字的人能够随便走入一家银行，轻易得到一笔贷款，而后重建一切。这就是品牌的影响，即品牌价值的力量。

3. 品牌文化。

品牌文化是品牌所反映的企业文化与消费文化的结合。品牌文化是企业和消费者共同作用下形成的对品牌的价值评判，是品牌的信念和精神，是体现企业精神、满足消费者需求的重要内容，是产品与消费的精神沟通和价值共识。品牌文化不等于企业文化，但它属于企业文化的范畴。产品产自于不同的国家、不同的民族，反映了不同国家的民族习惯、价值观和独特的文化韵味，如果从文化这一方面开发自己的品牌识别特征，往往容易奏效。例如，"肯德基"不仅是为人们提供快餐的场所，也是典型的带有反映了美国文化的品牌，简单、快捷、卫生，反映了美国人注重效率、视时间为金钱的社会价值观；而高端白酒贵州茅台则根植于五千年的中国历史传承，彰显出悠久纯正的文化特征。

4. 品牌体验。

品牌体验是品牌与顾客之间的互动行为过程，其通过令人耳目一新的品牌标识，鲜明的品牌个性、丰富的品牌联想、充满激情的品牌活动来让顾客体验到"快乐""酷""爽"，从而与品牌建立起强有力的关系，达到高度的品牌忠诚。人们往往喜欢挑选一些市场占有率高的品牌，但若面对同样两种没有标志的品牌时，消费者的消费倾向就不够明确了。所以，品牌体验能改变人们对产品的感情，这些感情会提高消费者对品牌的识别度及认同感。如苹果的用户体验，在苹果直营店（Apple Store）购买苹果手机，店员就会帮助用户完成信息同步等各种设置，同时用户还可以携带苹果设备定期参与门店提供的各类培训课程，如手机摄影、iPad 绘画课程等。

三、典型的品牌识别模型

品牌识别模型有卡普菲勒的品牌识别棱柱、艾克的品牌识别模型、电通的品牌蜂窝模型、达彼思的品牌轮盘等，其中最有影响力的是卡普菲勒的品牌识别棱柱和艾克的品牌识别模型。

（一）卡普菲勒品牌识别棱柱

卡普菲勒从产品特性、品牌关系、消费者形象、品牌文化、品牌个性和内在影像六方面对品牌进行了全面的规划和界定，如图 5-1 所示。

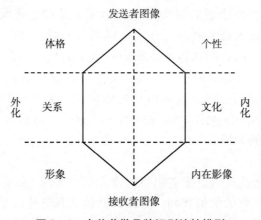

图 5-1　卡普菲勒品牌识别棱柱模型

资料来源：让·诺尔·卡普菲勒. 战略性品牌管理 [M]. 曾华，王建平，译. 商务印书馆，2000。

1. 垂直虚线。

垂直虚线左侧是品牌的具象内涵，包括体格、关系和形象。体格是指与品牌的标准定位相符，从品牌的主要或突出的产品功能中提炼出来的外貌特征，即显著的或主要的独立特性的外在表现；关系表示品牌体现出的一种关系，为人们相互间无形的沟通提供了机会；形象是消费者心目中的对品牌形象的反映，也是品牌所设定的使用者类型，反映显示出使用者想成为甚至渴望成为怎样的人。右侧是品牌的抽象内涵，包括个性、文化和内在影像。个性指品牌的性格，是人们对品牌产品拟人化的印象；文化是品牌的灵魂，品牌从各产品中提炼出自己的文化，产品是物质的体现和文化的指向。文化决定着品牌对外沟通的基本原则，是品牌的生产者和生产地区价值观的体现。内在影像反映内在面。如果说形象是目标消费者的外在反映，那么内在影像则是目标消费者自己的内在反映。这六个方面形成一个有机的整体，彼此相互呼应。

2. 水平虚线。

两条水平虚线的上侧和下侧分别代表信息发送者传播的品牌识别和信息接收者接收到的品牌识别；虚线中间的品牌关系和品牌文化是企业和消费者两个角度形成的关系。其中，品牌关系强调各自利益，而品牌文化更强调两者共享的识别要素，它是品牌和消费者之间的纽带。

从上述的品牌识别六棱柱模型分析中看出，此品牌识别模型强调消费者的心智认知，在操作性上稍差，但它强调了品牌识别与品牌形象的"发送信号—接收信号"的关系，为通过产品的视觉语言传达设计者设计理念、品牌精神提供了坚实的理论依据。

（二）阿克品牌识别模型

阿克教授在 1996 年也提出了品牌识别模型。该模型认为，品牌识别是一个系统结构。可以推动所有的品牌创建工作，必须具有深度和广度。

1. 深度。

从深度上讲，品牌识别内容分为以下三个方面：

（1）品牌精髓。品牌精髓精炼地概括了品牌内涵，是核心识别各要素之间的黏合剂，是带动核心识别各要素协同工作的中坚，能持续不断地造成竞争品牌之间的差异化。出色的表达品牌精髓的语句往往意境深远、耐人寻味而广为人知。

（2）核心识别。核心识别是品牌识别中极其重要的部分。其每个方面都要反映组织的战略思想和价值观念，其中至少要有一个方面造成与其他品牌的差异，并且能与消费者产生共鸣。当品牌沿用到新产品和市场时，其个性、符号、功能等有可能改变，但核心识别最有可能被保持下来。核心识别不但为消费者也为企业组织提供了注目的焦点。

（3）延伸识别。是指除品牌精髓与核心识别之外的其他所有品牌识别内容。它主要包括品牌个性和品牌符号两项内容。所谓品牌个性就是品牌拥有的与众不同的人格化特征。即使在同质市场上也能带来企业需要的差异化特征。品牌符号是指品牌的属性以物理运动的方式给人以感性、直觉的表现，如一个标识、一种包装、一个卡通人物等所有能反映品牌内容的东西。出色的符号能整合品牌，使品牌结构更加清晰，更容易记忆。

上述品牌识别要素中品牌精髓、核心识别是品牌识别的主体内容，是品牌识别的本质性的、起指挥作用的部分；延伸识别属于辅助内容，是对主体要素外在的表现和展示，是主体内容有效渗透于消费者心中的重要工具。主体内容和辅助内容密不可分，缺少哪一部分都会严重影响品牌的竞争力。

2. 广度。

从广度上来讲，品牌识别是由作为产品的品牌、作为组织的品牌、作为个体的品牌和作为符号的品牌四个不同的角度所构成的系统，这四个方面又由诸多元素所组成。

（1）作为产品的品牌，包括产品范围、产品属性、品质与价值、用途、使用者和来源国等六个元素。品牌就是产品，在品牌识别的建立过程中扮演着重要的角色，因为这些特性和属性对于消费者的满意程度以及是否购买这项产品有最直接的影响。包括：产品范围，如一提到立白就想到洗衣液；产品属性，如一提到王老吉就想到预防上火；品质与价值，如一提到星巴克就想到第三空间的轻松和最美味的咖啡；用途，一提到速溶咖啡和奶茶就想到加班和忙碌的通勤；使用者，如一提到利郎就想到商务男装、一提到东阿阿胶就想到女士补血；来源国，如一提到劳力士（Rolex）就想到瑞士、一提到香奈儿（Chanel）就想到法国。

（2）作为企业的品牌，包括组织属性（如创新、消费者关系、可信度）和本地化或全球化等两个元素。品牌就是企业。强调的是企业的属性，包括：创新能力的高低与否、对品质的要求高低与否、对环境的重视与否、企业的社会责任感等。如果企业领导人的个性与企业品牌的个性一致，那么就应该特别注意对企业领导人进行专业的包装和策划，使二者相得益彰。例如雷军与小米、任正非与华为、刘强东与京东等，这些企业家对其品牌识别的推动无论怎么估计都不过分。

（3）作为个体的品牌，包括个性（如真诚、精力充沛、粗狂）和品牌－客户关系（如朋友、顾问）等两个元素。品牌和人一样，有各种不同的认同。消费者通常会选择符合自己认同，能够表达自己的品牌。它包括：个性，如一提到 ZARA 就想到追求"独一无二"的都市女性；品牌－客户的关系，如一提到海尔就想到以海尔兄弟为代表的友谊关系。

（4）作为符号的品牌，包括视觉形象和通知、品牌传统等两个元素。一个成功的符号或标志，或是象征物的体验，能强化并且加深消费者对品牌的认同。在品牌发展过程中，这样的符号或标志，对品牌的建立有着巨大的影响。

阿克的品牌识别系统理论总体上讲，结合公司整体的品牌构架，超越了单个品牌的创建，明确地指明了品牌的创建方向，即围绕品牌识别开展品牌创建工作。其从企业的角度反映了品牌识别在深度上要从品牌精髓、核心识别、延伸识别和在广度上要从企业角度、产品角度、个性角度和象征角度进行塑造。

（三）品牌识别规划模型

阿克在与爱里克·乔瑟米赛勒（Erich Joachimsthaler）合编的著作《品牌领导》中扩展了品牌识别模型理论，提出了品牌识别规划模型，该模型包括战略性品牌分析、品牌识别系统和品牌识别执行系统三大部分。①

---

① 大卫·A. 阿克，爱里克·乔瑟米塞勒. 品牌领导：管理品牌资产 塑造强势品牌［M］. 北京新华出版社，2001.

1. 战略性品牌分析。

有效的品牌识别能得到客户认同，区别于竞争者，并反映出企业能做的和计划做的事项。战略性的品牌分析可以帮助管理者了解客户、竞争对手和企业自身。

（1）顾客分析。透过顾客所说的话来挖掘出消费者行为背后更深层的动机，窥视出消费者可能未被满足的需求，进而推测出可能的消费趋向。同时制定出一个能够驱动战略的市场细分计划。这就要求我们了解哪些市场细分区隔具有真正的影响力，并了解每一细分区隔的规模和动力机制。

（2）竞争者分析。通过考察现有和潜在的竞争者来制定差异化的品牌策略，分析竞争者优势、弱势、战略及其市场定位，为品牌构建提供了新的视角。

（3）自我分析。确认企业是否拥有足够的资源、实力和决心来创建品牌，一方面要求知道品牌历史和现实的形象，另一方面需要了解品牌实力、局限、策略和正在创建该品牌的企业价值观。总而言之，成功的品牌策略必须体现出品牌的精髓和企业的灵魂。

2. 品牌识别系统。

上文艾克品牌识别模型已对此模块进行了详细分析，不再赘述。

3. 品牌识别执行系统。

品牌识别的实施贯穿着品牌创建计划的发展和评估的整个过程。其实施流程包括4个步骤：品牌识别诠释、品牌定位、品牌构建计划和效果追踪。

（1）品牌识别诠释。品牌识别诠释旨在丰富品牌识别内容，使之结构更清晰、完整。缺少这个步骤，品牌识别的要素就可能过于模棱两可，无法指导管理者判断哪些行动是有利于品牌的。另外向企业内部传达品牌识别，统一共识也是品牌识别诠释的重要任务。

（2）品牌定位。品牌定位的任务是把品牌识别内容和价值取向主动地与目标受众进行交流并能显示出区别于竞争品牌的优势。品牌定位和品牌识别的差别在于，它是以竞争导向为基础的，它选择消费者重视但又未被直接竞争品牌所占据的一个位置。在某种情况下，品牌识别的某些内容尽管重要，也会被排除在品牌定位范围内，原因可能是因为这些内容无法体现出差别化优势，也可能是因为品牌还没准备好表现某种承诺或者受众还无法接受这些信息。

（3）品牌构建计划。在许多人看来品牌创建只不过是给产品取一个好听的名字，然后再设计一个有创意的广告，接着就是把产品推向市场。这些工作当然是必要的，但并不是全部，品牌创建就像是在孕育一个婴儿，每一步成长都需要人们的细心呵护。品牌在创建过程中往往会遇到两大挑战：一是如何选择适合的媒介，包括促销、宣传、包装、直销、旗舰店、互联网和赞助活动等。二是如何巧妙地指定品牌传播策略并付诸实施，使传播活动能先声夺人、与众不同。

（4）效果追踪。品牌资产的十个方面可以作为进行评估工作的框架。其中包括两项品牌忠诚度测评（价差效应和消费者满意度）、两项认知品质（领导）地位测评（认知品质和品牌的领导地位或受欢迎程度）、三项关联度测评（认知价值、品牌个性和组织联想）、一项知名度测评和两项市场业绩评估（市场份额和市场分销覆盖率）。

这些评估活动构建了一个跨品牌和产品类别的追踪系统，同时也为那些需要针对特定品牌量体裁衣的人们提供了出发点。

品牌识别规划模型清晰地描述了品牌识别的策划过程，为大家提供了一个理解、发展和运用品牌识别概念的工具。在该模型中，战略性的分析、品牌识别开发和品牌识别实施是依次进行的。然而，事实上，他们之间存在着重叠和回溯，并且战略是无法脱离执行的。大体而言，执行过程能够不断明晰战略，并验证其可行性。

第四节　品牌延伸策略

一、品牌延伸的概念

品牌延伸（brand extensions）是指企业将某一知名品牌或某一具有市场影响力的成功品牌扩展到与成名产品或原产品不尽相同的产品上，以凭借现有成功品牌推出新产品的过程。品牌延伸并非只简单借用表面上已经存在的品牌名称，而是对整个品牌资产的策略性使用。品牌延伸策略可以使新产品借助成功品牌的市场信誉在节省促销费用的情况下顺利地占领市场。

二、品牌延伸的策略

（一）在产业上延伸

从产业相关性分析，可向上、向下或同时向上向下延伸；采取这种延伸方式，为材料来源、产品销路提供了很好的延伸方式。另一种是产业平行延伸，一般适用于具有相同（或相近）的目标市场和销售渠道、相同的储运方式、相近的形象特征的产品领域；这样一方面有利于新产品的营销，另一方面也有利于品牌形象的巩固。

（二）在产品质量档次上延伸

（1）向上延伸，即在产品线上增加高档次产品生产线，使产品进入高档市场。

（2）向下延伸，即在产品线中增加较低档次的产品。利用高档名牌产品的声誉，吸引购买力水平较低的顾客慕名购买这一品牌中的低档廉价产品。如果原品牌是知名度很高的名牌，这种延伸极易损害名牌的声誉，风险很大。

（3）双向延伸，即原定位于中档产品市场的企业掌握了市场优势以后，决定向产品线的上下两个方向延伸，一方面增加高档产品，另一方面增加低档产品，扩大市场阵容。

（4）其他相关延伸，也叫扩散法延伸，这对于刚成长起来的名牌非常有意义。它有四层含义：一是单一品牌可以扩散延伸到多种产品上去，成为系列品牌；二是一国一地的品牌可扩散到世界，成为国际品牌；三是一个品牌再扩散衍生出另一个品牌；四是名牌产品可扩散延伸到企业上去，使企业成为名牌企业。

三、品牌延伸的优点

品牌延伸是企业推出新产品、快速占有并扩大市场的有力手段，是企业对品牌无形资产的充分发掘和战略性运用，因而成为众多企业的现实选择。

（一）可以产生品牌伞效应，降低营销费用

在品牌伞效应作用下，企业通过品牌延伸可以充分借助原有品牌的市场信誉和产品声誉，使消费者在短期内消除对新产品产生的排斥、生疏和疑虑的心理，进而在较短的时间内接受新产品，从而节省新产品进入市场所必需的宣传、促销等营销费用，并能迅速占领市场。

（二）能为现存的品牌或产品线带来活力，为消费者提供更完整的选择

企业只有通过品牌延伸不断地推出新产品，才能满足消费者在购买商品时不同的选择需求，同时还可以延长产品的生命周期；品牌的知名度也只有在企业不断推陈出新中，随着品牌产品的广泛使用才逐步得到提升。

（三）可以实现品牌利用中的增值

随着企业规模的扩大和市场占有率的提高，品牌延伸反过来会进一步扩大品牌的市场影响力，增强品牌的价值和企业的品牌竞争优势，形成良性循环，从而达到品牌在使用中保值增值的目的。

四、规避品牌延伸风险

品牌延伸策略运用得当，自然能为企业营销活动带来许多方便和利益，倘若品牌延伸策略把握不准或运用不当，会给企业带来诸多方面的危害。因此企业在运用品牌延伸策略时，要谨防以下情况发生对企业经营活动产生的不利影响，避免损害企业利益的品牌运用风险。

（一）损害原有品牌形象

当某一类产品在市场上取得领导地位后，这一品牌就成为强势品牌，它在消费者心目中就有了特殊的形象定位，甚至成为该类产品的代名词。将这一强势品牌进行延伸后，由于近因效应（即最近的印象对人们认知的影响具有较为深刻的作用）的存在，就有可能对强势品牌的形象起到巩固或减弱的作用。如果运用不当的品牌延伸，原有强势品牌所代表的形象信息就会被弱化。

（二）有悖消费心理

一个品牌取得成功的过程，就是消费者对企业所塑造的这一品牌的特定功用、质量等特性产生的特定的心理定位的过程。企业把强势品牌延伸到和原市场不相容或者毫不相干的产品上时，就有悖消费者的心理定位。这类不当的品牌延伸，不但没有什么成效，而且还会影响原有强势品牌在消费者心目中的特定心理定位。

（三）容易形成此消彼长的"跷跷板"现象

当一个名称代表两种甚至更多的有差异的产品时，必然会导致消费者对产品的认知模糊化。当延伸品牌的产品在市场竞争中处于绝对优势时，消费者就会把原强势品牌的心理定位转移到延伸品牌上。这样，就无形中削弱了原强势品牌的优势。这种原强势品牌和延伸品牌竞争态势此消彼长的变化，即为"跷跷板"现象。

（四）株连效应

将强势品牌名冠于别的产品上，如果不同产品在质量、档次上相差悬殊，这就使原强势品牌产品和延伸品牌产品产生冲击，不仅损害了延伸产品，还会株连原强势品牌。当把高档产品品牌用在低档产品上就有可能产生灾难性后果。

（五）淡化品牌特性

当一个品牌在市场上取得成功后，在消费者心目中就有了特殊的形象定位，消费者的注意力也集中到该产品的功用、质量等特性上。如果企业用同一品牌推出功用、质量相差无几的同类产品，会使消费者晕头转向，该品牌特性就会被淡化。

（六）产品定位与品牌定位的差异化

在品牌延伸中，如果破坏了品牌定位中核心价值的一致性，就会降低品牌的市场影响力。若在品牌延伸中不与该品牌定位一致，会动摇人们心目中对该品牌的思维和情感定势，随着这种状况下的持续，自然给公众传达了不利于该品牌的混乱信息，相应地该品牌的市场影响力就会降低，严重时会危及该品牌的市场地位。

（七）品牌延伸的不一致性

品牌延伸应尽可能避免在类别差异性比较大的产品间进行；在同类产品间延伸时也要注意品牌的市场和社会定位，如果该品牌具有很强的市场影响力，而且品牌和产品已画等号时，就应慎重考虑该品牌延伸到其他同类产品上。

（八）品牌延伸时把握不准产品种类、数量的适度性

虽然延伸产品可能保持了与品牌核心价值的一致性，但若不注意量的限制也可能会影响品牌的市场影响力，因为品牌所涵盖的产品过宽会造成管理上的不便，其中任何一个产品问题的出现都会导致对品牌形象的损害；而且不同产品毕竟在定位

上还是有一定的差异性，因此会或多或少冲淡或影响人们心目中对该品牌的思维和情感定势。一个品牌定势的建立还是和最初的产品相联系的，产品种类过多往往冲淡这种定势。所以品牌延伸要注意对产品种类、数量的控制；品牌扩展的宽度是必须量力而行的。

五、品牌延伸的时机选择

成功的品牌延伸往往要选择好延伸的时机，在以下几种情况下，可以考虑品牌延伸：首先是当延伸产品和同盟产品很相似时；其次是当在不同品牌间转换的消费行为不可避免时，则适合提供不同品牌价值的数种品牌；最后是当多类品牌明显是消费者所需要时，则不适合一个品牌只出一种品类，需要让消费者感受到多种不同的选择。

当上述条件都符合，企业就应考虑如何进行品牌延伸，发展这个品牌家族系列。

无可否认，成功的品牌延伸能使品牌放大、增势，进而使品牌资产得到充分利用，并在利用中增值，但品牌延伸毕竟有许多陷阱，存在很多潜在的风险。因此，企业必须从长远发展的战略高度审视品牌延伸，切不可只因眼前利益而不顾时机、不考虑延伸条件和可行性，盲目地在新产品上使用成功品牌。在做出品牌延伸决策时要理智地权衡利弊得失，采取科学、合理及有效的方法规避风险，确保品牌延伸的成功。

本 章 小 结

品牌对营销者、对消费者乃至对国家都有不可低估的作用。品牌资产作为一种通过为企业提供附加利益来体现的、超过商品或服务本身利益以外的价值，它是品牌知名度、品牌忠诚度、品牌联想、品牌的品质形象和附着在品牌上的其他资产等内容的集成反映。品牌是企业资产，具有无形性、波动性、难以准确计量、在利用中增值等特征。品牌定位是企业品牌建设的基础，品牌定位是企业对消费者的一种承诺，是给予消费者的核心利益。品牌可以从四个角度去定位，分别是竞争角度、产品角度、消费者角度和企业形象角度。美国学者杰克特劳特提出了品牌定位四步骤，第一步分析行业环境、第二步寻找区隔概念、第三步找到支持点、第四步传播与应用。品牌识别是品牌独特性的体现，它包括显性要素和隐性要素，显性要素主要有品牌名称、听觉识别、听觉识别辅助要素、标志物、视觉识别辅助要素；隐性要素包括品牌承诺、品牌价值、品牌文化、品牌体验；等等。品牌延伸对智者来说是一场盛宴，而对无知者来说则是噩梦的开始。客户是品牌延伸的裁决者，他们永远是以实际购买行为来决定品牌的成功与否，只有深入地了解品牌的本质，了解客户的内心世界，坚持品牌延伸的关键性原则，才能做出正确的品牌延伸战略决策。

【思考题】

1. 什么是品牌?
2. 品牌建设对于企业而言有什么重要意义?
3. 品牌为什么要定位? 定位有什么作用?
4. 品牌识别包含什么? 企业如何建设品牌识别?
5. 品牌如何进行成功的品牌延伸?

第六章

整合营销网络：分销渠道的设计与管理

【学习目标】

● 了解常见的分销渠道模式
● 掌握分销渠道设计的基本步骤
● 理解分销渠道设计的影响因素

分销渠道是为了满足顾客需要而存在的，它使顾客能够方便地购买到所需要的产品。在现实中，成千上万个顾客的生活都会受到分销渠道的影响，他们需要通过分销渠道来方便快捷地获得各种各样的产品。对于企业来说，分销渠道在企业营销中占有重要的地位，它成为企业获得竞争优势的重要工具，对降低企业成本和提高企业竞争力具有重要意义，是规划中的重中之重。设计分销渠道主要是解决如何发掘企业商品到达目标市场的最佳途径以提高分销效率的问题。所谓"最佳"，是指以最低的成本与费用，通过适当的渠道，把商品适时地送到企业既定的目标市场中去。

第一节　分销渠道的概念和功能

一、分销渠道的概念

渠道是用来描述商品流通的现象，是商品从制造商到消费者的流通过程中，自然形成的商品分销轨迹。分销渠道是指某种商品或劳务从生产商向消费者移动的过程中，取得这种商品或劳务的所有权或帮助该商品或劳务转移其所有权的所有企业和个人。

需要注意的是，分销渠道与营销渠道是有差别的。根据美国营销协会（American Marketing Association，AMA）的定义，营销渠道是指参与商品所有权转移或商品买卖交易活动的中间商所组成的统一体（如图 6 – 1 所示）。

图 6 –1　营销渠道示意

从图 6-1 中不难看出，营销渠道包括从供应到生产再到销售的全部环节。而分销渠道的起点是生产商、终点是消费者，并经由经销商、批发商、代理商、终端零售商、经纪人等分销商，完成商品的分销。它表明了一个企业的产品从生产到流通再到消费的过程，专指产品价值实现的过程。因此，营销渠道的价值链更长，内涵更丰富，环节更多、更复杂。除"分销"的内容外，还包含原材料供应过程、分销过程及其他服务机构的管理等。[①]

二、分销渠道的功能

（一）分销商存在的必要性

（1）分销商能够提高市场效率。例如，假设某一市场上有三家制造商和六位顾客，由于制造商无法判断哪位顾客需要他们的产品，为了不会遗漏任何潜在顾客，三家制造商均与这六位顾客接触，接触次数共 18 次。如果在制造商和顾客之间出现一位分销商，此时制造商不再需要与每一位顾客接触，只需与这位分销商进行交易，由分销商完成与顾客的对接即可，此时市场产生的接触总数为 9 次，较之前明显减少了一倍。而且，通过分销商实现了集中采购与配送，提高了交易效率，减少了交易成本。

（2）分销商的广泛分布，能使企业的产品销售达到其自行销售所不可能达到的广度和深度。企业相对集中在某些地区，而消费者分布在全国或全球不同地方，这时分销商发挥了重要的物流和中转作用，将产品顺利地从生产商手中流转卖给消费者。

（3）分销商的大批量购买，使生产企业及时收回资金，加速资金周转。企业为了获得规模效应，往往要大量生产某种产品，并且需要快速实现将库存换成资金，进行下一轮生产，而消费者每次购买的产品数量比较少。这时分销商又发挥了它的作用，通过大批量购买，小批量分销，解决了供需的数量矛盾与时间矛盾。

（4）分销商的调剂和组配，能使企业产品同消费者的需求取得一致。企业往往进行专业化生产，分销商则将各色各样的产品聚集，满足消费者对商品多样性的挑选需求。

（5）分销商在市场销售方面具有丰富的知识和完善的技术设施，可以更有效地开展分销活动。由于分销商一般对当地用户的购买行为和市场形态较为熟悉，并且拥有一定数量的稳定客户，能够迅速帮助生产商打开当地市场。特别是当厂家精力、资金有限、对当地市场不熟、没有资源、没有人脉的情况下，借助于分销商对本地客户的资信情况和投资环境的了解，可以减少生产商的经营风险。

（二）分销渠道的功能

为了使消费者在任何时间、任何地点、以任何方式便利地购买到想要的产品和服务，分销渠道各成员需要发挥如下功能：

---

① 伯特·罗森布罗姆. 营销渠道：管理的视野（第 7 版）[M]. 宋华，等译. 北京：中国人民大学出版社，2006.

（1）销售。渠道销售工作主要指如何开发与选择经销商，经销商的日常管理，如何协助经销商进行市场推广、日常维护等工作，并能根据市场的变化提出对应的价格策略、渠道策略、促销策略、包装策略和产品策略，有效激励经销商共同成长的销售过程，以及处理一些市场冲突的问题。

（2）沟通。在销售的过程中，沟通是必不可少且重要的环节。要想做好渠道销售工作，一定要走出去多和中间商交流，和同行同业交流，和产业上下游组织交流，及时跟踪和了解市场情况。可以是正式及非正式沟通，也可以是定期和不定期沟通。

（3）信息。指渠道成员有意无意地通过沟通获取关于市场、消费者、竞争者的相关信息，在信息采集的基础上进行信息传递，为企业营销决策提供依据。如生产商通常会派自己的业务代表定期去终端市场调研，去零售卖场找经理聊天，了解市场情况，观察竞品销售情况，汇报给营销经理。信息越多，越有助于企业做出正确的判断。

（4）洽谈。这是指买卖双方就交易条件，如交易价格、交易方式、运输方式、售后等方面进行谈判，实现交易。生产商找到有意向合作的经销商后，要对双方之间合作、利益分配、市场铺设、权利义务等问题展开深入的谈判。

（5）服务。渠道各成员都有其需要承担的服务。如中间商要承担分拣、分类、分等、二次包装等，零售商要承担送货、安装、售后等，以保证产品的顺利流通。

（6）物流。商品从出厂到最终消费者手中，要经过运输、储存和配送等环节，有的企业选择自己承担配送服务，有的企业交由外部的物流公司协助完成。在网络营销背景下，中间商的物流功能越来越重要。

（7）风险承担。商品流通过程的每一步，渠道成员都会面临相应的风险。可以说，正因为中间商的风险承担功能决定了其存在的必要性和重要性。以产品销售风险为例，一个电器生产商将产品生产出来，因为时间和空间上的矛盾，生产商迅速将这些产品卖给全国各地的中间商，迅速进入下一轮生产，产品销售任务和存储积压的风险转移到中间商身上了。所以说，产品从它被生产出来的那一刻，销售是否顺利的风险就产生了，需要渠道成员通力协作。

（8）融资。渠道也是一个融资的通道。不论是制造商品，还是销售商品，都需要投入资金，以完成商品所有权转移和实体流转的任务。渠道成员为执行渠道功能需要进行独立的投资，产品通过渠道的销售实现产品价值的同时实现资金的流通。

第二节　分销渠道的常见模式

一、经销商模式

（一）经销商

经销是指经销商从厂家那里先把产品买来，然后制定适当的价格进行分销。经销商是指将购入的产品以批量销售的形式通过自己所拥有的分销渠道向零售商、批发商或其他组织和个人销售以获取利润的商业机构。厂家可以在经销商把产品卖给最终顾客前收回货款，使资金尽快回笼。如果经销商产品卖不完，一般不退还厂家，只能自行处理产品，有时甚至因此而出现亏损。经销商有独家经销商和特约经销商等不同形式。

（二）代理商

代理商的性质与经销商基本一致，都是借助厂家产品的销售获利的商业机构，厂家要借助它们以实现产品分销的目的，所以，我们把代理商也归为经销商模式这一类。代理商受企业的委托，在一定的区域和处所内，在一定的代理权限下，以企业的名义代替企业行使经济行为（包括销售商品及其他行为），其法律后果直接归属于企业。

（三）经销商与代理商的区别

虽然经销商与代理商在功能和作用上有较多相似之处，但两者所获得的回报和承担的风险是不一样的，原因就在于两者在经营性质和工作流程上存在多个层面的差异。经销商与代理商的根本区别在于经销商在渠道中具有对商品的所有权，可以自由定价，靠产品差价盈利；而代理商不具有对商品的所有权，只能执行厂家的价格政策，靠代理的佣金获益。具体差异如表6-1所示。

表6-1　　　　　　　　　　　经销商与代理商的区别

项目	经销商	代理商
与厂商的关系	买卖关系	代理关系
利润来源	获得经营利润（差价）	赚取佣金（提成）
库存	保持适当库存	多半只有样品而无存货
所有权	拥有商品所有权	不拥有商品所有权
售后服务	一般是自己承担售后服务	一般在合同中注明不担负售后服务责任

资料来源：郑锐洪，等.营销渠道管理（第2版）[M].北京：机械工业出版社，2019。

（四）经销商模式的优缺点

经销商模式曾经是20世纪90年代以来我国市场分销渠道的主流模式，它在我国经济发展过程中发挥了重要作用。

1. 优点。

经销商模式的优点主要体现在经济性、有效性以及专业化三个方面。经济性是指能够利用经销商在资金、人员、销售网络等渠道资源，降低生产商开发市场的成本。有效性是指可以利用经销商的分销、配送优势，实现产品的快速销售和市场覆盖。专业化是指可以利用经销商的人脉、商誉、社会关系，发挥其本地化、专业化的分销优势。

2. 缺点。

经销商模式也有其不足的地方，存在应收账款风险、市场支持风险以及渠道控制风险。根据中国国情，经销商大多要求赊销，因而会伴随应收账款问题，可能出现呆账坏账。同时，经销商有自己的经营目标，有独立的利益，可能出现对厂家的产品、品牌推广支持不力等问题。经销商是独立的经济实体，拥有商品所有权，厂家对其产品的价格和流向可能很难控制。

二、分公司模式

（一）分公司模式的含义

分公司模式是指制造企业在各目标市场成立自己的分公司或办事处，开展自主经营、以独立核算和控制销售渠道及终端的渠道模式。其中，制造商的自营销售组织与制造企业生产部门相对独立，它实际承担着企业产品的分销职能，是企业前向一体化的战略体现。当制造企业由于各种原因决定不采用或仅部分利用中间商时，公司的销售机构就要设置独立的销售分支机构，并负责完成应由中间商完成的职能。

例如，TCL 将全国划分为 7 个大区，建立了 32 家分公司、200 家经营部、400 家分销点和 800 多个特约维修专营店，并拥有数千家由各个省份分公司授权的经销商。TCL 电器销售公司及其下辖分公司直接向其所属区域的经销商或零售商供货，并提供相应支持。具体来说，分公司要库存相当数量的货，并把订单快速送到各零售店或经销商手中，向零售店或经销商提供专柜促销员，同时负责销售人员的招聘、培训和管理，执行总公司市场部制定的市场推广计划，承担相应的产品售后服务，对有账期的大零售商，公司业务员需处理相应财务手续，控制市场价格，对违反者加以制止。

（二）分公司模式的优缺点

一般认为，企业建立分公司开展直营是一种主动型、控制型的渠道模式，它更多地被一些大企业在重点市场所采用。

1. 优点。

有利于企业制定针对性的销售策略，有利于渠道控制；进入目标市场渠道的谈判成本低，开拓市场的速度更快；独立性强，不会受制于大中间商；政策灵活，在竞争中更容易主动；更容易获得企业人、财、物等方面的支持；制造企业自营销售组织及其成员对企业的忠诚度更高。

2. 缺点。

前期组建成本较高；对企业的管理能力要求很高；售后服务和维修成本需要自己承担；不易形成规模效益；容易产生惰性和企业腐败；退出成本也较高。

三、直销模式

（一）直销模式的含义

如果制造商不经过中间商环节，直接将产品或服务出售给消费者或最终用户，则这种渠道模式被称为直接销售模式，简称直销模式（也叫直接分销、自产自销或者直接销售）。直销的形式主要有两类：有店铺的直销和无店铺的直销。有店铺的直销包括制造商专卖店、销售门市部、合资分销店等途径，无店铺直销包括人员直销、网络直销、电视直销、电话直销、目录营销、自动售货机等。

直销（直营）模式属于"非中间化"的渠道模式。这种"非中间化"的直销模式的特点是尽量减少中间环节而直接将产品或服务销售给消费者。这种销售模式能够减少中间环节，降低渠道运作费用，提高渠道效率；同时，企业实施直销模式使得渠道信息反馈更快捷更准确，便于渠道决策，使得渠道服务更方便更到位，便于增进和维护客情关系，而且便于控制渠道价格和加快资金周转的频率。

（二）直销模式的优缺点

1. 优点。

它免去了层层加价、多次倒手、多次搬运等环节，有利于降低营销成本和售价，提高渠道产品竞争能力和市场分销效率；生产者与购买者、消费者直接接触，既有利于改进产品和服务，也便于控制价格；人们获得高水平的销售服务提供了可能；直接销售减少了中间环节，减少了应收账款，回款迅速，加快了企业资金周转。

2. 缺点。

由于一切流通职能均由生产者承担，增加了资金占用时间和固定投入费用；生产者承担全部市场营销风险，无法利用中间商资源和渠道分担；由于直接销售具有一定的指向性，所以市场覆盖范围也许有局限。因为消费者居住分散，购买数量零星，因而单凭企业自己的力量，不借助中间商，无法使产品接触到广大消费者。但是，在当今互联网时代，这些负面因素都可以在一定程度上得到克服，因为网络生活模糊了人们生活的疆界，也极大地拓展了企业的商业空间。由此看来，直接销售与间接销售的优缺点是相互补充的，企业应当根据所面临的市场环境和自身条件，合理地选择直销渠道或间接渠道的分销方式。

四、连锁经营模式

连锁经营是一种在世界许多发达国家被普遍采用的现代经营组织形式。自 20 世纪 80 年代连锁经营引入我国以后，特别是 90 年代后期，全国各地的连锁店如雨后春笋，以超乎想象的速度迅速发展。连锁经营对现代商业产生了巨大的影响，同时也影响和改变了人们的消费习惯和生活方式。

（一）连锁经营的含义

连锁经营是指经营同类商品或服务的若干企业，以一定的形式组成一个联合体，通过企业形象的标准化、制度化、专业化实现资源共享，从而实现规模经营。连锁经营通过企业形象和经营业务的标准化管理，实行规模经营，从而实现规模效益。

自 20 世纪 90 年代以来，连锁经营作为一种新兴的零售商业模式，已经在我国各行业蓬勃兴起，如餐饮行业的大丰收、小肥羊，零售行业的家乐福、沃尔玛、永辉、万嘉，服务行业的爱婴室、速 8 酒店、麦田房产，其他如美容美发、化妆品、家居、装修、教育、图书、音像制品等都大力开展连锁经营。

（二）连锁经营的特征

连锁经营是现代化工业发展到一定阶段的产物，其实质是把社会大生产的分工理论运用到商业领域里，它们分工明确，相互协调，形成规模效应，共同提升企业的竞争力。连锁经营模式具有以下显著特征：

1. 经营理念的统一。

经营理念是一个企业的灵魂，是企业经营方式、经营构想等经营活动的根据。一个成员店作为连锁商店的一分子，无论其规模大小、地区差异，都必须持有一个共同的经营理念。这一经营理念体现在与购物有关的一切物质和精神环境上，要为消费者提供"优雅的购买环境""快捷的服务""衷心的关怀""流行的消费"等。

2. 识别系统的统一。

连锁商店要在众多店铺中建立统一的企业形象，在商品陈列、装修风格、字体、员工服装、办公用品、LOGO 等外部视觉形象和内容陈列与包装等方面实现统一的企业识别系统，以便消费者识别该企业，更重要的是使消费者产生一种深刻的认同感。

3. 商品和服务的统一。

连锁经营商店各店铺经营的商品都是精心挑选的统一的产品和规格，并不时更新，提供的服务也经过统一的规划，对所有店铺的服务实行标准化，使消费者对连锁商店形成稳定的预期。就如我们进入任何一家麦当劳或肯德基，都基本可以享受到一致的商品和一致的服务。

4. 经营管理的统一。

连锁经营商店接受总店统一管理，实施统一的经营战略和营销策略，遵循统一的规章制度。包括对员工统一作息、统一着装、统一考核和奖励，各连锁店统一门店收银系统、统一采购、统一配送、统一确定价格、统一促销等，以提高管理效率和规范性。

（三）连锁经营的分类

按照所有权构成不同，可以划分为正规连锁、自愿连锁和特许连锁。

1. 正规连锁（regular chain，RC）。

连锁企业总部通过独资、控股或兼并等途径开设门店，所有门店在总部的统一领导下经营，总部对各门店实施人、财、物及商流、物流、信息流等方面的统一管理。

正规连锁是最典型的连锁，最容易形成权力集中的大资本。分店的一切经营管理策略，几乎都听从于总部，分店经理是总部委派的雇员，只负责组织分店的销售及提供服务。正规连锁可以统一调动资金、统一经营战略，所有者拥有雄厚的实力，对外谈判较有优势，在人才培养使用、新技术产品开发推广、信息和管理现代化方面，易于发挥整体优势，有利于深入消费腹地扩大销售。

2. 自愿连锁（voluntary chain，VC）。

自愿连锁是指由许多零售企业自己组织起来，在保持各自经营独立的前提下，联合一个或几个批发企业，建立起总部组织，统一经营、统一采购，以实现规模经济带来的好处，使每一个加盟企业都能获取较大的利润。自愿连锁的成员店在资产上独立，人事安排自定，经营上也有很大的自主权，但经营的商品必须全部或大部分从总部或同盟内的批发企业进货，而批发企业则需向零售企业提供规定的业务。

3. 特许连锁（franchise chain，FC）。

特许者将自己所拥有的商标、商号、产品、专利和专有技术、经营模式等以特许经营合同的形式授予被特许者使用，被特许者按合同规定，在特许者统一的业务模式下从事经营活动，并向特许者支付相应的费用。典型的例子便是麦当劳、肯德基及"7-11"便利店等。这种连锁是目前发展最快的一种形式。特许权可以是产品、服务、营业技术、商号，以及其他可带来经营利益的特别力量，特许者对其店铺拥有所有权，是店铺的主人，被特许者必须完全按照总部的规定经营，并向特许者交付一定的费用。

五、电子营销渠道模式

（一）电子营销渠道的界定

电子营销渠道是利用互联网得到产品和服务，从而使目标市场能够利用计算机或其他可行的技术购物，并通过交互式电子方式完成购买交易的渠道形式。通俗来讲，电子营销渠道是指综合利用互联网络、电子计算机和数字交换等多种技术，实现把特定商品或服务从制造商转移到消费者的经营活动过程。电子营销渠道又名电子商务、互联网商务、互联网购物、在线购物、虚拟购物、电子分销等。就目前情况看，以互联网为依托的电子营销渠道分为两种类型：

1. 移动的电子营销渠道。

移动的电子营销渠道又名移动商务，是指能够使消费者在任何地方、任何地点或者是在行进中都能很方便地进行购物或消费的电子渠道或方式，包括了以手机淘宝、京东、拼多多、叮咚买菜等为代表的各类购物 App。移动智能手机极大的便携性和强大的功能为消费者随时随地购物消费提供了可能的平台，而越来越多的消费者不但使用智能手机购物消费，还利用其研究产品、寻找优惠券和比价，手机成了现代消费者重要的生活智库和购物渠道。

2. 社交网络的电子营销渠道。

随着现代信息技术的发展和人们互联网生活的丰富，作为虚拟空间的社交网络也被逐渐发展成为一种可供选择的销售渠道。在美国等发达国家，大多数居民注册有 Facebook 或 Instagram、Twitter 等社交账号，用于交流思想、活动，也用于购物消费。在我国，大多数用户开通了微博账号、微信账号、抖音账号等，商家利用社交平台推广产品已经成为一种有效的选择，消费者通过微信、微博、小红书、抖音等社交平台购物消费也越来越普遍。

（二）电子营销渠道的优缺点

由于电子渠道费用低廉而且有效，许多公司都在着力拓展。目前已取得成功的领域主要是网上电子订购。

1. 优点。

企业可以通过互联网与世界市场直接沟通，成为世界经济中的一分子，获得平等的交易机会；企业可以从网上获取自己想要的信息，也可以向网上发布有关本企业的商品、服务等信息；顾客可以从网上获取企业的商品或服务的信息，可以向企业咨询、洽谈、订货；企业可以按照顾客的要求进行个性化服务，可以通过配送系统向顾客送货；企业可以迅速获得市场信息，及时地调整自己的生产经营策略，迅速地把自己的产品或服务推向市场，达到出奇制胜的效果；企业可以直接向顾客销售产品，不必采用间接渠道，从而可以减少分销环节，降低渠道费用。

2. 缺点。

消费者通过电子渠道购物，只能浏览网上产品的图片展示，不能直接接触到实物；图片与实物之间往往存在差距，有如隔山买牛，购物满意度很难保证；通过电子渠道购物需要一个订单处理、支付货款、产品分装、物流配送的过程，往往存在购物的成就感、愉悦感滞后的问题；购物网站鱼龙混杂，消费者只能凭借网站上的信息进行真伪判断和优劣判断，往往难以了解企业的真实面目，容易被一些虚假表象所蒙蔽；网络购物存在一定的风险，如"货不对板"、假冒伪劣产品和信用安全风险等。

六、其他无店铺渠道模式

无店铺营销渠道是指制造商和经销商不通过商店，直接向消费者提供商品和服务的一种营销方式。一般包括直邮、目录营销、电话营销、自动售货和新媒体渠道（如互联网、多媒体销售、网络直播销售）等。

（一）直邮

直邮是通过邮局向家庭或企业寄送附有寄件人地址的广告，实现与潜在顾客或已存在的顾客群进行业务联系和实现销售的一种方法。直邮营销者通过寄送各种邮件、信件、传单、宣传单张、广告及其他产品信息，开发客户和达到销售的目的。在如今的互联网时代，直邮最常见的表现形式是给各类顾客发送电子邮件及手机短信。

（二）目录营销

目录营销是一种早在 20 世纪就出现的直复营销形式或工具。许多著名的消费品销售公司，如西尔斯（Sears）、沃尔玛（Walmart）等就是目录营销的先锋。传统的目录营销在商业零售领域使用越来越广泛，大型卖场、连锁超市、便利店、专卖店都在采用这种模式，这种销售渠道模式可能将继续在各个行业零售领域扮演主要角色。

（三）电话营销

这是另外一种随着现代技术的出现而发展起来的渠道方法，通过利用和发挥电话的功能，内向接收和外向拨打电话，以此获得客户信息，激发客户需求和进行业务交易。外向拨打电话寻找客户作为营销的一种手段，在操作过程中容易引起指责，因为这种方式被许多人认为具有侵犯性而不受欢迎，而作为企业间沟通的一种手段，也许更具商业价值，对某些公司而言，它是销售组合的一个关键要素、一种制胜手段。内向接收电话，不论对消费者还是对企业间市场都是电话营销领域崛起的新领域，它的发展是与以媒体为基础的直接反应广告的发展相联系的。

（四）自动售货

自动售货是通过自动售货机或其他自助售货设备来销售商品的一种形式，如自动售货机、自动柜员机、自动售报机、机场的自助办理登机卡、地铁的自助售票机等，都是典型的自动售货方式。自动售货机一般被放在商店、医院、机场、地铁和其他一些公共场所内，以便于顾客消费，同时提高渠道覆盖率和销售效率。自动售货主要用于饮料、休闲食品等包装比较标准的商品销售，随着信息化水平的提高，这种渠道模式趋于普遍，在付款方式上也日新月异，目前多以微信、支付宝或刷脸支付为主。

（五）新媒体渠道

所谓新媒体渠道，简称"新媒渠"，就是借力传统媒体、移动通信、互联网及服务业媒介，低成本获取庞大客户资源以省去实体网络构建成本。媒体利用其庞大的信息受众规模和稳定便捷的渠道网络，充分发挥产品销售渠道集信息流、商流、物流和资金流四流合一的功能，在第三方企业（广告商）和消费者客户之间搭建沟通和贸易的桥梁，为第三方企业（广告商）提供市场分析、客户选择、营销策划、活动实施、产品代理、信息告知、交易谈判货物配送、资金回笼、服务延伸、顾客维护等系列化、专业化渠道服务的新型业务形态。

第三节　分销渠道设计的基本步骤

长期以来，人们对渠道设计的认知一直停留在实践经验层面。20 世纪 90 年代之后，欧美一些国家的营销专家以渠道管理理论为基础，对渠道设计和管理进行了全面深入的分析，为企业根据市场需求和自身资源具体情况展开分销渠道设计提供了理论指导。渠道设计是指企业为实现销售目标，根据自身产品的特点，结合企业内部及外部环境条件，对各种备选渠道结构模式进行评估和选择，从而开发新型的分销渠道模式或改进现有分销渠道的过程。常见的分销渠道设计程序如图 6-2 所示。

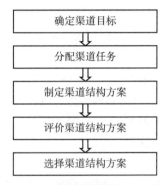

图 6-2　营销渠道设计的基本步骤

资料来源：张闯. 营销渠道管理 ［M］. 大连：东北财经大学出版社，2012.

一、确定分销目标

（一）分析消费者需要

分销渠道主要满足消费者的便利性需求或服务需求，分销目标与消费者需求密切相关。分销目标要以消费者想得到的服务为导向。也就是要弄清楚消费者购买什么产品、在什么地点买、何时买、为什么买、如何购买、一次买多少、可以等多久、是否需要附加服务等问题。只有了解消费者所需要的渠道服务，即消费者在购买产品过程中想得到的和期望的服务类型和水平，才能更好地制定出合理的分销目标。一般来说，营销渠道可以提供购买批量、等待时间、空间便利、产品品种和售后服务等服务。

（1）购买批量。批量是营销渠道在分销过程中提供给顾客的单位数量。产品一般是大批量制造出来的，而普通消费者习惯多量少次购买，组织客户则可以批量购入，所以渠道分销商需要为不同客户提供不同的批量拆分服务。

（2）空间的便利性。即营销渠道为顾客购买产品所提供的空间上的方便程度。空间越便利，越能降低消费者的交通成本、搜寻成本。顾客对各种产品的空间便利性的要求不同。在购买高价值的产品时对便利性的要求较低，而在购买日常生活用品时往往要求有较高的便利性，因此日用品企业渠道设计的一个很重要的目标就是大面积接触顾客，加大市场渗透力，使顾客能够就近购买。

（3）等候时间。即营销渠道的顾客等待收到货物的平均时间，顾客对某些产品并不要求立即交付，那么企业在渠道设计时可以采用先接单后生产或适当使用互联网渠道，但如果顾客对交货及时性要求高，那么企业就要将速度作为渠道目标之一，为此可能要求各渠道成员承担一定的储备功能、配备更多的营业员、提供更及时的服务、实现快速传递等。

（4）产品品种。即营销渠道提供的商品花色品种的宽度。一般来说，顾客喜欢较宽的花色品种，以便购买产品时有较大的挑选余地，买到称心如意的产品。例如，汽车购买者买汽车喜欢选择经营多家品牌的经销店，而不是只有单一品牌的经销店。当然，顾客需要的产品品种越多，要求中间商持有的存货就会越多，中间商的存货成本就会上升。

（5）服务支持。即营销渠道提供的附加服务，如信贷、交货、安装、维修等。顾客在购买某些产品时，需要商家提供必要服务，如电器类产品需要提供送货上门、安装、维修、信贷等必要服务，当然，如果厂家能觉察到客户更深层次的服务需求，在权衡成本的前提下，可以为消费者提供更好的延伸服务，这样可以提高消费者的满意度。

确定分销目标时必须了解顾客所需要的渠道服务，但是，这并不意味着要使分销渠道的服务产出水平达到最高。这是因为，提高服务水平往往会增加渠道成本，从而会提高产品的价格，最终可能会导致顾客放弃购买。例如，农贸市场、仓储超市的服务产出水平并非很高，但产品的低价对顾客有很大吸引力，很多顾客仍愿意到这些零售终端去购买产品。因此，分销渠道设计者在了解目标顾客的服务产出需要的同时，还要考虑与之相对应的渠道成本，以及顾客愿意接受的产品价格。

（二）建立渠道目标

在对顾客所需要的渠道服务产出水平进行了解之后，渠道管理者需要建立新的分销目标或对原有分销目标进行修正，阐明分销渠道在满足目标市场需求、实现企业市场营销目标中所发挥的作用。渠道设计中一些常见的分销目标有增大流量、便利、开拓市场、提高市场占有率、扩大品牌知名度、经济性、市场覆盖面积及密度、控制渠道等。不同的渠道目标决定了企业分销渠道设计的方向和内容。

 扩展阅读

分销目标的确认

某桶装水制造商将分销目标表述为："本企业将确保充足的供货，使市区的单位用户和家庭订购我们的桶装水后，一小时内就能得到产品。"

某航空公司的分销目标是："至少85%的航班保证在规定时间前后15分钟内起飞或到达。"

某快递公司的分销目标是："当夜把包裹送到美国任何地方。"

某保健品制造商设立的分销目标是："本企业的分销目标就是确保所有老年人只要来到任何药店、超市、大卖场，就可以买到这些产品。"

某女装品牌的分销目标是："我们的分销目标是确保18~25岁追求时尚的女性，在逛街时至少能在一个服装专卖店内购买到本品牌的服装。"

资料来源：作者自行整理。

二、分配渠道任务

渠道管理者需要根据分销目标展开具体的分销任务分解，详细地列出各种分销任务，并阐明每一种相关的分销任务。这些任务应尽量具体化、定量化，不但要便于各个渠道成员理解，实践中还要便于渠道成员操作，这样才有助于各个渠道成员通过有效地执行分销任务来共同实现分销目标。

一般来说，渠道成员职责主要包括推销、渠道支持、物流、产品修正、售后服务以及风险承担。由此决定的任务包括降低分销成本；增加市场份额、销售额和利润；分销投资的风险最低化和收益最优化；满足消费者对产品技术信息、产品差异、产品调整以及售后服务的要求；保持对市场信息的了解等。

 扩展阅读

某桶装水生产企业的渠道任务

以某桶装水生产企业为例，其在与分销商合作过程中，确定了下列渠道任务：

(1) 及时处理每位客户或顾客的订单；

(2) 快速将桶装水运送到客户或顾客指定的地点；

(3) 为特殊顾客提供加急服务；

(4) 保持一定存货，以确保快速供货；

(5) 提供产品品质保证服务；

(6) 提供退换桶装水的服务；

(7) 收集有关产品特征的信息；

(8) 收集本市单位用户和家庭购买者购买方式的相关信息；

(9) 与其他品牌的桶装水竞争销售。

资料来源：营销渠道战略 PPT［EB/OL］. https://wenku. baidu. com/view/41aff9f40129bd64783e0912 a216147917117e82. html。

需要注意的是，在渠道成员之间分配渠道任务时，要考虑渠道成员是否愿意承担相关的营销渠道职能、不同的渠道成员所提供的相应职能服务的质量、生产商希望与顾客接触的程度、特定顾客的重要性以及渠道设计的实用性等因素。

三、制定渠道结构方案

在明确了渠道目标后，企业应该制定出一些可行的备选渠道结构方案。从管理的角度来看，渠道结构反映了渠道管理者在渠道成员之间分配分销任务的一种方式。渠道管理者对渠道任务的分配有很多可行的方式，就形成了不同的渠道结构方案。制定渠道结构方案时需要确定渠道的长度和宽度。

（一）渠道的长度

渠道长度通常按照渠道层次或渠道环节的多少来划分。在产品从制造商向消费者转移的过程中，任何一个拥有产品所有权或帮助产品所有权转移的机构都是一个渠道层次。在现实中，通常以使用中间机构层次的数目来表示渠道的长度（如图6-3所示）。

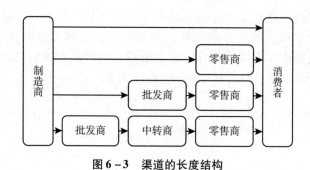

图6-3 渠道的长度结构

图6-3中，由上到下分别为零级渠道、一级渠道、二级渠道和三级渠道。零级渠道没有中间机构介入，由制造商直接将产品销售给消费者，包括上门推销、邮购、互联网直销等。随着网络的广泛应用，互联网直销变得切实可行，采用这种模式的公司也日益增多。一级渠道是在公司和消费者之间雇佣一层中间机构，这种形式的优势在于制造商通过中间机构可以时刻便捷地接触到确定的消费者群体。二级渠道中包含了两个中间层，也就是有两个中间环节。三级渠道也称多层式分销，层级多的原因也许是因为地理环境复杂或经济情况特殊等。中间环节越少，渠道就越短，相反，中间环节越多，则渠道越长。通常，把一级渠道及一级以下渠道定义为短渠道，而把二级或二级以上的渠道称为长渠道。

从理论上看，一个渠道的层次数目的变化范围可以从零级到很多级，可以设计出无限的渠道结构，但在现实中，可以供渠道管理者考虑的可行的渠道层次的数目是有限的，不过二级或三级。如汽车业中很多企业通过短渠道来销售汽车，一般是企业将生产出来的汽车提供给汽车经销商，再转售给顾客。而在其他一些行业内，不同企业的渠道结构的层次数各不相同。因此，渠道管理者应在考虑到影响渠道结构的主要因素基础上，根据具体情况来确定可行的渠道层次的数目。

（二）渠道的宽度

中间商数量的多少与渠道宽度紧密相关。从渠道的宽度来看，主要有密集性分销策略、选择性分销策略和独家分销策略。[①]

密集性分销策略是制造商在同一层次的中间环节中选用尽可能多的中间商分销自己的产品。产品在市场上的销售铺天盖地，最大限度地覆盖了目标市场。这种策略可以最大限度地打开市场，便利品多采用这种渠道战略，但这种策略对市场的控制难度较大，中间商之间的竞争非常激烈。

选择性分销策略并非使用许多中间商，而是从许多愿意从事分销业务的中间商中，按照一定标准精心挑选部分中间商与之合作。这种策略下，企业不必担心分销机构过多，又便于与中间商建立良好的合作关系，获得适当的市场覆盖面。与密集分销策略相比，采用这种策略具有较强的控制力，成本也较低。这类渠道战略多为消费品中的选购品、工业品种的零配件销售所采用。消费者需要对其精挑细选，需要渠道中间商提供可靠且质量好的服务。常见问题是如何确定经销商区域重叠的程度，以防出现渠道冲突。

独家分销策略是一种窄渠道分销策略，它在某个特定的市场只使用一个中间商。一般来说，这种策略通常会有排他性的合作条件。这种模式下，最大的好处是市场秩序井井有条，没有激烈的竞争和冲突，中间商为顾客提供了较高水平的渠道服务。但市场开拓的进展速度不会很快，且一个分销商的能力毕竟是有限的，在市场操作能力上往往既有强项又有弱项，不可能满足厂家对渠道开拓管理的全方位需求。因此，选择独家分销要冒较大的管理风险和市场风险。主要适用于一些特异性产品，如技术性强、价值高的商品，大众消费品不太适用独家分销策略。

企业对渠道宽度的选择一般会受到企业的营销战略的影响。如果营销战略强调精选目标市场，则可能会要求建立一个精挑细选中间商的渠道结构。反之，一个企业的营销战略要求大范围销售其产品，则很可能采用宽的渠道结构。例如，可口可乐公司要求其产品要能随处可得，就采用了密集性分销策略，将产品提供给任何一个想获得其产品的零售网点，使顾客到处都能方便地买到其产品。

四、评价渠道结构方案

营销渠道结构的各种情况及基本方案确定之后，需要对渠道结构进行评价。评价渠道结构的主要标准有三种：经济性标准、控制性标准和适应性标准。[②]

（一）经济性标准

经济性评价标准是在对不同渠道方案进行评价时应该首先考虑的。经济性标准是

---

① 庄贵军，等. 营销渠道管理 ［M］. 北京：北京大学出版社，2004.
② 彭建仿. 分销渠道管理学教程 ［M］. 广州：中山大学出版社，2015.

以渠道成本、销售量和利润来衡量渠道方案的价值。进行经济性评价有以下三步：第一步，企业要选择利用直销渠道还是间接渠道销售产品。第二步，评估不同渠道结构在不同销量下的成本。第三步，比较不同渠道结构下的成本与销售量。

（二）控制性标准

企业还要考虑渠道控制问题。分销中间商本身是一个独立的经济利益主体，有其自身的利益考虑。有的企业认为特许加盟是一种很好地扩大市场份额和影响力的渠道模式，就不断地招商加盟，结果疏于管理，或本身经验不足，没能有高效的管理体系，造成加盟商各自为政，最终导致市场一片混乱。因此，企业在渠道结构选择时，还要认真考虑控制因素。直接的分销渠道最容易控制，长而密的分销渠道很难控制，而长度适中、密度适中（选择性分销）的分销渠道在控制性上则处于二者中间。

（三）适应性标准

由于市场营销环境的不断变化，每一种分销渠道模式都只能持续一段时间，而不能一劳永逸地发挥作用。因此，在设计渠道模式的时候，就需要考虑到该模式的环境适应性，能够不断地随着环境的改变而对其中一些不适应的要素进行局部调整和改进。

五、选择渠道结构

在评估渠道结构之后，我们要对采用何种渠道结构做出选择，也就是选择"最佳"的渠道结构，即在成本最低的情况下能有效地完成渠道目标及各项渠道任务的渠道结构。

第四节　渠道策略的影响因素

企业在设计营销渠道时，必须充分考虑内外部多方面的约束和影响因素，然后在理想渠道与可行渠道之间进行权衡、比较和选择。渠道策略的影响因素一般包括市场、产品、企业自身、分销商特点、竞争者特性等（如图6-4所示）。

图6-4　渠道策略的影响因素

资料来源：郑锐洪，等. 营销渠道管理（第2版）[M]. 北京：机械工业出版社，2019。

一、市场因素

市场因素中的市场地理位置、市场规模、市场密度和市场行为等对渠道结构有着重要的影响。

消费者或市场的特点是渠道结构设计中最为关键的因素，以下有关消费者因素的几个主要方面在渠道设计时需要进行考虑。

（一）市场地理位置

市场地理位置是指市场的范围和位置，以及与制造商之间的距离。从渠道设计的角度来看，与市场地理位置相关的基本任务是所构建的渠道结构应足以覆盖目标市场，并能向这些市场有效地供货。市场地理位置与渠道设计之间的关系是：企业与市场之间的距离越远，使用中间商分销产品越划算。在现实中也是如此，例如，我国的某家电企业要将 10 万台冰箱出售给欧洲的顾客，可以一台台地由该企业自己销售直接卖给顾客，也可以通过家乐福分布在欧洲各地的众多门店将这些冰箱销售给顾客，相对而言，企业直销时运输成本总和会远远高于将这些产品装入集装箱运送到家乐福配送中心的成本。因此，在制造商离顾客很远时，应该使用间接渠道。

（二）市场规模

市场规模是指某市场上购买者和潜在购买者的数量。消费者数量的多少构成市场容量的大小，不论是消费品市场，还是工业品市场，消费者数量的多少是企业决定是否采用中间商的一个重要因素。如果潜在消费者和现实消费者数量较多，也就是这个市场比较大，对有限的企业分销能力来说，要满足这么多消费者的需求确实存在一定的困难，因此，需要中间商的可能性就大。相反，当消费者数量比较少时，则可考虑采用直接渠道销售或短渠道即可。

（三）市场密度

市场密度指市场单位面积内购买者或潜在购买者的数量。市场密度的大小取决于单位面积上购买者的数量。顾客高度密集的市场使大量产品的运输成为可能，也有利于企业和客户之间进行洽谈和信息交流，从而减轻了分销的难度。也就是说，当消费者市场比较集中时，适合开展直营，建立分公司进行销售，可以进行连锁经营或直销；反之，如果客户分散在各地，涉及的空间范围较广，那么使用间接分销渠道较好，因为分销的难度较大，使用中间商的成本比直销方式成本更低。

（四）市场行为

市场行为包括购买者、购买地点、购买的季节性和购买批量四个方面。

1. 购买者。

从渠道设计的角度来看，谁是真正购买者对组织市场上中间商类型的选择会产生影响，对消费者市场上零售商的选择也会产生影响。例如，男式服装的使用者一般是男性，但购买者往往是男性的妻子或女友，这些女性比男性逛百货商场的次数更多，生产男式服装的企业就可以选择百货商场来销售其产品。

2. 购买地点。

随着市场环境和人们生活方式的变化，越来越多的消费者倾向于在家中利用互联网购物，企业则应该考虑增加网络分销渠道。

3. 购买的季节性。

季节性强的产品，制造商很难在短时间内达到较高的铺货率，而在淡季又容易造成闲置浪费，因此，要使用较长的渠道，利用中间商力量进行囤货，分担囤货压力。

4. 购买批量。

从购买批量来看，如果顾客每次购买产品的数量多而购买次数少，单位分销成本越低，因此可以使用直接渠道或短渠道。相反，如果顾客每次购买产品的数量少且购买频繁，则宜采用长渠道。

二、产品特点

产品的用途、产品的定位等对营销渠道结构的选择都是很重要的。

（一）单位产品价值

一般而言，产品单个价值越小，分销渠道越长。如消费品市场的便利品口香糖。对厂商来说，单位价值低，毛利空间也较小，如果自己承担这类商品的销售，难以保证利润的获取，除非同时经营并销售多种其他相关产品，产生规模经济以确保收益，因此，厂家一般会委托专业的分销商来为其分销商品，让中间商一起分担分销费用。相反，单位价值高的话，则建议采用短而窄的渠道。

（二）体积与重量

体积过大或过重的产品，应选择直接的或中间商较少的间接渠道。如大型设备、水泥、矿石、谷物、饮料、啤酒等应减少运输距离和重复搬运次数，因为对这类产品来说，其储藏、搬运和运输成本通常会占其产品价值的较高比例，企业应想办法降低储运成本。当然也存在例外情况，当客户小批量购买并要求快速供货时，则有必要通过中间商来销售。

（三）产品易腐性

易腐（如蔬菜、海鲜）及保质期很短（如奶制品、熟食品）的产品宜采用较短的渠道，这样可以减少中转过程而不至于使产品变质或失效。

（四）产品标准化

高标准化产品应该比低标准化产品使用更长、更宽的渠道。而标准化低，尤其是定制的产品顾客数量少，可以进行直接销售。

（五）产品时尚性

对式样、款式变化快的产品，应多利用直接营销渠道，尽可能缩短分销在途时间，尽早上架以免错过流行季节。

（六）技术性和售后服务

具有高度技术性或需要经常服务与保养的产品，营销渠道要短。对非标准化的产品则最好由企业销售代表直接销售，便于安装与指导使用，而在这方面中间商往往缺乏必要的知识。需要安装调试的产品或者要维持长期售后服务的产品，一般应由公司直销或独家经销商来销售。

三、企业自身

（一）企业战略目标

企业的渠道设计首先取决于企业的战略目标。如果企业需要进入国际市场，就必须立足世界的眼光设计国际型的营销渠道；如果企业计划发展成为国内知名企业（或品牌），就需要立足全国市场的开发进行渠道设计，例如，哪个市场为先，哪个市场为后，哪个市场为重点，哪个市场为补充，哪些需要分销，哪些需要直营等，都要做出选择。如果一个企业只想在地方发展，只想成为地方品牌，其渠道选择又会不同，完全可以选择直营和连锁经营。所以，企业在进行渠道设计之前必须先分析企业的战略目标，了解其与现有渠道的匹配程度，了解企业以往进入市场的步骤、经验，同时还要对企业的渠道现状进行分析，明确企业的战略方向，才能制定好营销渠道战略。

（二）企业的规模与实力

一般情况下，规模较大的企业在渠道选择时拥有更多的权利、更多的自由度、更大的灵活性，进而可以选择、开发适合于分销任务的最佳渠道。企业若拥有充足的资金配备自己的销售人员和服务支持人员，拥有较强的仓储和订单处理能力，能够承受直接渠道所需的高成本，甚至可以建立自己的销售网点。相比之下，规模较小的厂商，由于受到条件和能力的限制，可供选择的渠道结构方案是非常有限的，只能借助中间商的力量以节约成本。

（三）企业的人才与管理水平

人才与管理水平是企业管理的重要因素，不同渠道模式对人才及其管理水平的要求不同。例如，建立分公司和建设专卖店就相对复杂一些，对管理人才及公司管理水平的要求就高一些，相对来讲，找经销商进行分销就会简单一些，因为很多市场问题留给经销商处理。因此，企业若缺少履行分销任务所必需的相关管理技能（如销售人员的招聘、培训、激励和日常管理），那么借助专业的中间商来执行相关的职能更为合适，待相关经验和技能得以学成后，可以考虑少用或不用中间商。

（四）企业产品组合状况

具有很多条产品线的大型企业，在营销渠道设计时可以有多种选择，可以直营、分销、连锁经营，也可以根据不同产品线特点选择不同的渠道模式。这类企业往往市场占有率高、销量大，能够分担分销成本，所以往往可以直接向大型零售商供货，而产品种类少、规模小的企业则不得不依靠批发商和零售商来销售其产品。此外，产品组合的关联度高，往往可以利用同一营销渠道；而产品组合关联度低，则常常需要对不同产品线设计不同的营销渠道。

四、分销商特点

在考虑市场基础时，渠道结构设计者应着重考虑现有分销商的现状、特点及要求，在能够兼顾和发挥现有分销商资源优势的前提下选择设计合理的营销渠道结构模式。

（一）可得性

考虑分销商的可得性需要提出两个问题：一是在现有分销商中是否存在可以经营本企业产品的分销商？二是如果存在，他们是否可以有效地经营本企业产品？尽量不要选竞品分销商。

（二）成本

如果采用某类分销商而使得企业承担过高的费用，在设计渠道时就可以考虑不采用这类分销商。但是，要注意不能把成本因素看得过重而忽视了渠道目标。过分看重成本是渠道结构设计的一个误区，它可能导致企业倾向于利用成本最低的分销商而舍弃一些高端渠道（如大卖场、购物中心），而使得产品不能有效覆盖市场和提供必要的服务，从而造成顾客的不满意和销售不力。渠道结构设计要考虑渠道效益（销量、利润、品牌价值）与渠道成本之间的平衡。

（三）服务

在选择分销商类型，甚至设计渠道长度时，涉及分销商可以为顾客提供的服务问题。企业要考察分销商的服务提供能力，即分销商是否可以配合企业向市场提供消费者需要的服务，如免费上门安装、免费技术指导等。如果分销商不具备这样的能力，那么要重新考虑。只有能够提供顾客服务、能够让顾客满意的分销商才是合适可用的分销商。

五、竞争者特性

行业不同，企业间营销渠道的竞争方式也不同。竞争者的营销渠道会对企业的营销渠道设计产生重要影响，企业应对竞争对手的销售地点、渠道类型、产品和服务特点、市场规模、消费者特点与规模等进行分析，还要对竞争对手的分销策略如销售密度、销售性质、渠道成员及渠道结构进行分析，从而有助于设计自身的营销渠道。

一般来说，当竞争不激烈或消费者购买模式比较固定或产品与竞争对手相比具有竞争优势的情况下，可采用与竞争者相同的渠道策略；当竞争激烈或各种销路已经被竞争者利用或垄断时，就尽量采用与竞争者不同的渠道策略和中间商，开辟新渠道。例如，日本石英电子表在进军美国市场时，避开了瑞士名表占据绝对优势的传统销售渠道——钟表店，而选择了零售店、超市等与产品物美价廉、样式新颖定位匹配的销售渠道，迅速获得成功。

本 章 小 结

分销渠道是指某种商品或劳务从生产商向消费者移动的过程中，取得这种商品或劳务的所有权或帮助该商品或劳务转移其所有权的所有企业和个人。常见的渠道模式包括了经销商模式、分公司模式、直销模式、连锁经营模式、电子营销渠道、其他无店铺渠道模式等。

分销渠道设计的步骤包括确定分销目标、分配分销任务、制定渠道结构方案、评估渠道结构方案、选择合适的渠道结构方案等。渠道管理者应该在分析消费者需求的前提下，设立或调整现有的分销目标，并将分销目标明确地描述出来，为确保企业不同层次的目标的一致性和连贯性，渠道管理者还要认真分析与分销目标相关的企业目标和营销目标。在明确了渠道目标后，企业应该展开具体的分销任务分解，详细地列出各种分销任务，并阐明每一种相关的分销任务，随后制定出一些可行的备选渠道结构方案，展开评估，最后选择合适的渠道结构方案。

分销渠道设计受多种因素的影响，包括市场、产品、企业自身、中间商、竞争者等。市场的特性影响着分销的战略，进而影响着营销渠道设计。产品及其生产特性对产品的分销提出了技术上的要求，也对营销渠道的设计产生影响。企业营销渠道的建立和运行需要一定的资源，因此受到企业实力和财务基础的严重制约。同样，中间商作为营销渠道的重要组成部分，它的特长与能力也是渠道设计的一个重要考虑因素。企业还必须密切关注竞争者的动向和它的营销渠道的设计，采用相同或完全不同的营销渠道来开展竞争。

【思考题】

1. 你认为分销渠道的常见模式中，哪一种更有发展前途，为什么？
2. 分销渠道设计的一般程序是如何体现"以顾客需求为导向"的？
3. 产品特点是如何影响到分销渠道的设计的？

第七章
整合营销传播媒体

【学习目标】

• 掌握各种传播媒体（包括大众传播媒体和小众传播媒体）
• 能够制定合理的媒体计划，发挥不同媒体以及媒体组合在做广告时候的优势
• 能够理解媒体效果的评估方法

本章主要介绍了不同的媒体、媒体的特征以及媒体选择的因素与原则，然后介绍如何进行媒体策划。媒体不仅仅是用来传递信息，它更重要的作用在于为公司与顾客建立联系，从而强化品牌关系。媒体种类很多，且不同的媒体有各自的优势和劣势，公司应该要根据媒体的特征来选择合适的媒体为产品做宣传，这样才能使效果最大化。而媒体策划是营销传播计划中的一部分，要采用最具成本－效益的媒体组合来达到一系列媒体目标。

第一节　传播媒体概述

一、媒体的概念

媒体一词源自英文中的"media"。从传播学的角度看，媒体是人用来传递和获取信息的工具、渠道、载体、中介或者技术手段，也可以理解为从事信息的采集、加工制作和传播的组织。在整合营销的过程中，媒体主要被运用向消费者传递广告或者营销信息。

媒体使得企业的信息交流能够顺利进行。通过广告和公共关系，企业加强整合营销传播，这一切都离不开媒体的作用。

二、主要媒体类型

虽然可供选择的媒体种类日益增多，但以下五种媒体仍然是在营销传播中使用最为广泛的，即印刷媒体、电波媒体、户外媒体、基于互联网的新媒体以及另类媒体。

（一）印刷媒体

印刷媒体包括报纸、杂志、目录、邮件、装订册、包装以及所有通过印在纸张上或像气球、T恤、帽子和笔等材料上的印刷文字或图像来传递信息的媒体形式。下面介绍两种常见的印刷媒体。

1. 报纸。

报纸是最早出现的大众传播媒介。随着时代的发展，报纸的品种越来越多，内容越来越丰富，版式更灵活，印刷更精美，报纸广告的内容与形式也越来越多样化，报纸与读者的距离也更接近了。报纸是人们了解时事、接收信息的主要媒体。但是随着互联网的发展，报纸所体现的缺乏声音、动作、互动等缺陷也日益明显。

（1）报纸的优势。报纸的优势在于：第一，报纸的市场覆盖范围广；第二，报纸的公信力造成消费者对其广告内容有着更加积极的态度；第三，读者对于报纸的内容有选择性和重复阅读性；第四，由于报纸发行周期短，所以广告可以向习惯阅读该报的人群进行频繁展示，报纸和订阅报纸的人能产生一种稳固的情感，这有利于报纸向特定的人群发布广告信息；第五，报纸的高时效性为营销者提供了灵活性和较短的更新时间，让广告商可以在短期内对广告内容作出修改。

（2）报纸的劣势。报纸的劣势在于：首先，它的寿命短，平均只有一两天，所以信息容易转瞬即逝；其次，报纸作为媒介的干扰度比较高，过量的广告信息削弱了任何单个广告的作用；最后，从整合营销传播的视角来看，作为一种大众媒体，即使广告商可以要求信息出现在专门版块来近似地定位信息，但总体而言，报纸触及的是普通大众而非目标受众，因此会在一定程度上造成媒介资源浪费。

2. 杂志。

杂志也是一种印刷媒体，尽管与报纸相比，它明显地缺乏时效性，而且覆盖面有限，但由于它有精美的印刷，具有光彩夺目的视觉效果，故深受特定受众的喜爱。杂志种类繁多，而且出刊周期短的杂志种类最多，影响颇大。由于技术的发展和人类思维的进步，以往的单纯平面设计模式不断被打破，新的设计形式不断出现。

（1）杂志的优势。首先，比起报纸来，杂志的出版时间长，能保存较长的时间，因此在上面刊登广告的更新时间也长。其次，杂志内容有较大的倾向性、专业性，不同的杂志，一般可在广大区域里，拥有不同的和比较稳定的读者层。最后，杂志的内容丰富多彩，长篇文章较多，读者不仅要仔细阅读，而且常常要分多次阅读，甚至保存下来日后再读。读者的多次翻阅增加了他们与杂志上所发布的品牌信息接触的机会，有利于在记忆中留下较深的印象。

（2）杂志的劣势。尽管已经进行了高度的定位，但是大多数杂志只能达到一个品牌目标受众的有限部分。此外，杂志的时效性差，因为杂志是定期刊物发行周期较长，有周刊、半月刊、月刊、季刊等，因而影响广告的传播速度。这样，时效性强的广告，如企业开张广告、文娱广告、促销广告等，一般不宜选用杂志媒体，否则容易错过时机，达不到广告效果。

（二）电波媒体

电波媒体主要包括电视、广播等形式，电波媒体可以直接诉诸人的视听觉，广告信息比较生动，便于突出展示和强调。电波媒体的受众是持续波动的，而印刷媒体的受众在出版各期都是相对稳定的，比如人们在听广播或看电视的时候可能也在做其他事，尤其是在广告时段。另外，除了受众的注意力无法集中在特定广告时段以外，电波媒体还具有较大的干扰性，比如同时段的广告有许多，这在一定程度上将会影响受众对于某一品牌广告的记忆。

电波媒体的传播效果与收视率息息相关。与收视率相关的一个术语是市场份额，即在某一时段收看收听某特定电视台、电台的人数占此时所有使用电视、广播总人群的百分比。但是，高收视率并不意味着高媒体利用率。由于电波媒体的受众并未经过真正的筛选，且面对的受众极广，这都会让广告效果大打折扣。

1. 广播。

（1）广播是一种背景媒体，意思是人们会在做其他事的时候打开广播。这意味着当播放的内容引起听众的注意，他们就会听广播，若不能引起注意，他们就没有在听。由于人们习惯了背景下收听，那么品牌信息必须打破这种背景模式来获取并且保持这种注意力。广播可以通过不同节目来区别定位受众兴趣的能力。广播听众一般有自己喜欢的电台，这种偏好弥补了广播背景特性的缺陷，并让广播和忠实听众之间建立紧密的联系。

（2）广播有很多优势。第一，广播广告传播速度最快。广播可使广告内容在信号所及的范围内迅速传播到目标消费者耳中。不论身在何地，只要打开广播，广告对象就可以立即接收到。第二，传播范围非常广泛，由于广播广告是采用电波来传送广告信息的，电波可以不受空间的限制，并且广播的发射技术相对比电视简单得多，所以广播的覆盖面积特别广泛，它可以到达全世界的每一个角落。第三，受众层次的多样性。印刷媒介对受众文化水准、受教育程度的要求较高。而广播可使文化程度很低甚至不识字的人也能听得懂广告的内容，所以广播媒体的受众层次更显出多样性。第四，制作成本与播出费用比较低廉。广播广告单位时间内信息容量大、收费标准低，是当今最经济实惠的广告媒体之一；同时，广播广告制作过程也比较简单，制作成本也不高。

（3）广播所存在的劣势：首先，广播信息传播方式单一，依时间线性传播，转瞬即逝，保存性差，听众难以重复认知。其次，它只能提供声音，并无图像。最后，受众难以测量，即使是运用最先进的测量技术也难以确定品牌信息被收听的百分比。

2. 电视。

在所有的媒体之中，电视有着广泛的覆盖率。目前由于互联网的发展以及电视专业化的趋势，这在一定程度上造成电视观众是碎片化的。电视虽然拥有大量分布广泛的观众，但是可能存在大量既非顾客也非潜在顾客的人。

电视与广播相比，除了声音效果外，增加了图像，将声、像动态化，并与色彩融为一体，是传统媒体中最受人喜欢的一类媒体。相对于其他媒体而言，电视有着其自身的优势。首先，直观性强。电视是视听合一的传播，电视广告的直观性是其他任何媒体所不能比拟的。它超越了读写障碍，成为一种最大众化的宣传媒体，它对观众的文化知识水平没有严格的要求。其次，体验性强。电视作为一种体验性较强的媒体，经常能够让观众亲临其境，留有清晰深刻的印象。电视广告通过反复播放，不断加深印象，巩固记忆。

当然，电视媒体也存在缺点。第一，费用昂贵。电视广告本身的制作成本高，播放费用也较高，特别是在热门频道或者节目上播放广告。第二，容易让受众产生抗拒情绪。当电视节目经常被电视广告打断，这容易引起观众的不满。第三，电视机不可能像印刷品一样随身携带，它需要一个适当的收视环境，没有这个环境，也就阻断了电视媒体的传播。第四，电视是瞬间传达，而观众是被动接受，电视广告要在很短的时间内，连续播出各种画面，闪动很快，加之受众注意力涣散，因此，电视广告不宜播放需要详尽理解性诉求的商品。

（三）户外媒体

户外媒体是指在建筑物的楼顶和商业区的门前、路边等户外场地设置的发布广告的信息的媒体。传统认为设置在户外的一些媒体表现形式就是户外媒体，这个概念是狭义且不准确的，随着广告业的繁荣发展，户外媒体应该有更准确的定义，即存在于公共空间的一种传播介质①。

目前户外广告的发展已远不止人们以往所关注到的那些，近年来环境媒体广告作为一种新的户外广告形式越来越普及。对于环境媒体广告而言，户外墙、设施等已不仅仅是作为广告载体的形式出现，同时它也正成为广告创意内容不可或缺的部分。所处的环境完美融入与产品利益和功能的展现，真正让户外广告与环境成为一体。

户外媒体的优势在于：面积大、色彩鲜艳、主体鲜明、设计新颖、形象生动简单明快等。广告形象突出，容易吸引行人的注意力，并且容易记忆。此外，户外广告多是不经意间给受众以视觉刺激：不具有强迫性，信息容易被认知和接受，且户外广告一般发布的期限较长，对于区域性能造成印象的累积效果。但是户外媒体也有其缺点：首先，人们容易从广告牌前经过却熟视无睹；其次，受场地和受众数量的限制，且广告效果难以测量；最后，户外广告的内容比较简单，传达的信息量有限，不适合对产品进行详细的解释。

（四）基于互联网的新媒体

1. 新媒体的概念。

"新媒体"是一个相对的概念。相对于传统媒体而言，新媒体是指在报刊、广播、电视等传统媒体以后发展起来的基于互联网的各种新型的媒体形态。在互联网普及的初期，新媒体主要以互联网为媒介，网络媒体为主流，而现在随着大数据、人工智能、

---

① 汤姆·邓肯. 整合营销传播：利用广告和促销建树品牌 [M]. 周洁如，译. 北京：中国财政经济出版社，2004.

VR/AR、移动终端等新技术、新手段的不断更新，新媒体涵盖的媒体形式越来越多样化，比如近年来流行的微博、微信、抖音等。

2. 基于互联网的新媒体的优势。

（1）双向化。从信息传播方式上来看，新媒体打破了传统媒体"自上而下""点对面"的单项传播体系，改变了传统媒体"传播者单向发布，受众被动接受"的状态，互动性更强，进一步体现和强化了用户的个性化需求。如今，当品牌策划线下相关事件营销的时候，经常会使用社交媒体的互动活动，来推动事件的发酵，以此吸引更多的关注。抖音、品牌的官方微博等也逐渐变成了品牌与受众连接的桥梁，品牌与受众间的互动日益频繁。

（2）移动化。从信息的接受方式看，新媒体使得用户彻底从传统媒体的桎梏中解放出来，可以实现随时随地利用新媒体获取、接收信息。商家可以针对不同时间、地点向顾客发送信息，并且针对特殊的情境进行广告营销，整体的广告浪费也比较小。

（3）个性化。从信息传播行为上来看，传统的报纸杂志、广播节目、电视频道等，主要针对的是一群用户的需求，而新媒体的传播方式是针对精准化用户的需求，使得每个用户都可以定制自己喜欢的节目。新媒体可以满足不同人不同的需求，使得品牌的营销更加个性化，更加贴合受众的需求，也能够时刻做出反应。

（4）数据挖掘和职能推送相结合。新媒体终端可以实现用户的定位以及数据的汇聚，用户的搜索关键词、浏览主题、浏览次数、关注内容、发表的评论都可以作为数据来分析和挖掘，从而得出其浏览习惯和兴趣爱好，使精准营销成为可能。

以上可见，与大众媒体相比，新媒体可以为品牌带来以下四个方面的影响。第一，目标灵活，基本可以达到个性化精准。第二，顾客或潜在顾客可以运用它们来和公司进行交流。第三，更易衡量和被顾客接受。由于新媒体的普及，受众越来越渴望参与，并期待能够通过自己的方式改变服务和产品的呈现。大量的互动媒体给予受众这样的机会，也让这样的品牌沟通成为常态。第四，有利于品牌长期关系的维护。通过互动媒体与客户保持长期的互动，在互动中彼此不断熟悉，增进了解，无形之中也建立了客户与品牌之间相互依赖的关系。

3. 基于互联网的新媒体的劣势

（1）衡量问题。由于新媒体的形式比较多样，而品牌在使用新媒体进行整合营销的过程中不仅仅使用一种媒体，而是综合使用。当多种媒体叠加在一起的时候，其效果的评估难度也会增大。

（2）媒体整合难度大。每个新媒体具有很明显的人群使用特征，因此品牌必须联合使用多种新媒体，由此造成整合的难度加大。

（3）竞争激烈。由于新媒体广告量的激增，广告吸引注意的能力也明显下降，很多网络用户根本不会点击广告或者直接略过广告。因此新媒体广告要想吸引受众的吸引力，其难度也随着加剧的竞争变得越来越大。

4. 新媒体平台。

新媒体平台为互联网的信息发布、传播、共享和创新提供了载体，微博、微信、视频网站等已经成为重要的媒体，具体来说，可以将新媒体营销的平台细分为社交新媒体平台、资讯新媒体平台、视频新媒体平台、音频新媒体平台等。

（1）社交新媒体平台。2012年脸书（Facebook）成功上市宣告了互联网社交时代的来临，社交产品也如雨后春笋般不断出现，互联网为人类社交提供了新的渠道和平台。基于Web 2.0的特点，用户在社交媒体中自己生产和创造内容，并与其他群体进行交流与讨论，因此参与、公开、对话等特点为社交新媒体增添了活力，进一步使其衍生成了人们获取信息和资讯的重要平台。微信、微博、QQ空间、豆瓣、知乎等成为社交新媒体的代表性工具，变成人们日常分享意见、见解、经验和观点的重要平台，也是企业进行新媒体营销的主要阵地。

（2）资讯新媒体平台。资讯类网站是传统新闻资讯在互联网上的衍生，通过网络用户获取资讯内容方式的改变，互联网诞生了提供某类综合性互联网信息资源并提供有关信息服务的应用系统。在全球范围，著名的门户网站有谷歌以及雅虎，在中国，著名的门户网站有新浪、网易、搜狐、腾讯，其他还有新华网、人民网、凤凰网等，同时还包括行业类资讯网站、生活资讯网站等，除老牌的门户网站之外，今日头条、澎湃新闻等新型资讯媒体也发展迅速。

（3）视频新媒体平台。消费需求结构的多元化驱动了视频新媒体的多元化发展，成为休闲娱乐类的主要应用。用户对于网络视频的需求越来越大，给视频网站带来的市场和机遇也越来越多，微视频、视频社交、大数据、用户付费、视频直播等，都有望给视频网站今后的发展带来新亮点。企业可以借助视频新媒体进行品牌宣传、产品促销、增加用户触达、促进用户参与度、业务推广等活动。老牌的视频网站，优酷、搜狐、腾讯、爱奇艺等提供高品质视频娱乐服务，是企业进行品牌传播的渠道，也是长视频平台的代表；新兴的短视频平台如抖音、快手等分享平台现在具有很大的流量。

（4）音频新媒体平台。网络电台等音频新媒体把传统意义上的电台搬到了网上，借助网络传播优势，对传统广播的传播方式和效果进行改造和优化。由于音频具有独特的伴随性特点，因此在跑步、做饭、上下班、睡前等各类移动场景下，音频会成为一个最方便的获取信息、娱乐放松的途径和方式。相比过度开发的开屏（视觉）广告，音频的闭屏特点，更有效地让品牌信息触达用户，这是音频营销的关键点。目前喜马拉雅、荔枝、蜻蜓等音频类新媒体快速发展，将越来越深入到大众不同的生活场景中。

（五）另类媒体

另类媒体（alternative media）又称小众媒体或替代媒体，提供了广泛的处于品牌官方媒体和商业媒体之外的视角与主张，包含了任何可以有利于品牌传播的媒体形式，如街头戏剧、涂鸦等。随着体验营销的发展，广告媒体也越来越强调体验性。广告的创意将越来越取决于投放的时间及空间情境，由此可能诞生越来越多属于特定时间点和空间点的小众媒体。

第二节　广告媒体效果评估

一、广告效果的含义

广告效果是广告活动或广告作品对消费者所产生的影响。狭义的广告效果指的是广告取得的经济效果，即广告达到既定目标的程度，通常包括传播效果和销售效果。从广义上说，广告效果还包含了心理效果和社会效果。心理效果是广告对受众心理认知、情感和意志的影响程度，是广告的传播功能、经济功能、教育功能、社会功能等的集中体现。广告的社会效果是广告对社会道德、文化教育、伦理、环境的影响，良好的社会效果也能给企业带来良好的经济效益。

二、广告媒体效果测定

广告媒体效果的测定，就是调查消费者对于各种媒体，如报纸、杂志、电台、电视、户外广告等的接触情形。广告媒体的调查通常根据三个测定标准进行：一是媒体分布，例如报纸、杂志的发行量，电视、广播的到达范围，户外广告的装置情况；二是媒体的受众群，即读者群和收视群；三是广告的受众群，即对各媒体刊播的广告的接触群体。主要的测定方法根据媒体的不同特质分为两大类：印刷媒体和电子媒体。

（一）印刷媒体的测定方法

印刷媒体主要是报纸、杂志以及户外招贴广告。常见的测定内容包括报纸、杂志的发行量、读者对象和阅读状况。目前国际上对报刊发行量的调查普遍使用的是报刊发行量核查制度（Audit Bureaus of Circulations，简称 ABC 机构）以确保公正。美国首先于 1914 年成立了 ABC 机构，目前世界上也有 50 多个国家和地区成立了 ABC 组织。1963 年，国际 ABC 联盟（International Federation of Audit Bureaus of Circulations）成立，目的在于交换会员国之间的数据和经验，促进广告业的国际合作。我国目前还未设立ABC 机构，大都由报刊自身宣称发行情况，也有的通过公证处证实其发行情况。测定阅读情况，主要通过三个指标表明：

（1）注目率。广告的人数与读者人数的比率。

（2）测评公式。接触过广告的人数÷阅读报刊的读者人数×100%。

（3）阅读率。通过向接触过广告的人提问广告的主要内容，如主题、商标、插图等元素，测定能记得这些元素的人数所占的比率。阅读程度不同，记住的广告信息也不同。当被调查者能够记住广告中的一半以上的内容时，可称为达到精读率。

（二）电子媒体的测定方法

广告电子媒体通常指的是广播和电视。主要是通过视听率调查来测定广告媒体的接触效果。目前通用的视听率调查方法有：

（1）日记调查法。由被调查者（抽样选出）将每天所看到或听到的节目一一填在调查问卷上。主要以家庭为单位，把全部成员收看（听）节目的情况按性别、年龄等类别填好。一般调查期间为一周或更长一点时间。在此期间，须有专门的调查员按期上门督促填好问卷，调查结束后，收回问卷。经过统计分析得出的百分比，就是视听率。

（2）记忆式调查法。在节目播出后当天，如果是下午或晚上的节目就在次日上午，调查人员立即进行访问调查，请被调查者回忆所看或听到的节目。从调查视听率角度而言，调查访问的时间离节目播出时间不能太久，以免有遗忘产生。问卷设计可在日记调查法的问卷基础上稍作修改即可。

（3）电话调查法。顾名思义，就是向目标对象打电话询问正在观看的节目。选定一个时间段（如19：00～20：00），请调查员同时向目标对象打电话，询问他们是否在看电视、看什么节目、有几个人在看等，并记录下访问结果。记录表上要有电话号码以及被调查者姓名、性别、年龄段的记录，提问的问题要特别简单，时间不能太长，以免引起厌烦情绪，一般只设4～5个问题，如您是否在看电视？→（如回答"是"）请问您在看哪一台？→请问您是不是常看这个节目？→请问您现在几个人在看电视？→（如回答"否"）请问您有否看过××节目？→（如回答"有"）您认为这个节目好不好？

（4）机械调查法。较早采用机械装置进行收视率调查的公司有美国尼尔森公司和日本电通广告公司。在目标对象家中安装自动记录装置（audimeter），按照时间自动在装置内的软片上记录下目标对象所观看的电视频道、电视节目等。随着机械装置的不断发展，装置也能够自动识别收看电视者的性别、年龄等信息。机械调查法可以以家庭为单位进行统计，也可以以个人为单位进行统计。

以上的视听率调查方法获得的信息既可以测量媒体或节目本身的收视情况，也可以从其中记录的收视群体信息（如年龄、性别等）的统计分析中，找到不同的目标受众，从而作为更为合理的广告投放的判断依据。

（三）网络广告效果评估

1. 点击率和转化率

点击率是网络广告最基本的评价指标，也是反映网络广告最直接、最有说服力的量化指标，这种方法主要通过消费者对网络广告的点击率，以测定消费者对广告的接触效果。点击率的测定有利于广告主计算网络广告成本，例如CPM（cost per mille），指的是网络广告产生1000个广告印象数的费用。

转化率是指受网络广告影响而形成的购买、注册或者信息需求。那么，转化次数就是受网络广告影响所产生的购买、注册或者信息需求行为次数，而转化次数除以广告曝光次数，即得到转化率。

2. 对比分析法

对比分析法主要是运用传统媒体的效果测定方法，例如，可以把收到电子邮件的顾客的态度与没有收到的顾客的态度进行比较,可以测量用户对于不同类型广告的心理反应,测定网络广告产生的传播效果。

第三节　广告媒体策略

一、广告目标策略

广告目标源自公司的总体传播目标。整合营销中有几个重要的广告目标。主要包括以下几个方面:

(一) 培养品牌知名度

塑造强大的全球品牌和企业形象是最重要的广告目标之一。塑造品牌形象的第一步是培养品牌知名度。品牌知名度是指消费者在考虑购买决策时能够认出并回忆起某个品牌或公司名称。广告可以提高品牌知名度。

品牌知名度会让品牌进入采购中心成员的考虑之列,因为企业顾客可以认出公司提供的产品或服务的品牌名称。品牌知名度在买方打算改换门庭、寻找新的供应商或评估近期未采购的某个产品时,尤其重要。

成功的品牌有两个特点:首先是提及。当让消费者说出某个品类中能马上想到的品牌时,他们几乎总是提及某一个或两个品牌。例如,当让人们说出快餐店时,麦当劳和肯德基几乎总是在列,所以在消费者的脑中占领前几位就十分重要了,其直接决定了在消费者情境中的前几位选择。其次是第一选择。很多品牌由于品牌资产而成为第一选择。品牌资产是指一个品牌拥有一系列的联想,而这些联想使得该品牌与其他品牌与众不同。广告是实现品牌形象建立与推广的最重要的手段。

(二) 提供信息

除了培养品牌知名度外,广告还有其他目标,其中包括向消费者和企业顾客提供信息。向消费者提供的常见信息包括零售商的营业时间、地址,有时还有更详细的产品规格方面的信息。信息可以使购买过程显得方便、简单,从而促使顾客最终决定到该商店购买该产品。例如在 B2B 市场,采购中心成员正处于信息搜寻阶段时,广告信息最有用,可以帮助营销人员对产品有个初步的判断。

(三) 说服

说服是指广告让消费者相信某个品牌比其他品牌好。转变消费者的态度,说服他们购买其他产品或服务,是一项艰巨的任务。广告主可以采用多种说服方法。主要的广告说服方法有理性诉求和感性诉求这两种。理性诉求是利用逻辑、详细的信息、通过诉诸理性的方法来对产品进行广告诉求。感性诉求则是通过激发和释放受众的某种情绪而达到最终的广告效果。

（四）支持其他营销活动

广告的另一个目标是支持其他营销活动，如制造商用广告支持促销，零售商也可以用广告支持营销计划。任何类型的特别优惠或者节日销售之前都需要有效的广告宣传，以吸引顾客。制造商和零售店会在广告中附带优惠券或其他特别优惠。

（五）鼓励顾客行动

许多公司的广告计划制定了动机目标。比如，电视广告鼓励观众拨打免费电话立刻购买。另外，在广告内容中，经常会以行动指令作为广告的结尾，可以是一句简单的"买它！"或者是反问式的"还等什么？"，都希望在无形中能够促成消费者及时的购买行为。

广告的上述五个目标不是孤立的，而是相辅相成的，例如，培养品牌知名度和提供信息是说服的一部分。广告管理的关键是，在强调一种目标的同时不要忘了其他目标。

二、广告创意与设计

（一）广告创意的含义

创意一词主要是从英文中翻译而来的，但几个不同的英文单词在汉语中全被译为"创意"。近年来广告界流行一种提法"big idea"，中文表达是"大创意"或"好的创意"。"idea"一词英文原意为思想、意见、想象、观念等。"creation"，该词由词根"create"衍生而来，意指创造、产生等，是被最广泛认同的中文"创意"的来源。在我国，创意一词广泛应用于广告主题创意、广告表现创意、广告媒体创意等各个方面。由此可见，创意的含义非常模糊。

广告创意，从动态的角度去理解，是广告创作者对广告活动进行的创造性的思维活动，即"creation"；从静态的角度看，广告创意是为了达到广告目的，对未来广告的主题、内容和表现形式所提出的创造性的主意，俗称为"点子"，即"idea"。

（二）广告创意的要求

1. 以广告主题为核心。

广告主题是广告创意的出发点和基础，同时也为创意的发挥提供了最基本的题材。只有清晰地表达主题，独特的创意才能发挥作用，使广告信息的传播更为生动、更吸引人和更容易被记忆；如果创意不能表达主题，甚至偏离主题，那么创意即使再独特，也是南辕北辙，只会对广告信息传播形成一种干扰。

2. 首创性。

在广告业里，与众不同是伟大的开端，随声附和是失败的起源。创造意味着产生、构想过去不曾有过的东西或观念。在广告中，创造通常是将过去毫不相干的两件或更多的物体或观念组合成新的东西，可以说首创精神是广告创意最鲜明的特征，是广告创意最根本的一项素质。但这种与众不同并非意味着完全天马行空，而是要尊重产品的特质。

3. 实效性。

广告创意虽然往往通过一定的艺术形式来表现，但同纯粹的艺术又有着本质的区别，那就是广告有着明确的销售目标。广告大师克劳德·霍普金斯（Claude Hopkins）说，"广告的唯一目的就是实现销售"。第一，要注重广告的实际效果；第二，要具有可操作性，便于付诸实施。

4. 通俗性。

广告主要通过大众传播方式进行，因此，为确保广告的创意能够被大众接受，就必须考虑大众的理解力，采用简洁明了的方式传递集中单一的信息。否则就是在浪费广告主的金钱。

（三）广告创意的过程

创意过程是一个发现独特观念并将现有概念以新的方式重新进行组合的循序渐进的过程。遵循创意过程，人们可以提高自己发掘潜能、交叉联想和选取优秀创意的能力。

几十年来，广告界提出了不少有关创意过程的见解，虽然大致相同，但每种模式又各有其突出之处。在斯德哥尔摩举行的国际广告协会（International Advertising Association，IAA）世界大会上，哈尔斯特宾斯（Hal Stebbins）在题为"创意的课题——变化世界的文稿哲学"的发言中曾将创意分为七个阶段，即导向阶段（orientation）、准备（preparation）、分析阶段（analysis）、假说阶段（hypothesis）、孵化阶段（incubation）、综合阶段（comprehension）、决策阶段（decision）。这种模式将创意过程分解得非常详细，但同时也显得呆板。1986 年罗杰·冯·奥克（Roger Von Oak）提出了四步创意模式，如今被许多跻身世界 100 强的广告公司所采用。按照他的模式，每个文案和美工在创意的不同阶段仿佛都在扮演着不同的角色：探险家（explorer）、艺术家（artist）、法官（judge）和战士（warrior）。

1. 探险家——寻找新的信息，关注异常模式。

任何伟大的创意都不是凭空产生的。创意人员需要构思创意的素材：事实、经验、史料、常识、感觉等。而这些信息无处不在，商品、消费者竞争对手的广告、有关广告的书籍、商业杂志，甚至一些看似不相关的信息如一家咖啡店、一座建筑、一家商店、一个人等都可能激发创意人员的灵感，带来意想不到的收获。比如，需要寻找有关水污染的创意时，探险家可能要了解是什么导致水污染，水污染的具体表现以及现状等信息。

2. 艺术家——实验并实施各种方法，寻找独特创意并予以实施。

在整个创意过程中，扮演这个角色最艰苦、时间最长，但也最有收获。艺术家必须完成两项重要任务：寻找大创意、实现大创意。

（1）寻找大创意。这实际上是一种心智检索的过程。艺术家的第一项任务是一项长期而又艰巨的工作，仔细检查前期收集的所有相关信息，分析问题，寻找关键的文字或视觉概念来传达需要说明的内容。也就是说在撰写文案或设计美术作品之前，先在头脑中形成广告的大致模样。这一环节被称为"形象化过程"或"概念化过程"，是广告创作中最重要的一步，也是寻找"大创意"的环节。比如，在为某个产品做广告时，要寻找表现该产品的核心主题，主要展现的广告信息以及展现方式。

（2）实现大创意。创意人员一旦抓住了大创意，下一步就是如何去实现这个大创意，即如何通过文字、图像、声音等符号将信息塑造成完整的传播形态，以打动受众的心灵与感情。这些符号的安排不仅要传播信息，还要营造某种氛围，激起人们对于产品的好感，例如新加坡健康署的一则有关牙齿健康的信息就是借助巧妙的标题和排印方式来传达的。其整体是"一句非常简单的广告陈述语"[Brushing, flossing and seeing your dentist keep your gums healthy and help stop your teeth falling out（刷牙、洁牙，见证你的医生保证你的牙床健康并阻止牙齿脱落）][1]，但通过选用一种残缺的字体排印，和让"teeth（牙齿）"这个关键字从标题里掉出来的形式，迅速将牙齿出现问题的有关信息传达给读者，既无须花很多钱，又不至于使读者产生视觉上的不适。简而言之，如果说文案是广告的文字语言，艺术就是广告的身体语言。电视借助图像和声音来吸引观众；广播则凭借声音在听众心目中创造文字图像。特定的文字、图像和声音的组合共同构成广告的表达特点。平衡、协调和动态指导着广告创意人员将以上各种元素组合在一起构成一个传播信息，让它们彼此关联、相互加强。

3. 法官——评估实验结果，判断哪种方法最有效。

在这个环节，创意人员要判断创意是否可行，决定是否完成、修改或放弃大创意。此时，创意人员要做到两点：第一，为值得的大创意拼搏；第二，避免扼杀艺术家的想象。在进行创意评估时，要回答以下问题：这个创意确实不错呢，还是凑合（我的第一反应是什么）？这个创意哪点对（或哪点不对）？如果不成功又会怎样（是否值得去冒这个险）？我的偏见是什么（受众是否有同样的偏见）？什么阻碍着我的思维？如果艺术家和法官的工作做得好，战士的角色相对就要容易得多。

4. 战士——克服一切干扰和障碍，直到实现创意概念。

在创意的最后阶段，要使创意概念得以实施。即使创意得到认可，得以制作并最终在媒体上发布，创意人员也需要同公司内部的其他人员、客户等进行一系列的"战斗"。对内，通过完整的信息战略文本，努力推销自己构思所包含的文案、艺术和制作成分并做出合理的解释，以说服公司的客户小组；对外，协助客户服务小组向客户陈述广告创意，以获得客户认同。这些工作完成后，战士又进入到广告设计与制作环节，再次成为艺术家，努力实现预算内尽可能好的广告作品。

（四）广告创意的方法

虽然广告创意的方法多种多样，但是人人都有过创意枯竭的经历，原因很多：信

---

① 陈培爱. 广告学概论［M］. 北京：高等教育出版社，2014.

息超载、精神疲惫、身体疲劳、紧张、缺乏安全感等，但最根本的问题还是出在思维方式上。

关于思维方式，多数思维学说将思维方式分为两大类：事实型和价值型。倾向于事实型思维方式（fact-based-thinking）的人喜欢把观念分解成细小的部分，然后对背景进行分析，发现最佳的解决之道。虽然事实型思维的人也可能具有创造性，但他们往往倾向于线性思维，喜欢事实与数字，习惯于逻辑、结构和效率，而不习惯模棱两可的东西。价值型思维方式（value-based-thinking）的人依据直觉、价值观和道德观来做出决定。他们依赖于各种观念的融合，更善于接纳变化、矛盾和冲突。他们擅长于运用想象产生出新的观点，也善于运用现有概念，创造新鲜事物。

在实际的广告创意过程中，这两种思维方式各有千秋，在不同的阶段具有不同的影响。首先，当创意人员在扮演探险家这个角色时，他们需要从自己掌握的信息入手，仔细审核创意纲要和营销、广告计划，研究市场、产品和竞争状态，从客户方面和许多其他途径获得各种信息，这会使他们陷入事实型思维方式。但要创作出有效的广告，成为优秀的艺术家，创意人员又必须改变方向，采用价值型思维方式，否则，当广告公司的人开始"和客户想的一样"时，创意就容易陷入窠臼，创意障碍就可能出现。而实现从事实型思维到价值型思维的转变相当不易，前人提供的几种创意思考的方法具有借鉴价值。

1. 头脑风暴法。

头脑风暴法又被译为脑力激荡法（brain storming）。这种方法由阿历克斯·奥斯本（Alex Osborn）于1938年首创，指两个或更多的人聚在一起围绕一个明确的议题，共同思索，相互启发和激励，填补彼此的知识和经验的空隙，从中引出创造性设想的连锁反应，以产生更多的创造性设想。讨论可以涉及广告活动的任何环节，但某一个会议一般应集中在一个议题上，且议题不宜太大，以便探讨能够深入。同时为了确保产生更多更好的创意，头脑风暴法必须遵循几条原则：一是自由畅想原则。与会者大胆敞开思维，排除一切障碍，无所顾虑地异想天开。二是禁止批评原则。任何创意不得受人批评，也不必自我否定，没有任何创意是错的。三是结合改善原则。鼓励在别人的构想上衍生新的构想，相互启发，相互激励。四是以量生质原则。构思越多，可供选择的空间越大，组合越多，产生好创意的可能越大。

2. 垂直思考与水平思考法。

人们平时的思考方法多是按照一定的思考路线进行的。在一个固定的范围内的纵向思考，它注重事物间的逻辑关系，即通常所指的垂直思考法。这种方法往往将思路和视野限制在已有经验和知识认同的狭窄范围内，而将与此相悖的其他可能拒之门外，其结果是不能摆脱常规思路的束缚和不可避免的雷同。在广告创意过程中，垂直思考法仍然具有重要的作用，但水平思考法受到更多的重视。

水平思考法是由英国心理学家爱德华·戴·勃诺（Edward de Bono）最早提出的。此种思考方法主张围绕特定的主题，离开固定的方向，突破原有的框架，朝着若干方向努力，是一种发散型思维方法。进行水平思考应遵循以下四条原则：一是找出支配性的构思，如人们常用的创意表现方法等。这不是为了利用，而是要努力摆脱其影响和束缚。二是寻求多种看法。将重点明晰的看法转换到其他尚不明确的看法上去，如有意识地形成相反的看法、有意识转移焦点等。三是摆脱旧意识旧经验的束缚。四是抓住偶然性的构思，深入发掘新的概念。①

三、广告传播诉求策略

多年以来，广告主使用了各种各样的广告诉求方式，而广告主通常选择其中的一种用在广告中。使用哪种诉求，应该基于创意简报、广告目标和要传递的手段等。实际选择取决于许多因素，包括所售产品、创意人员和客户经理的个人偏好，以及广告主的期望。

（一）恐惧诉求

很多广告利用的都是人们的恐惧心理。人寿保险公司把广告重点放在人如果死亡却没有人寿保险的后果上，洗发水和漱口水广告借助的是人们对头皮屑和口腔异味的恐惧。这些问题可能使人遭到社会主流的排斥。广告对这种恐惧心理的利用远超过人们的想象。

简单地说，广告主之所以使用恐惧诉求，是因为它们的确起作用。"恐惧"提高了广告受众对广告的兴趣，也增强了广告的说服力。使用恐惧诉求的广告比使用温暖、乐观诉求的广告更容易让人记住。消费者越是注意某个广告，越是可能处理广告中的信息，广告目标也就越可能实现。

使用恐惧诉求时，一个问题是恐惧的程度。大多数广告主认为，中度恐惧最有效。一方面，恐惧程度太低，广告可能引不起注意，在严重性和易受攻击性方面不具有说服力。但另一方面，恐惧程度太高可能会适得其反，因为过强的信息可能导致受众焦虑不安，进而调换频道或关掉声音，以避免看到或听到广告。恐惧型广告的目的是让广告有足够的力度来引起受众的注意、影响其思维，但并不是要弄得过分恐怖，让人不愿再看到这个广告。

（二）幽默诉求

干扰是每种广告媒体都面临的严重问题，引起广告受众的注意很难，但引起注意后保持注意力更难。幽默诉求已被证明是避免干扰的最好办法之一。幽默对于引起和保持注意均可能有效。总的来说，消费者喜欢能让他们放声大笑的广告。有趣的东西具有侵入价值，能吸引注意力。

当然幽默诉求也存在一定的问题：虽然幽默能吸引广告受众的注意力、避免广告干扰加强记忆，但它也会出错。广告主必须小心谨慎，不要幽默过头以致压倒广告本身。幽默广告失败，通常是因为消费者记住了广告中的玩笑，但却没记住产品或品牌。也就是说，广告太有趣了，以致广告受众忘记了或者根本没有注意到广告主的名字，在这种情况下，广告目标就可能无法实现。

---

① 陈培爱. 广告学概论［M］. 北京：高等教育出版社，2014.

📋 扩展阅读

泰国广告为何如此幽默?

泰国广告从来都是圈内的一股"清流",论情节反转,论脑洞维度,论扎心深浅,论得奖次数,大概他国无出其右,就连一向以不拘一格著称的日本广告也要敬畏三分。很多人不禁想问泰国广告为何如此幽默?在泰国,国际性4A公司早在20世纪中期就开始纷纷进入市场。4A的成长体系为泰国培养了许多优秀的广告人才,亦对泰国广告行业规范的形成做了重要贡献。不仅如此,4A巨头们纷纷选择落脚曼谷,也大大增进了行业的竞争与交流,使曼谷成为全球重要的创意领地。除了国际性广告公司外,泰国本土的独立创意机构也毫不逊色。1991年成立的广告制作公司Phenomena,就先后斩获戛纳、D&AD、CLIO、Spikes等多项广告大奖,并在2005年被知名广告调研机构The Gunn Report评为获奖最多的广告公司。泰国广告的幽默不仅仅来自其滑稽、搞笑,更重要的是其创意与文化、品牌等进行了深度融合。

一、聚焦最普世的情感

亲情是泰国广告常常表现的内容之一。和中国人一样,泰国人也有很重的家庭观念,因此常会在广告中看到家庭成员之间的情感羁绊。如一度风靡网络的《姐妹》(*The Sisters*)是泰国国家癌症机构推出的公益广告,讲述的就是一对互相看不顺眼的姐妹,在姐姐得癌症后和解并相互扶持的故事。此外,怀念母亲做菜的口味、父母瞒着子女拼命工作等表现亲情的情节,也相当常见。

二、品牌价值匹配故事主题

泰国广告虽然脑洞很大,经常荒诞可笑,但每个广告与其品牌深度绑定。打造成功的品牌形象,离不开品牌核心价值观的搭建与形塑。作为传递品牌价值观的重要接触点,广告需要以巧妙的方式为消费者讲述故事。这些故事往往要在品牌核心价值观方面保持自洽,才能对外树立明晰的品牌形象。以泰国人寿(Thai Life Insurance)为例,在YouTube上,该品牌单个广告的点击量常以百万计,来自全球各地的网友都会前来围观甚至订阅品牌官方主页。对于这样批量、连续、稳定生产高质量广告的秘诀,广告公司奥美(Ogilvy)做出了分析:在核心价值观方面,品牌主与代理商保持高度一致的步调,他们"秉持着同一种信念"(share the belief system)。对于其核心理念"生命的价值"(value of life),他们有着一致的深刻理解:要让消费者意识到生命的价值,首先品牌自己就要尊重生命的价值。

三、接地气的平民化路线

泰国广告还有一大鲜明特色,那就是大多让平民而非明星来出演。据《曼谷邮报》统计称,泰国广告中使用平民的比例达八成以上,而使用知名人士的比例仅在3%左右,其余的出演者则是动物以及虚构形象。很多知名的广告人拍广告时不找明星,而是常常在曼谷街头寻找演员。他们不希望把广告拍得太脱离现实,广告的故事应该源于日常生活，可能会发生在你的邻居、朋友或者家人身上，这样的广告才更有说服力，更能触动普通人的心灵。

资料来源：揭秘：泰国广告为何如此吸引人？［EB/OL］．www.51ebo.com/repstation/4244.html。

（三）音乐诉求

音乐是一个很重要的广告元素。它容易使人们将其与情感记忆和其他体验联系起来。音乐具有侵入性，也就是说它能引起人的注意，即便这个人以前没有听过这个音乐或看过这个节目。音乐可以成为刺激因素，把特定的旋律或歌曲与某种产品或某个公司联系在一起。音乐一响起，消费者就知道所广告的是什么产品，因为他们已习惯于将该产品与这个音乐联系起来。

音乐与产品交融在一起时，就能引起听众的注意，加深听众对信息的记忆。即使在消费者没有想起信息主题的时候，音乐也可以让他们想起广告的视觉和情感方面的内容。音乐还能增强说服力。当让消费者比较配有音乐的广告与没配音乐的同样广告时，他们几乎普遍认为前者更具有说服力。

音乐通常存放在大脑的记忆深处，大多数人甚至能记住童年时期的歌，这也是为什么怀旧广告近几年大为盛行的原因之一。挑选广告音乐时，要作出几个决策，包括回答诸如下列问题：音乐在广告中扮演什么角色？是用熟悉的歌还是重新创作一首？音乐要表达什么样的情感？音乐与广告信息的匹配程度如何？

（四）理性诉求

理性诉求遵循效果层次模型的六个阶段，即知道、了解、喜欢、偏爱、深信和实际购买。创意人员需要针对这六个阶段中的某一个阶段设计广告。比如，针对了解这个阶段的广告，重点在于传达基本的产品信息。在偏爱阶段，广告的重点就变成提出合理的原因：为什么某个品牌更好。理性诉求广告使人更坚信产品的利益，并最终购买产品。

理性诉求靠的是消费者积极主动地加工广告中的信息。消费者必须注意到广告，理解广告信息，并将这个信息与大脑认知图里的知识相比较。广告信息如果与认知图里的当前概念一致，就会加强关键联结。新的广告信息有助于消费者形成对品牌的认知信念，在当前认知图与新产品之间建立起新的联结。

（五）情感诉求

情感诉求基于三个观点，第一，消费者会忽略大多数广告；第二，广告中的理性诉求会遭到忽略，除非广告的那个时点消费者正在搜寻该产品；第三，也是最重要的，情感广告可以吸引消费者的注意力，培养消费者与所广告的品牌之间的情感。

大多数创意人员认为情感广告是建立顾客品牌忠诚的关键。创意人员希望顾客能感觉到自己与品牌之间的联系。广告中的视觉元素对于情感诉求很重要。另外，音乐和演员等周边元素也很重要。虽然人们主要基于视觉刺激和周边刺激形成品牌认知，但这也不是一蹴而就的。需要重复不断地刺激，认知和培养才能形成或改变。

本 章 小 结

了解媒体的特点是正确使用媒体做广告的前提。本章针对广告的各种媒体作了简单的介绍。整合营销传播方式已经成为商业竞争的要求，综合运用不同的媒体进行宣传是企业形象提升的重要手段。

而广告效果评估也是广告策划中的重要内容之一，本章介绍了广告媒体效果测定的具体方法，广告效果具有累积性和复合性的特点，因此对广告效果的评估以及预测是实施广告计划的前提。

创意是广告的灵魂，围绕既定的广告主题，挖掘大创意是成功广告的关键。本章首先对创意内涵进行梳理，随后具体论述了广告创意的过程以及方法。创意的过程是一个漫长的过程，最终的创意是在适合企业产品的基础上，给人以情理之中意料之外的感觉。

【思考题】

1. 广告媒体效果评估的方法有哪些？

2. 请结合具体的广告来谈论一下广告的诉求策略？

3. 广告的创意过程是怎样的？

4. 广告的另类媒体主要有哪些表现形式？

第八章
整合营销视觉传播

【学习目标】

- 了解进行产品包装设计的方法
- 熟悉进行产品展示设计的基本思路
- 熟悉了解商业环境设计的基本思路

视觉传播就是运用视觉符号系统地向受众传达品牌或企业的相关信息。随着信息技术的飞速发展，人们接触信息的方式也发生了巨大的变化。因此，企业在开展整合营销传播时，就必须充分重视视觉传播的价值，并善于运用视觉传播的方法塑造和提升品牌在目标消费者心目中的地位和良好形象。

第一节　产品包装设计

产品包装设计是一项需要工作人员共同努力并将科学与艺术进行结合的工作。在具体的设计过程中，设计人员需要考虑的第一要素就是包装物对产品的保护作用，其次才是包装制作的成本以及什么样的包装设计更有利于产品的市场营销。

一、包装设计的基本概念

商品的包装设计是根据商品的市场定位、商品的特征及目标消费者的审美偏好，采用适当的原材料，通过科学的结构设计和艺术的视觉表现创作出商品的包装容器或展示制品。包装设计严格来说有两层意思：一是涉及工业设计范畴的产品造型设计；二是一般意义上的包装装潢设计。前者的包装设计更重视包装的材料性能和对产品的保护作用，后者则更强调产品信息的传播与品牌形象展示的功能与作用。

在产品市场营销尤其是快速消费品的市场营销中，包装设计承担着重要的作用，这已经被越来越多的企业所认识。之所以将今天的市场经济称为眼球经济，就是因为在日益激烈的市场竞争中，只有想方设法吸引目标消费者的注意，品牌商品才有可能被消费者认知并产生购买行为。能够引起消费者注意的可能是产品广告，但能够促使消费者做出购买决策的则一定是包装设计。因此，包装设计在品牌的市场推广乃至对品牌形象的提升方面发挥着重要的作用。这些作用主要体现在以下几个方面：

（一）成功的包装设计可以增加产品销售

在今天市场经济的大潮下，商品之间的同质化日益严重，这些同质化的商品在市场上的竞争越来越白热化。消费者在当今信息爆炸的时代里每天要面对非常多的商业信息，只有极少数的商品信息有可能被消费者注意。被消费者注意的情况一般有两种，一种是企业通过投放在媒介上的广告吸引消费者，不过这种注意难以达成即时购买。另一种是企业通过分销渠道向消费者展示的商品包装吸引消费者，这种注意往往有可能促使消费者形成即时购买。产品的包装呈现在消费者眼前的是综合的直观效果，包括包装的原材料、色彩、造型等，容易构成对消费者的视觉冲击，并有可能直接导致消费者产生购买行为。

（二）优秀的包装设计有助于消费者对品牌的识别

买椟还珠的故事之所以广为流传，是因为楚人做的"椟"十分精致，从而使得"珠"与"椟"的主配角关系发生了置换，这就难怪郑人喜欢包装盒却要把珍珠留下了。从营销的角度看，这个故事实际上也向我们传递了一个基本道理，即任何包装设计在处理商品与包装物的关系时一定要做到有主有次，否则，再精致的包装设计都难以起到吸引消费者购买商品的作用，这样的包装当然就是失败的包装。

如果说古人把包装仅仅当作商品的容器还可以理解的话，那么今天我们如果仍然持有这样的观点就是不能容忍的。今天的包装设计概念已经远远超出了产品容器的原意，也就是说，今天的包装设计更为重要的意义是借助于包装容器这个特殊的载体（我们可以理解成特殊的媒介），向目标消费者传递产品的相关信息（原料、配方、功能特点等），有助于消费者形成对品牌商品的正确识别与判断。

（三）有个性的包装设计有助于提升品牌形象

随着消费社会的形成，当代消费者已经步入品牌消费的时代。今天的消费者在选择购买商品尤其是经验性商品时，真正能够打动他们的并不仅仅是商品的物质功能属性，还有品牌通过各种视觉媒介尤其是包装设计向消费者传递出来的个性满足和精神愉悦。包装设计不仅仅是商品的容器或者商品信息的视觉展示，而是品牌文化、品牌个性得以彰显和传播的外在体现。品牌之间有着诸多的差异，这种差异（也就是品牌个性）更多是通过包装设计表现出来的。因此，优秀的包装设计是成功品牌的外在体现，同时也可以极大地提升品牌在消费者心目中的形象和地位。

二、包装材料的基本分类

产品的包装材料从不同的角度可以有若干的分类标准。根据包装材料的作用，我们将包装材料分为主要包装材料和辅助包装材料。

主要包装材料是指直接接触产品并成为产品容器包装物结构主体的材料，又可以称之为内包装材料。由于这种包装材料与产品直接接触，因此，食品生产企业和监管机构对于产品内包装材料的物理性能、化学性能和机械性能等都有非常严格的要求。

辅助包装材料是指不直接接触产品的装潢材料、黏合剂、封闭物和包装辅助物（封缄材料和捆扎材料等）。相对于主要包装材料，生产企业在使用辅助包装材料上更加注重成本低廉和商品在卖场的展示效果。

根据原材料的种类不同，包装材料又可以分为以下几种：纸质材料（包括纸张、纸板、瓦楞纸板、蜂窝纸板和纸浆模塑制品等）、合成高分子材料（包括塑料、橡胶、黏合剂和涂料等）、玻璃与陶瓷材料、金属材料（包括钢、铁、铅、锡和铝等）、复合材料、木材、纤维材料（包括天然纤维、合成纤维、纺织品等）以及其他材料。

三、包装设计的步骤

包装造型设计是空间立体设计，包装装潢设计是以平面为主的设计，这两种设计都离不开工业设计和平面设计的一般原理和形式美的基本表现法则。其基本设计步骤如下：

（一）调查研究

包装设计人员在开始进行创意设计之前，应该尽可能全面深入地了解品牌商品的相关信息，包括品牌产品的行业特征、产品基本属性、品牌定位、品牌文化内涵、同行品牌商品的包装情况及商场展示效果比较、竞争对手的包装特点、目标消费者的审美偏好、目标消费者对竞争对手包装设计的看法、其他国家同类产品的包装现状（材料、色彩）等。总之，对上述这些信息调查得越全面、研究得越深入，对所要进行的包装设计工作的顺利开展就越有利。

（二）诉求点分析

品牌商品的诉求点一般都是在商品的物质属性（品质、功能、价格等）和精神属性（价值观、审美品位、个性等）中选择其一。对品牌商品的诉求点进行分析并不是说就一定要对诉求内容进行质疑甚至修改，而是要对该诉求点进行深刻的认识和理解，并尽可能地围绕该诉求点进行包装设计，使整个包装设计的风格能够充分表现品牌商品诉求点所传达的功能性或精神性内涵。

（三）构思与设计

构思就是设计人员根据在调查研究阶段所积累的相关信息通过个人或小组成员之间的头脑风暴（对过去的经验进行分解和重新组合）所进行的创造性的形象思维活动。这种思维方式具有以下几个特点：

第一，目的性。包装设计属于典型的商业设计范畴，商业设计与艺术设计或纯艺术创作之间的最大区别就是其具有非常明显的商业目的性，也就是说包装设计始终要根据品牌商品的市场营销目标进行思考。这种目的性在总体上就规范了包装设计的创作过程。

第二，转换性。是指创作人员从逻辑思维转换到形象思维的能力，或者将概念的抽象思维转换到具象事物的形象思维的能力。这就需要创意人员能够以丰富的想象力及时转换思维，善于及时捕捉、发现生活中看似风马牛不相及的各种事物间的内在关系，从而使包装设计作品达到出众的传播效果。

第三，形象性。从事包装设计尤其是包装造型设计的人员需要善于运用形象思维的方式进行创作构思，在创作中，他们脑海里出现的往往是生活中各种各样事物的形象，并通过对这些事物形象的解构、裂变、拼贴、重组来创作出受到消费者欢迎的包装设计作品。

（四）建模或确定效果图

建模是指包装设计人员将包装造型设计方案物化为与实际效果大体一致的包装模型。在具体的实施过程中，可以选择两到三个较为理想的设计草图按一比一的比例做成实物模型，模型可用纸张、黏土、石膏、塑料等材料制作。由于石膏比其他材料的造型效果要好，且雕刻更简便，成本又较低，因此，许多包装设计公司更习惯于使用石膏作为包装设计的建模材料。

现在设计人员利用计算机设计软件与制图技术，在电脑上就可以将产品的造型设计以三维虚拟模型的方式直观地展示出来，极大地提高了包装造型设计的创作效率。由于包装装潢设计主要是以平面设计的方式来创作作品，因此，这种设计比起造型设计相对容易一些，也不需要建模。不过，由于电脑上的设计效果与实际打印或印刷效果往往有较大的差别，尤其是纸张的不同导致色彩与电脑上的色彩有着较大的差别，因此，对于包装装潢设计的效果图进行确定一定要慎重，在印刷样稿上做最后的确定更有把握一些。

四、包装造型设计的方法

包装设计由两个方面的内容构成：一是造型设计；二是装潢设计。这里主要介绍造型设计的方法。

（一）线型法

点线面是艺术设计中的基本创作元素，"线"这个概念在立体造型的设计中同样是最基本的形态要素。在包装造型的设计过程中，线的作用大体可以分为两种：一种是形体线，另一种是装饰线。形体线是指产品包装容器造型结构的几何线条，可决定容器的基本形体；装饰线是指与产品包装容器结构没有关系但是依附于形体线的线条，起着装饰和美观的辅助作用。

不同的线条有着不同的表现力，也就是线条所勾勒出来的表情。例如，竖直线条常常给人一种高耸、挺拔、伟岸之感；水平线条则给人以平稳、安定、广阔之感；斜线条则给人一种动感和均衡感；曲线条给人以活泼、柔美、流畅之感。包装造型设计和装潢设计都需要针对产品的特点和消费者的审美偏好灵活运用不同的线条，创作出优秀的包装设计作品。

诞生于1915年的可口可乐弧形瓶就是完美利用弧线型设计的典型例子。在1925年，为杜绝山寨货，印第安纳州泰瑞豪特的鲁特玻璃公司（Root Glass Company）为如今闻名于世的弧形瓶注册了专利。它外形独特，在黑暗中仅凭触觉即能辨认，甚至摔碎在地也能一眼识别。在此之前，可口可乐的装瓶商则使用各种形状、尺寸和颜色的直身瓶作为包装。1950年，可口可乐弧形瓶成为首个登上《时代周刊》封面的商业产品，奠定了可口可乐作为一个国际化品牌的地位。

（二）雕塑法

包装造型设计与雕塑设计在本质上并没有什么不同，如果我们将线型法看成平面构成法的话，那么雕塑法就是一种典型的立体构成方法。其实大多数物体都是由最基本的形体组合、变形或对面、角、体做切割增补而成。基本形体主要是指球体、正方体、圆柱体、三角体等。例如，著名的香奈儿5号香水，其瓶身由大小不一的方形构成，包括了如宝石般流畅璀璨的瓶盖、透明水晶的方形瓶身造型、线条利落、"CHANEL"和"N°5"之黑色字体呈现于白底之上，令人印象深刻。

（三）肌理镶嵌法

肌理镶嵌法是指包装设计人员在包装设计的过程中，通过对包装材料的表面采用特殊的工艺处理方法以突出或强化包装的质感和肌理美的效果。使用这种设计方法时设计人员必须对各种包装材料的性质和特征有着非常深刻的理解，还要掌握并熟练运用相应的处理工艺。肌理镶嵌法在具体运用中一定要努力形成对比效果：或明暗之间的对比，或平滑和粗糙之间的对比，或粗细之间的对比等，以尽可能表现出包装设计的立体装饰效果。

（四）光影法

在包装容器设计中如果正确地运用光和影这类独特的造型要素，可以使包装造型物更具立体感、空间感、时尚感和梦幻感。包装造型物体不同方向的面是产生光和影的基础，设计人员可以在包装造型物的大面上增加小平面的数量，按一定规律组织排列，包装造型物就会形成各种不同的折光和阴影。

瑞典著名品牌Ramlosa苏打水的包装造型设计采用的是高透明的玻璃材料作为苏打水容器包装物，整体造型为流线型，向受众暗示或传递出苏打水的灵动和富有活力。在瓶的设计中，有意识地将瓶身的大块面积切割成若干面积不同的几何形状，在日光或灯光照射下，透明的瓶身由于其表面被分割为不同面积的几何形状，这些几何形状又有着各不相同的弧度和受光角度，再加上切割线条与各个几何图形的凹凸所形成的立体感，使得瓶身表面产生了无数不同形状的线条和光点，产生了璀璨斑斓的交叉光和折射光效果，极大地提升了该品牌在消费者心目中的形象和地位，是运用光影法十分成功的包装造型设计作品。

第二节　产品展示设计

展示设计是一个引进的概念，对其广义的理解是研究人类在时空范畴中的一切传媒活动，包括人与人、人与物的交流，是人们获取信息、增长见识、启迪教育的一种重要的社会沟通的文化现象。狭义的理解则是企事业组织针对其品牌产品或项目在一个特殊的空间之内所进行的品牌策划、传播、管理的过程，包括展览会、交易会、购物环境、节庆橱窗等具体商品的形象展示设计。

一、展示设计的基本概念及其作用

展示设计是一门以空间为表现特征的综合艺术设计，它的主体为商品。企业在既定的时间和空间范围内，运用艺术设计语言，通过对空间与平面的精心创造，产生独特的空间范围，不仅含有解释展品和宣传主题的意图，而且使受众能参与其中，达到完美沟通的目的。这样的空间形式，一般称为展示空间。对展示空间的创作过程则称为展示设计。

究其本质，展示活动就是企业所生产的产品与社会有关人士进行沟通交流的过程，企业越来越多地使用各种形式的展示活动来提升自身品牌形象，其具有的市场营销作用主要体现在以下几个方面：

（一）信息集散

在信息社会，信息传播尤其是商业信息传播的形式和载体多种多样，而展示活动是一种非常直接、有效并有别于其他传统传播媒介的综合传播形式，有着其他传播媒介所不具备的特点。

展示活动从表面上来看，是企业有计划、有组织开展的商品展示和推荐活动，但实际上，更是企业通过参加展示活动与目标消费者或潜在消费者进行有关自身商品的信息收集、沟通、发散的信息集散活动。这种信息的集散活动是信息的双向流通的过程。一方面，企业利用展示活动与目标消费者或潜在消费者直接接触的机会，将本企业的品牌商品的相关信息予以编码并通过展示活动在现场有限的空间范围内进行有针对性的设计，将产品的相关信息真实准确地传递给目标受众，期望能够影响目标受众对本产品产生正确认知并形成良好的品牌印象；另一方面，企业借助于展示活动直接面对消费者的机会，有计划、有准备地收集第一手的市场信息，可以切实了解消费者对产品的真实想法或潜在要求，为企业制定品牌发展的整合营销传播策略奠定坚实的基础。

（二）增进体验

随着网络技术的普及，人们越来越依赖于通过互联网获取自己感兴趣的信息，但是网络信息毕竟只是通过人们的视觉和听觉来满足其对外部信息的认知与了解，这与人们希望通过亲身的真实体验来感知外部世界的要求相差甚远，这也是为什么在网络高速发展、虚拟展馆不断涌现的今天，人们仍然趋之若鹜地参加各个不同行业的展会的原因。毕竟，观众置身于企业所营造的展示空间里利用听觉、视觉、触觉、味觉和嗅觉所获得的对商品的综合感受是三维动画视频所不能给予的；同时，观众前来展会现场就是要在第一时间接触到真实的产品，通过亲身感受来检验之前通过媒介所获得的产品信息的准确性，从而对展示商品留下深刻的印象。

二、展示设计的基本要素

展示设计的基本要素其实就是空间及其构成，下面我们从六个方面来讨论这些基本要素。

（一）空间

空间感是人类与生俱来的对外部世界的认知能力，无时无刻不在影响着人们的行为和判断力。对于人而言，空间可以分为两类：一类是物理空间；另一类是心理空间。这两类空间之间存在着内在的因果关系。物理空间是不以人的意志为转移的客观存在；心理空间则是建立在人们对客观世界知觉基础之上的主观存在。世界上存在着各种各样或简单或复杂的空间，不论是复杂的还是简单的空间，基本上都是由地面、顶面和墙面三个元素所构成。空间既可以是由这三个元素中的一个元素构成，也可以是由这三个元素组合而成。展示空间，尤其是商业性的展览会，企业参展商必须尽可能地在租用的有限面积的展馆场地上，通过巧妙、合理的空间划分，努力将场地之内的主体空间与场地之外的可逆空间进行相互渗透，从而创造出远远超出其规定空间的商品展示空间效果。

（二）透视

人们最早研究透视是采取通过一块透明的平面去看景物的方法，将所见景物准确描画在这块平面上，即成该景物的透视图。后来人们将在平面上根据一定原理，用线条来显示物体的空间位置、轮廓和投影的科学称为透视学。透视学是人类很早就掌握的科学理解和表现空间的方法，在照相机发明出来之前的相当长的时间内，人们就是通过透视的方法将现实世界的三维景物展现在二维的平面上。

在现代商业展示设计的过程中，巧妙地运用透视原理，可以使相对有限的真实空间在观众看来更加宽敞，产生一种视错觉，从而改变观众对展示空间的心理感受，常常能够起到比较理想的效果。具体做法是人为地制造景深，通过与环境有机联系的大幅图像画面制造一个并不存在的虚拟空间，或者通过镜面反射材料使某些阻碍视线的物体（如墙面、柱子等）消失，在观众的视觉层面上扩大展示空间，进而帮助企业营造一个能够给观众留下深刻印象的展示氛围。

（三）比例

世界上所有的客观事物都有一定的尺度，人们对不同的客观事物的基本判断就是通过这些客观事物间的大小尺度的比例予以认知与理解，而客观事物之间尺度比例的变化常常能够影响甚至改变人们的原有判断。参照对象不同，会给人的认知带来巨大的差异。因此，当人们认知和理解某个客观事物时有必要首先建立客观的标准评价体系才有可能形成认知共识。商业展示空间设计的本质目的就是通过对有限空间的改造，努力调整现实空间的比例关系，为观众创造良好的心理认知空间，有助于观众在参观过程中对展示商品形成良好的印象。

（四）距离

世界上任何事物都不是绝对孤立存在的，而是与其他事物之间形成或平行，或并列、或相交的一种彼此对应的关系。如果某客体事物与某主体个人产生联系，那么这一关系就更加错综复杂。物体之间的距离是衡量空间大小的一个重要元素，同样，人们通过衡量甲与乙之间距离的远近完全可以准确地判断二者之间的关系状态。

在展示设计的过程中，设计人员应当注意灵活地运用空间距离的独特属性，以便在商品展示设计中既可以有效地缩短人与人之间的距离，又可以有意识地疏导人与人、人与展品之间的心理距离。

（五）色彩

色彩是一种物理刺激作用于人眼的视觉特性，而人的视觉特性是受大脑支配的，因此，对于色彩的判断也就必然带有视觉主体的个人心理特征。对于色彩的认知不仅与客观物体的颜色特性有关，而且要受到时间、空间、外表状态以及该客观物体周围环境的影响，还要受到视觉主体个人的经历、文化程度、情绪、视觉灵敏度等各种因素的影响。据此，我们可以将色彩界定为事物本身客观属性与视觉主体的主观体验的综合存在。

策划与设计人员在利用有限的空间进行商品展示设计时，一定要根据商品的外包装特征、展场空间的大小、周边展场的色彩运用、希望给观众营造一种什么样的氛围等各种因素来选择使用更为恰当的色彩风格，以达到给受众带来更有视觉记忆的展示效果。

（六）材料与结构

现代商业展示设计之所以能够得到快速发展，一个重要原因就是各种轻型材料的出现，这就使得展示设计师可以在很短的时间内便捷地搭建一个巨大的室内外空间。当然，由于展示设计所使用的材料与结构不同，其向观众所传播的文化品位、格调也会有所不同。因此，展示设计人员需要根据展品的特点以及展示传播目的选择适合的材料和简便易行的结构，组建丰富多彩的空间，创造出具有独特风格的空间造型语言。

三、展示活动策划

展示活动是一种集视觉、体验、互动等多种感觉于一体的特殊的媒介，企业参加各种展示活动可以针对目标消费群体传播企业或商品的相关信息，扩大企业或品牌商品的知名度，提升企业在业界的品牌影响力。在开展整合营销传播的过程中，越来越多的企业开始认识到展示活动在树立和传播品牌形象方面所发挥的作用是其他传播方式所无法代替的。展示活动策划主要由四个方面的内容构成：

（一）立项

展示活动项目的确立一般是企业在获知某个城市或地区将要举办某个大型展示活动相关信息的前提下，由企业的负责人根据市场竞争状况、品牌传播的需要等各种因素的综合考量做出是否参加的决定。企业一旦做出参展的决定，就要进一步确定参加展示活动的目的、希望达到的效果、具体展位如何选择、准备投入多少预算等。

（二）确定传播主题

企业参加展示活动之前，必须首先明确企业的传播主题，之后，展示设计及其相关工作才能有条不紊地进行。不同的传播主题将会在很大程度上制约展示设计的创意及其风格。同时，企业还应考虑并确定展位设计风格、本次将展示哪些商品、这些商品是否需要重新包装设计、展位现场的工作人员及其职责等。

（三）企业参展展位设计

此项工作一般是企业委托专业的展示设计公司完成。企业在与展示设计公司合作的过程中，一方面，应该主动与具体设计人员进行沟通，使其尽可能多地了解本企业参加本次展示活动的目的、传播主题、本企业的品牌商品的相关特征等基本信息；另一方面，应注意不要将双方的合作只当成简单的雇佣关系，而是应该注意尊重设计师的脑力劳动，尤其是不要过多地对设计人员的创意予以限制，这样，设计师在不受束缚和愉悦的心境下才有可能创作出优秀的展示设计作品。

（四）展场工作人员培训

目前国内大中型的展会活动一般会持续 3～5 天，而一些颇具影响力的展会活动日均接待参观人次最高可达 12 万人次，可见一个成功的展会活动在一个地区所产生的影响力是任何企业都不可低估的。为了使本企业的参展商品能够获得更多参观者的青睐甚至订购，达到理想的品牌传播效果，企业在展会活动开始之前，必须对参展工作人员进行专业培训。培训内容包括正确规范的礼仪、和蔼可亲的形象、统一庄重的着装、熟悉流利的解说能力、全面深入的专业背景、恰到好处的应变能力等，以确保展示活动取得成功。

第三节　商业环境设计

对商业环境设计的认识不应局限于有助于促进商品流通这一较为原始的层面上，而应该将其理解为可以帮助企业实现品牌产品更为广泛的传播目标。商业环境实际上是消费者与商品进行接触的一个重要节点，企业在商业环境设计的过程中，通过对空间关系秩序的清晰定位，有助于诠释商品的内涵并向消费者准确地传递品牌商品的相关信息。从本质上说，商业环境设计就是一种特殊的媒介。企业应该重视利用这一特殊的媒介形式向目标消费者或潜在消费者传递企业品牌的文化理念和审美取向。

一、商业环境设计基本概念

（一）作为媒介的商业环境

商业环境的首要功能是向消费者提供商品交易的场所，实际上起着连接商品制造商与终端消费者的纽带和桥梁作用，因此，商业环境又称为特殊的媒介空间。就商业环境设计而言，可利用的向消费者传递信息的媒介形态主要是商业建筑实体本身和商业内部环境。

商业建筑实体本身可以通过富有创意的整体结构设计和外立面造型设计成为新颖别致、造型独特的地标式建筑物，吸引广大的顾客前来观光、游览和购物。

 扩展阅读

新加坡 ION Orchard 商场

ION Orchard 位于新加坡乌节路地铁站的核心地段，为八层高大型商场，它由零售裙楼及奢华公寓塔楼组成，总面积达 126000 平方米，以其独具艺术气息的外部设计成为乌节路这一新加坡闻名世界的购物街之中最为醒目的地标之一。

这一大片综合体方案被描绘为一颗掉落在都市中的种子，从种子到树干再到整棵大树，这一意象通过不规则的外墙设计和树状支柱的形式表达，从而将这一现代化的项目追溯到其果园前身。

建筑上引用"表皮"与"剥离"的概念，设计师设计了一个完全立体的不规则的曲线玻璃及金属幕墙包裹的零售裙楼外立面，形成非常突出的临街店面形象。

这是新加坡第一款纯硬壳外观和冠层结构外墙。起伏的玻璃和金属穿孔结构，既实用又展现动态的视觉效果，为公共空间提供覆盖的同时吸引行人行走到零售中心的核心部分。位于卓锦豪庭（The Orchard Residence）55 层及 56 层的独特的观景

台，则提供了 360 度全景观视野，46 层高的公寓大楼分别在 9 层及 30 层设有绿化天台及空中花园。

资料来源：新加坡 ION Orchard 商业景观 [EB/OL]. https：//www.sohu.com/a/55612118_119628。

商业环境的内部空间同样是一个特殊的媒介形态，构成该媒介形态的要素包括商品空间及其界面、商品展示方式、文字说明、广告图片、展具和多媒体等。这些要素的组合可以形成一种立体的媒介，向顾客传递各种品牌商品的全方位的综合信息。因此，商业环境的内部空间设计不只是单纯的空间展示设计，而是应该根据目标消费者的心理特征、审美品位和价值观念采用相应的设计理念和表现手法，努力突出商品的诉求主题或品牌形象，调动顾客视觉、听觉和触觉的感官体验，使顾客对品牌商品产生深刻的印象。

（二）作为场所的商业环境

商业卖场最初的存在意义在于为买卖双方提供交易的场所。随着消费社会的逐步形成，消费者已经不再满足于对商品的生理性的需求和物质上的占有，而是更加追求对商品的心理上的需求和精神上的满足，这就使得商业卖场由最初单纯的商品交易功能向文化展示和交流的功能拓展，商业与文化之间的界限，甚至高雅文化与通俗文化之间的界限越来越模糊。当代商业卖场实际上是连接生产商与消费者的媒介空间，其功能已经扩展为集商品交易、休闲娱乐和文化交流为一体的综合性场所。营销人员就应该将这种综合性场所（媒介空间）设计成为集空间视觉效果、品牌文化氛围、体验、互动和交流为一体的商业环境。良好的商业环境设计，可以使顾客感受到上佳的审美享受、愉悦的舒畅氛围和轻松的互动体验，为促进顾客做出购买决策和实施购买行为奠定坚实的基础。

（三）商业环境的主体及其业态

商业环境的主体构成一般包括百货商场、超市、专卖店、购物中心和商业街等，而新兴的商业空间则包括主题商业空间、体验馆、网络商业空间等。这些不同的商业环境虽然属于不同的所有者，但有一点是共同的，那就是它们都是供应商或经销商与终端消费者接触的节点。因此，这些商业主体的拥有者必须根据目标消费者或潜在消费者的审美偏好，创意并设计出能够满足消费者的购物需要、互动体验和审美情趣的商业环境，以帮助增进消费者的购物欲望或提升所售商品的品牌形象。

1. 主题商业空间。

传统的商业形态由于经营商品涵盖范围较为宽泛，缺乏经营特点，难以形成品牌个性，在消费者脑海里自然也就无法留下深刻的印象。20 世纪 90 年代开始出现主题商场，一方面可以充分发挥经营者所掌握的资源优势，另一方面可以在所经营的主题商品的领域里做到极致。比如有以商品为主题的商场：书城、家具城、建材城、体育用品城、服装城、电器商场、音像店、珠宝城、电子商城、工艺美术品商城等；也有以消费者为主题的商场：儿童用品商场、女人街等；还有以娱乐和餐饮为主题的商业街：酒吧一条街、KTV 一条街、餐饮一条街等。

主题商业空间所面对的是具有大致相同需求和审美偏好的消费群体，其商业环境的设计就应该在努力营造主题文化的背景之下，突出强化品牌商品及其与人之间的关系，使消费者产生精神或情感上的共鸣，以满足消费者的精神和文化需求。

 扩展阅读

西安最美书店——言几又·迈科中心旗舰店

"评价一座城市，要看它拥有多少书店"，世界著名钢琴家鲁宾斯坦，是这样谈论书店与城市的。

2018 年 12 月，位于西安高新区的言几又·迈科中心旗舰店正式开业。试营业期间，它几乎成为朋友圈的霸屏主角，网红也罢，文化空间也好……越来越多的书店实体，让人感受到这种古老都市应有的文化底蕴。那么，它们刷屏背后的逻辑又是什么？

将阅读与生活紧密结合，是言几又一直在探索寻找的方向。2006 年，言几又的前身——今日阅读的第一个门店，在成都紫荆小区亮相。

这家主打租书、贩卖杂志和流行读物的便利店式社区书店，迎着"独立书店黄金时代"的风口迅速走红，又一度受购书网站的冲击。这一切，都伴随着大众生活方式与消费理念的变化。2010 年之后，大型购物中心在中国开始形成气候。以此为纽带，局限于社区的日常消费与传统百货公司拥有的"出售耐用品"职能实现统合。

言几又，由街头向购物中心转移。创始人担捷从中获得的启示，不止于此："现在一个集中了几百个品牌的购物中心，已能满足很多需求。为何书店不能去尝试，覆盖更广泛的生活方式和大文化消费类别？毕竟，从通过读书获取知识，到通过读书实现更有品味的生活，也是一种消费升级。"

于是，在言几又，读书首先意味着"享受"视觉福利，从北京王府中环店的古典式凝重到广州 K11 店的黑色"朋克系"，言几又的店面设计都与城市地缘特色相互关联，就如 K11 店未来、现代的感觉，契合广州这样超速发展的大都市，又比如昆明 1903 店自然与通透的风格，与"春城"的城市气质一脉相承。坐落在不同城市的店面风格迥异，从不拒绝大众以一张打卡照片开始与书的亲近。

言几又·迈科中心旗舰店的总设计师池贝知子女士，因为"二子玉川茑屋家电"而被人们熟知，她尊重知识、热爱设计，她崇尚回归生活，希望把阅读放进生活里和真实的生活对话。

况且，阅读与西安人的距离从未远过。在五千年的中华文明史长河中，西安不仅是十三朝古都，更是一个光耀东方的文化符号。在这里，"耕读世家"和"书香门第"都有着数千年的历史，正如贾平凹所说："西安，永远是中国文化魂魄所在地。"

于是，池贝知子的中国首秀言几又·迈科中心旗舰店——以 4500 平方米的两层广袤实体空间为背景，13 万册藏书为基底，完美呈现了她所倡导"就算待上一天也不会厌倦的日常风景"的设计理念，书不再是单纯的承载文字，还带领你去与文字背后的理念、文化发生交流。

池贝知子女士及其设计团队，以唐大明宫宫殿建筑为灵感来源：由数个房间连接组成一个广大空间，没有走廊为主导线及既定的路线，全部以大大小小的 GIFT BOX 所组成，每个人依据自己喜好的不同，可以自由进行游览。每一个 GIFT BOX 都是一个惊喜，每一个 GIFT BOX 又都拥有一份独特的被隐藏的风格之美。

这里，尝试为书店带来更加丰富的后缀，又将西安人对于生活特有的审美态度发挥到淋漓尽致。作为言几又在西安的第一家旗舰店，这里是一个类似于综合生活空间的存在：除了作为"独立书店标配"的咖啡厅、文创产品柜台，儿童区、小剧场、威士忌酒吧……穿插在独具设计感的空间中，温暖的灯光包围着人们，精神与物质、当下与未来、形而上与烟火气就此形成一种微妙的平衡。

资料来源：西安城记："最美书店"实至名归：言几又西安首家旗舰店正式营业［EB/OL］. https：//www. sohu. com/a/281784305_351305。

2. 体验馆。

又称为概念馆，源于国外知名品牌为了更好地与目标消费者沟通，精心打造的介于品牌产品博物馆与展示馆之间的商业空间。目前，体验馆多指为消费者或潜在消费者提供亲身参与、亲身感悟的场馆。

主要有两种形式：一种是由政府资助的旨在普及科学技术和文化知识的场馆，如科技馆、文化馆、陈列馆等；另一种是由企业自主经营的旨在与消费者进行沟通，并根据消费者对新研发产品体验后的反馈意见，完善新产品设计的场馆，例如华为位于深圳核心商圈万象天地的首家全球旗舰店。

3. 网络商业空间。

网络商业是以互联网为载体达成供需双方之间商品交易的全新的交易方式。作为一种新型的商业交易模式，网络商业以其新颖性、便捷性、低交易成本等特点迅速被越来越多的消费者接受，成为传统商业形式的重要补充，特别是对于跨国贸易更有传统商业模式所无法比拟的优势。

二、商业环境的构成要素

商业环境的构成要素从空间划分，可以分为外部环境和内部环境，从环境所有者的角度而言，外部环境又可以称为公共环境。

（一）商业空间的外部环境

商业空间的外部环境是指商业卖场建筑物的室外空间，其构成要素通常包括店前广场、建筑物外立面、户外广告牌位、橱窗展示等。

1. 店前广场设计。

大型商场主入口前的广场空间，其主要功能是向顾客提供集散、交流和观光等活动的带有过渡性质的公共空间。广场面积的大小取决于商场建筑面积的大小或商场平均顾客人流量的多少。一般而言，当代广场空间的设计更注重向复合型、多变型、渗透型、文化型和时效型方向发展。今天的商业建筑和广场之间越来越表现出彼此呼应、互动的关系，店前广场自然就成为传递综合信息的特殊载体，融汇了商家的营销理念、品牌形象，甚至一个城市的文化品位和气质特征等。

2. 建筑物外立面。

是指建筑物与外部空间接触的界面。建筑物外立面作为建筑本体的最外层，在承担外部空间媒介形态的同时，也向消费者展现建筑物的艺术风格和品牌形象。商业建筑的外立面常常是一些商家根据自身品牌商品的特征加以二次设计和装修的对象，其目的是希望通过对建筑物外立面的设计反映出商家的经营理念和品牌文化内涵。

3. 户外广告与招牌。

商业空间外部环境中的户外广告与高速路上的户外单立柱广告不同，其广告诉求的对象主要有两种人：一是准备到商场购物的消费者；二是路过商场的行人。对于此处的户外广告设计一定要考虑视角、距离、环境三个主要因素，同时，还要考虑受众经过户外广告的时间和位置。户外广告的创作不需要过多的文案，也无须诉求过多的产品信息，向受众展示企业的实力和品牌形象即可。

店面招牌是指商场或商店门前作为标志的门牌或实物，起着突出品牌名称、吸引消费者的作用。招牌设计是城市商业环境的重要组成部分，它既是一个城市的商业景观要素，又是一个城市物质文明和精神文明的体现。店面招牌可以采用平面的、立体的、悬挂的、动态的和折叠的多种形式，重要的是设计者应该通过富有创意的形式向消费者传递品牌与众不同的个性和审美品位。

4. 橱窗展示。

商场或商店的橱窗展示不仅是门面总体设计的组成部分，而且是商场或商店的第一展厅，其构成要素除了所经销的商品，还包括布景、道具、装饰物、灯光、色彩和文字说明等。橱窗展示是一种永久性的商业空间，其空间虽然十分有限，但是如果设计人员巧加利用，经过富有创意的构思，根据市场流行趋势的变化同样可以设计出具有不同主题的橱窗展示效果，如生活场景主题、季节主题、节日主题、公益主题、科幻主题、环保主题等。从本质上说，橱窗展示也是一种特殊的媒介形式，设计者应该注重通过生活化、情节化、系列化和互动化的创作构思，向消费者传递出品牌商品的个性气质。

路易威登的橱窗展示

作为消费者，不知道你在逛街的时候，有没有试过因为橱窗太吸引而走不动？其实每一个让人目不转睛橱窗的背后，都有一群默默在努力的陈列师。

拿路易威登（Louis Vuitton，LV）的视觉总监——法耶·麦克劳德（Faye McLeod）做例子，麦克劳德的工作也许并没有设计师耀眼，但 LV 在全球各地的门店橱窗设计都出自她手。她的主要职责就是让 LV 的橱窗看起来趣味，充满魅力，让消费者路过门店的时候被吸引而不由自主停下脚步。

"我的工作是用视觉语言来讲话，"麦克劳德说，"需要唤起人们情感上的共鸣。"她的团队现在有插画师、建筑师、产品设计师，如果她需要一把闪着银光的箭，团队通常需要去印度找到染色工厂。麦克劳德表示只有在印度她才能找到正确的颜色。他们还需要找中国制作恐龙模型的工厂来制作镀金的骷髅，或者是找到英国的电影道具制作公司制作一些麋鹿、长颈鹿、斑马的模型。

她一直在坚持将品牌战略和视觉总监的观念相结合，并从中酝酿出故事。这些年，LV 虽然变化了很多，但是主要的品牌精髓却始终未曾改变。

资料来源：LV 橱窗案例集锦［EB/OL］. https：//www. sohu. com/a/298259068_294710。

（二）商业空间的内部环境

商业空间的内部环境是指商场或商店内部的空间构成，其构成要素主要包括中庭与共享空间、室内 POP 广告和室内体验式设计等。从整合营销传播的角度而言，商业空间的内部环境设计是企业与消费者沟通中最具营销功利性的一个环节，因此，企业的营销传播管理人员必须对此环节的所有要素予以高度重视，尽可能在有限的内部环境空间内，通过新颖别致的创意，在准确地向消费者传递品牌商品诉求信息的基础上，努力营造一个使人审美愉悦和心情舒畅的良好氛围，以促进消费者做出购买决策。

1. 中庭与共享空间。

建筑内部的中庭又称为共享空间，在商场中，由于中庭空间构成元素的多样性与空间尺度的独特性，其在营造商业环境氛围和促进消费者的消费行为方面扮演着重要的角色。从构成元素上讲，大型商场的中庭主要包括自动扶梯、观光电梯、绿化（水景）和雕塑以及艺术品展区或文艺演出场地等。从功能上讲，中庭首先是一个顾客进出商场的集散地，起着交通枢纽的作用；其次，中庭还是一个休闲场所，可以向顾客提供休息、餐饮等服务；最后，商家还可以利用中庭将最具视觉冲击力和艺术表现力的商品向消费者展示。

2. 室内 POP 广告。

POP 是英文"point of purchase advertising"的缩写，意思是售点广告。POP 广告的概念有广义和狭义两种。广义的 POP 是指在商业空间、购买场所、零售商店的周围和内部以及在商品陈列的地方所设置的广告物。如商店的店招、室内设计与装修、橱窗展示、店外悬挂的充气广告、条幅、店内陈设、招贴广告、服务指示牌、店内发放的刊物、广告表演等。狭义的POP仅指卖场内部所设置的展销专柜以及在商品周围悬挂、摆放与陈设的可以促进商品销售的广告媒介。

3. 室内体验式设计。

室内体验式设计是指商家将所经营的商品经过精心的组合与排列，营造出一种情景式的生活氛围，以激发消费者的购物欲望。在对商业空间的道具进行设计的过程中，要掌握共性，也要把握个性。共性指的是任何商品的道具的基本功能都是展示商品、陈列商品的，其尺寸要符合人体工程学，还应尽可能与整体商业环境和品牌个性及形象协调。个性是指由于不同类型的商品在体量、材质、色彩、价值、使用方法、品牌形象和目标消费者等方面具有差异性，要求设计者在具体设计的过程中努力根据实际情况，灵活使用相应的表现手法，力求以最恰当的方式展示商品最动人的一面，带给消费者视觉上和心理上美的享受，更为重要的是，使消费者在对商品进行情景式体验的过程中，对商品产生购买欲望。

 扩展阅读

宜家的体验式设计

宜家家居是来自瑞典的全球知名家具和家居零售商，互为和谐的产品系列在功能和风格上可谓种类繁多。品牌以为大众创造更加美好的日常生活为理念。

宜家的营销方式有一个非常显著的特点，就是体验感觉第一。在这一点上跟国内其他的厂家动辄就在沙发、床品上标出"样品勿坐"，或者标示"损坏赔偿"等警告恰恰相反。

在宜家购物，你会发现与很多家居市场有着根本上的不同，因为你完全可以自由地选择逛商场的乐趣，因为轻松自在的购物氛围是宜家商场的特征。宜家强烈鼓励消费者在卖场进行全面的亲身体验。利用全程体验性服务为消费者设计出了关于家的一切，也很好地做到了给消费者带来全面的体验。

宜家的营销，其实从你准备进入店门的那一刻就已经开始了，到了宜家你就会发现那个简洁而醒目的LOGO。当你踏入店内，你会发现宜家的商品布置，不是把同类产品罗列在一起标价，让消费进行对比和选择，他们是将产品的使用环境模拟出来，通过设计师的布置打造出一个小房间。在那里，你能看到这件商品摆在家里是什么样的效果，你能考虑选择其他什么样的产品来和它一起搭配，他们表达出来了产品的使用效果，你所看到的，就是你将来会得到的。由此，宜家通过优化资源，选点艺术、全面营造出最佳的状态来刺激消费者的体验神经，激发消费者的欲望。

资料来源：泛家居网：宜家体验式营销案例详解［EB/OL］. http：//www.phouses.com/a/9904116.html。

三、商业环境设计

商业环境设计是营销传播和设计人员在整合商业环境内外部空间材料、色彩、灯光和声效等各种元素的基础上，经过富有创意的设计，将品牌商品的诉求主题或个性特征，通过人的视觉、听觉、触觉甚至嗅觉等感觉器官综合作用于消费者，以传达品牌商品的诉求信息和有别于竞争对手的个性形象。

（一）商业环境设计策划

在企业的营销传播战略中，商业环境设计是最为重要也是最为关键的一个环节。说其重要，是因为在这个节点上，生产商或经销商所开展的所有设计涵盖了营销与传播的所有内容；说其关键，是因为从生产企业的角度而言，商业环境设计是所有传播活动的最后一个环节，如果说生产商之前所开展的传播活动能够成功引起消费者对其产品产生兴趣，那么在消费者光临商场时，商业环境的设计将在很大程度上影响和决定消费者是否做出购买决策。因此，对于商业环境的设计就必须在企业整合营销传播总体战略的基础上策划和构思，而绝不可以将商业环境设计当作单纯的艺术造型工作。

商业环境的设计首先要充分理解和掌握品牌商品传播的主题。成熟的品牌往往能够通过其优秀的商业环境设计给消费者以高度整体感的视觉享受和审美体验以及品牌形象的统一风格，而这种统一的风格又常常是通过品牌标识的字体、色彩、商品陈列、广告创意、空间展示和一切与品牌商品相关的视觉元素所体现的。因此，在开展商业环境设计之前，设计人员必须深入调研目标消费者的生活方式、产品特征、企业文化和品牌个性等，以便通过有针对性的设计方案充分展现品牌商品的个性特征，给消费者以深刻的感受和记忆。

（二）商业环境的空间设计

商业环境的空间构成、面积、形态等千差万别，但是总体而言都由三个基本空间构成：第一是基本空间，也是商品空间，如柜台、货架、橱窗等；第二是服务空间，如接待台、收银台、库房等；第三是消费者空间，如客流通道、楼梯等。商业环境的空间设计就是将这三大空间加以有机组合，通过合理的布局来提高商业环境有效面积的使用效率，在为消费者提供舒适的购物环境的同时，更为消费者提供精神上的审美愉悦感受。

1. 动线设计。

动线是指人流在空间中的移动线路，功能性是其最主要的作用，形式表现是其辅助的作用。功能性的动线设计必须符合建筑空间功能性的基本要求，而形式表现的动线设计则必须符合大众审美心理和审美品位的要求。动线设计是空间设计的核心，商业空间是流动的空间，空间之间存在着一定的序列关系，设计人员应该注意将这种关系与消费者的行为模式在动线设计中有机整合。

根据空间进深的大小，一般可以将动线设计成三种形式：单线、双线和复线。根据服务功能的特征，商业空间的动线一般包括顾客动线、服务动线、商品动线。营业厅内的动线通道的宽度是根据商品的种类、性质、顾客的人流量加以确定的，在设计的过程中应该注意将理论与现场的实际情况相结合，避免动线通道设计过宽或过窄。动线通道设计过宽会减小商家的营业面积，不利于商家开展正常的商品销售活动；动线通道设计过窄则有可能造成顾客拥挤，会影响顾客的购物心情。

2. 视线设计。

在空间设计中视线是确定观看者与环境之间的方向性、位置感与距离感的重要依据，视线又称为视轴线或视域走廊，是用来组织空间景观的一种重要元素。环境空间的视线有主、辅轴线之分，重要的景观元素一般都会安排在主轴线上。根据设计主题的需要，设计人员也可以在空间设计特异的视轴线，以便使观者形成新颖奇特的视觉体验。

在大型商场的内部空间中，由于自动扶梯在垂直空间上呈运动状态，因此，消费者在乘扶梯时所观看的空间范围也会发生变化，即视点会逐渐升高，视线也会从水平移动转为向上移动，最后就会以俯瞰为主。在视线设计时一定要注意对每层的底层和顶层进行精心处理，以使消费者获得更好的仰视和俯视的景观审美效果。

3. 空间界面设计。

从三维的角度看，空间是由墙面、顶面和地面三个界面划分和限定的。空间的各个界面是一个有机的整体，在对空间的各个界面进行设计的过程中，除了要依据空间设计原理，综合运用色彩、造型、材质和光线等要素之外，还应考虑构造、施工条件等客观条件，以及商家的营销传播战略。

顶面是建筑内部空间的上层界面，但不能简单地将其理解为一个平面的概念。顶面设计的目的是要尽可能创造出新颖别致、富有创意的上层空间。有着较高高度的顶面给人以空旷感和舒适感，而较低高度的顶面则给人以压抑感。在商业环境空间设计中，根据不同区位设定不同高度的顶面会产生不同的空间视觉效果。另外，顶面也是商业空间照明的主要载体。从顶面设计的效果而言，还可以将顶面区分为无遮挡顶面、半遮挡顶面和全遮挡顶面三种类型。

大型商场的地面承担着物品输送、人流进出、暗示空间区域和指示线路的诸多功能。地面也是一种空间的概念，而不是单纯的平面概念。在对地面进行设计的过程中必须考虑如何营造整体空间的感受，适当的变化将会给整个空间增添生动的趣味。比如，无论是建造地台创造上升空间，还是构造下沉或者凹形空间，都会改变顾客的动线和视线，从而为顾客创造出一种全新的空间体验和审美感受。

立面又称为垂直界面，在商业空间中主要由墙隔断物及各种货架的垂直面构成。立面设计的目的主要是对大型的空间进行分隔，以使不同品牌商品的销售区域向消费者呈现出不同的品牌视觉风格。隔断物是立面设计的主要元素，使用隔断物可以在限定空间的同时又不完全割裂空间，既能在空间上对不同品牌商品的销售区域予以区分，又能实现空间之间的相互交流与延续。分割商业空间的立面元素丰富多彩，包括建筑物本身原有的墙面、柱子、隔断、家具、展柜、陈设、绿化、水体、悬挂织物、地面高差变化等。

本 章 小 结

视觉传播是运用视觉符号系统地向受众传达品牌或企业的相关信息。其具体实施方法包括了产品包装设计、产品展示设计以及商业环境设计。

成功的包装设计可以增加产品销售，有助于消费者对品牌的识别，有个性的包装设计有助于提升品牌形象。包装材料可分为主要包装材料和辅助包装材料。包装设计的步骤包括了调查研究、诉求点分析、构思与设计以及建模或确定效果图。包装设计的方法包括了线型法、雕塑法、肌理镶嵌法和光影法。

产品展示设计是一门以空间为表现特征的综合设计艺术，它的市场营销作用包括了信息集散以及增进体验。展示设计的基本要素包括了空间、透视、比例、距离、色彩、材料与结构。展会活动要经过立项、确定传播主题、企业参展展会设计及展场工作人员培训等不同阶段。

商业环境可作为媒介，也可作为场所，具有不同的业态。其构成要素包括了商业空间的外部环境和商业空间的内部环境。商业环境设计涉及了设计策划以及空间设计两个主要方面。

【思考题】

1. 包装设计在品牌的推广上能发挥哪些重要作用？
2. 展示活动能够体现哪些市场营销作用？
3. 商业环境设计对企业品牌会产生哪些影响？

第九章
整合营销活动

【学习目标】

- 掌握整合营销活动方式
- 能够了解整合营销的各个活动方式在整合营销中所扮演的角色和作用
- 能够理解每个活动方式的实施要点和步骤

　　整合营销主要通过各种活动和工具来实现其营销目标。本章主要介绍了不同的整合营销活动，包括了销售促进、人员销售、事件营销、体验营销以及公共关系。每个不同的活动都在整合营销计划中发挥不同的功能。

　　在介绍不同整合营销活动的基础上，本章还详细阐述了各个活动的实施步骤以及注意点，并结合丰富的案例来剖析整合营销的主要活动。整合营销能否高效完成取决于营销人员对整合营销各个活动的安排以及整合能力，从而完成对品牌形象的建立和传播。

第一节　销　售　促　进

一、销售促进的概念

　　销售促进（sales promotion）又称营业推广，它是指企业运用各种短期诱因鼓励消费者和中间商购买、经销（或代理）企业产品或服务的促销活动。销售促进也是构成促销组合的一个重要促销形式。概括说来，销售促进有如下特点。

（一）销售促进的即期促销效果显著

　　在开展销售促进活动中，可选用的方式多种多样。一般说来，只要能选择合理的销售促进方式，就会很快地收到明显的效果，而不像广告和公共关系那样需要一个较长的时期才能见效。因此，销售促进适合于在一定时期、一定任务的短期性的促销活动中使用。

（二）销售促进是一种辅助性促销方式

人员推销、广告和公共关系都是常规性的促销方式，而多数销售促进方式则是非经常性的。正因为销售促进有贬低产品或品牌之意，使得它只能是一种辅助促销方式、补充方式。也就是说，使用销售促进方式开展促销活动，虽能在短期内取得明显的效果，但它不能经常使用，也不宜单独使用，常常配合其他促销方式使用。销售促进方式的运用能使与其配合的推广方式更好地发挥作用。

（三）销售促进具有两个相互矛盾的特征

一方面是强烈的呈现，似乎告诉顾客"机会难得、时不再来"，进而能打破消费者需求动机的衰退和购买行为的惰性。另一方面是产品或品牌贬低，销售促进的一些做法也常使顾客认为卖者急于抛售，如果频繁使用或使用不当，顾客会怀疑产品的质量、价格，进而折损品牌形象。

二、销售促进的方式

销售促进的方式多种多样，每一个企业不可能全部使用。这就需要企业根据各种方式的特点、促销目标、目标市场的类型及市场环境等因素选择适合本企业的销售促进方式：

（一）向消费者推广的方式

（1）赠送样品。向消费者免费赠送样品，可以鼓励消费者认购，也可以获取消费者对产品的反映。样品赠送，可以有选择地赠送，也可在商店或闹市地区或附在其他商品和广告中无选择地赠送。

（2）赠送代金券。代金券或折价券作为对某种商品免付一部分价款的证明，持有者在购买本企业产品时免付一部分货款。代金券可以邮寄也可附在商品或广告之中赠送，还可以对购买商品达到一定的数量或数额的顾客赠送。这种形式有利于刺激消费者使用老产品，也可以鼓励消费者认购新产品。

（3）包装兑现。即采用商品包装来兑换现金。如收集到若干个某种饮料瓶盖，可兑换一定数量的现金或实物，借以鼓励消费者购买该种饮料。这种方式的有效运用，也体现了企业的绿色营销观念，有利于树立良好的企业形象。

（4）廉价包装。又叫折价包装，即在商品包装上注明折价数额或比例。廉价包装可以是一件商品单独包装，也可以是若干件商品或几种用途相关的商品批量包装。这种形式能诱发经济型消费者的需求，对刺激短期销售比较有效。

（5）赠品印花。亦称交易印花。即在消费者购买商品时赠送消费者印花。

（二）向中间商推广的方式

向中间商推广，其目的是为了促使中间商积极经销本企业产品，同时有效地协助中间商，加强与中间商的关系，达到共存共赢的目的。其推广方式主要有：

（1）购买折扣。为刺激、鼓励中间商购买并大批量地购买本企业产品，对第一次购买的中间商或购买数量较多的中间商给予一定的折扣，购买数量越大，折扣越多。折扣可以直接支付，也可以从付款金额中扣出，还可以赠送商品作为折扣。

（2）津贴补助。是指生产者为中间商提供陈列商品、支付部分广告费用和部分运费等补贴或津贴。在这种方式下，中间商陈列本企业产品，企业可免费或低价提供陈列商品；中间商为本企业产品做广告，生产者可资助一定比例的广告费用；为刺激距离较远的中间商经销本企业产品，可给予一定比例的运费补贴。

（3）经销奖励。对经销本企业产品有突出成绩的中间商给予奖励。这种方式能刺激经销业绩突出者加倍努力，更加积极主动地经销本企业产品，同时也有利于诱使其他中间商为多经销本企业产品而努力，从而促进产品销售。此外，还有经销商销售竞赛、免费咨询服务、为经销商培训销售人员、展览会、联合促销等。

三、销售促进的控制

销售促进是一种促销效果比较显著的促销方式，但倘若使用不当，不仅达不到促销的目的，反而会影响产品销售，甚至损害企业形象。因此，企业在运用销售促进方式促销时，必须予以控制。具体的控制方法有以下几种：

（一）选择适当的方式

销售促进的方式很多，且各种方式都有其各自的适应性。选择适当的销售促进方式是促销获得成功的关键。一个特定的销售目标可以采用多种促销工具来实现，所以应对多种销售促进工具进行比较选择和优化组合，以实现最优的促销效果。

（二）确定合理的期限

控制好销售促进的时间长短也是取得预期促销效果的重要环节。推广的期限，既不能过长，也不宜过短。这是因为时间过长会使消费者感到习以为常，失去了刺激需求的作用，甚至会产生疑问或不信任感；时间过短会使部分顾客来不及接受销售促进的好处，收不到最佳的促销效果。

（三）禁忌弄虚作假

销售促进的主要对象是企业的潜在顾客，因此企业在销售促进的全过程中，一定要坚决杜绝徇私舞弊的短视行为发生。本来销售促进这种促销方式就有贬低商品或品牌之意，如果再不严格约束，那将会产生失去企业长期利益的巨大风险。因此，弄虚作假是销售促进中的最大禁忌。

（四）注重推广中后期宣传

开展销售促进活动的企业比较注重推广前期的宣传，这是非常必要的。在此还需提及的是，不应忽视推广中后期的宣传。当消费者因为促销的刺激去购买产品，到头来发现实际情况并不如宣传所说的时候，对企业的信誉和美誉都是很大的打击。中后期宣传是消费者验证企业推广行为是否具有可信性的重要信息源。令消费者感到可信的企业兑现行为，一方面有利于唤起消费者的购买欲望，另一个更重要的方面是可以换来社会公众对企业良好的口碑，增强企业良好形象。

 扩展阅读

销售促进与社交网络

一、价格折扣＋社交网络

寓意"独一无二的服装仓库"的优衣库（Uniqlo），是日本最大的服装零售品牌。它不只因时尚现代、简约自然、易于搭配而引领时尚潮流，营销推广上同样乐于不断进行新的尝试，俨然成为引领社群网站品牌营销的先驱。优衣库曾经为庆祝其英国电子商务网站改版上线，推出与脸书（Facebook）串联的游戏"Uniqlo Lucky Machine"，同时开展了病毒式的折扣网络活动"Uniqlo Lucky Counter"借由社交媒体 Facebook 与推特（Twitter）的威力，优衣库在英国得以迅速蹿红。

"Uniqlo Lucky Machine"源自日本人最喜爱的小钢珠游戏，玩家可以玩3只球，通过玩球累积点数，同时享受3D画面的视觉乐趣。与以往不同的是，这次你还可以邀请Facebook、Twitter上的朋友一起加入来增加游戏中的球数，游戏结束后玩家还可以将得分发到Twitter上与朋友们一起分享，或是将其公布在个人Facebook涂鸦墙上，从而将这一常规游戏演变为一种社群互动营销。而"Uniglo Lucky Counter"活动更是创意十足，它一改过往直接提供价格折扣的做法，顾客想要的优惠必须通过自己努力才能得到。玩家只需在优衣库提供的10个产品备选项中挑选出想要的对象，通过Twitter发送出去，就可以参与进来。发送的人越多，这款产品的价格就会越低，待新官网重新上线后即可以最后下杀的价格将其买下。这种方式很快吸引来大量眼球。从这里不难看出，优衣库实施的这两种销售促进方法都不是传统的福利施惠，更多的是将创意融入其中，利用年轻人的竞争意识，来达到活动的传播效果。

二、抖音POI

抖音POI是英文"point of interest"的缩写，是抖音中的一种地理定位，抖音企业号享受唯一POI地址认领的特权。POI在抖音视频中的呈现方式是定位图标，企业号在发布视频时可附上自己门店的POI，商家企业可以通过POI页面向用户推荐商品、优惠券、店铺活动信息等。对商家视频内容感兴趣的用户可以通过点击定位图标直接进入POI详情页，同时用户还可以看见该定位地址下的所有视频内容。抖音POI功能是企业线上与线下建立联系与沟通的桥梁。用户在浏览视频时能够快速通过 POI 功能了解店铺详情，从而有效缩短下单决策的流程，提升转化率，完成店铺的引流。

资料来源：玩转促销：价格优惠 + 社交网络 + 团购网站 + GPS［EB/OL］. https：//www.ratuo. com/market-ing/wzyx/20507. html。

第二节　人员推销

一、人员推销与人际传播

人员推销是一种对于消费者或者潜在消费者所进行的口头传播活动。从传播的形式上来说，它是人际传播的一种形式。与广告、销售促进和公共关系不同，后面几种都是大众传播或者组织传播的形式，需要依靠一定的媒体来传递营销内容，而人员推销则完全依靠人际传播的形式。人员推销的主要方式有上门推销、电话推销和网络营销等。但不管是何种方式，它都是依靠单个的个人所进行的营销。

大众传播与人际传播在传播方式与效果上不同。大众传播的优势在于传播范围广、影响力强，但缺陷就是反馈不及时与受众的互动不够。而人际传播的优势在于传播互动性强，几乎可以即刻得到反馈，影响力大，也可为消费者提供一定的个性化服务，缺点是传播范围不够广泛。

随着现代营销的发展，人际传播的方式已经越来越显示出其重要的地位。大众传媒一统天下的时局已经改变。消费者越来越倾向于个性化、双向的服务，消费者对信息的选择性也越来越强。尤其是在整合营销传播中，人际传播具有明显优势。

二、人员推销的优势和劣势

（一）人员推销的优势

随着市场的不断细分和目标市场营销的深入，营销和营销传播正在变得越来越富有个性。如果说传统营销传播着力于创造规模效应，那么现代营销则注重于寻找差异化。每一个消费者都可以被看作一个孤独的个体。个性化营销传播的前提是目标市场的不断深入。随着目前大数据的发展，了解个体消费者的需求并进行精准营销成为可能。

要实现真正个性化营销还需要个性化的信息设计，而且要求在信息传播过程中保持与客户之间的互动和交流。显然运用大众传播渠道进行个性化营销并不现实。正是在这种背景下，人员销售表现出了前所未有的优势。如果说传统的人员推销还处在简单的兜售状态，那么在整合营销传播阶段，人员销售已经由立足于兜售产品时的说服技巧，发展成为营销导向的客户伙伴关系。经过专业培训的销售人员，在与客户接触过程中可以表现得更加灵活，现代推销人员与客户之间的关系正在朝着长期化、共生化的方向发展。

公司运用封闭式的、省却任何中间商中转的与客户之间互动性信息沟通系统统称为直接反应。直接反应模式的一个共同点就是营销传播中的信息传递在两点之间进行，由于没有中转而变得直接而且迅速。传播中的两端大多数情况下可以实现点对点之间的谈话，有利于具体问题的解决。这种直接反应由于各种不同的操作模式，并不完全是面对面的传播沟通。在所有的营销沟通中，充分表现出面对面营销传播特性的非人员销售莫属。目前人员推销的定义已经超越了以往的兜售产品的认识，而着重于根据客户利益需要进行的双向交流，这种交流在很大意义上不是做产品功能与价值的介绍，而是希望挖掘客户进一步的需求，并且借以增加产品或者服务的附加值。

作为一个商业流程，人员推销不仅仅是推销产品。在整合营销传播时代最重要的是解决客户问题，发展客户关系，为客户创造出进一步的价值。这就意味着为了降低客户成本，或使客户产品更加具有竞争力和吸引力，必须与客户保持长期的互动关系。在这个意义上，没有任何营销传播方式比人员推销更具有优势。

（二）人员推销的劣势

与其他所有营销传播方式一样，人员推销也有一些局限性。最重要的局限性就是它的高成本。维持一支推销队伍的成本是非常高的，因为需要的不是人员，还包括推销拜访、推销人员的培训、差旅费和其他内在的支持功能。人员推销主要是一对一的方式，几乎不能由于规模的扩大而降低成本，有时候还需要两到三个销售不同产品的推销人员去同一个重要的客户办公室做一个或多个产品演示。

另外一个局限是：一些推销人员过分强调尽快实现销售，缺乏建立充满希望的长期客户关系的信心。然而，人员推销的这种局限性并不都是销售人员的过错，以佣金为基础的奖励制度导致他们过分强调交易而牺牲了客户关系。推销人员应该因为实现销售而得到回报。但是当他们最关注销售量的时候，就导致为了实现销售而过度承诺的倾向。另一方面，客户可能会发展成为对某个推销人员的忠诚，不是对公司或者品牌的忠诚。结果就是，当推销人员被换走的时候，也就带走了公司的客户。一种可能的解决方式就是公司保持那些与公司联系的客户的全面的数据资料。这种数据库能够使一个新推销人员很快与客户建立关系，并且与客户一起工作，因为每个客户与公司发生联系的历史都是可以看到的。

另外，虽然人员推销的优势是其灵活性，但它通常也意味着前后不一致。当推销人员针对特定的客户挖空心思的时候，他可能会创造和传递一些与整个品牌策略不相同的品牌信息。

（三）人员推销与其他营销传播方式

决定什么时候将人员推销和营销传播组合整合起来的一个主要原则就是每笔交易

的利润足以支持人员推销的高额花费。是否选择营销成本较高的人员推销要从多方面进行考量。首先，产品本身的属性，如该产品属于复杂型购买行为的商品，消费者在购买之前就需要更多的沟通。例如，房地产公司的销售人员会拿着印刷非常精美的画册来与客户进行交谈，画册中会有所出售商品房的各种户型图，颜色鲜艳或制作精美，能给人留下美好的印象。其次，目前其他的营销方式是否能够满足消费者个性化的需求。在现代直播营销兴起的背景下，消费者对于客服的需求也越来越高。在以往消费者可以接受与机器对话或者具有一定时效性的人工客服，但是随着直播的兴起，消费者期待看到有人在直播间可以随时随地回答他们的疑问，这个也慢慢变成了行业的新标准。

1. 人员推销和公共关系。

公共关系对于销售的作用在于：公共关系活动能够帮助创造品牌认知，从而使销售人员的工作更加容易一些。由于公共关系已经奠定了一定基础，顾客对于该品牌有了一定了解，容易接受上门推销的人员。销售人员无须解释公司的基本情况以及所代表的意义，这样就节省了大量的时间。因此，公共关系对于销售人员销售革新和复杂的产品特别有帮助。

人员推销对于公共关系的作用在于：推销人员不仅能从公共关系中获利，他们也创造公共关系。推销人员是企业遍布市场最广泛的公关面孔。因为推销人员通常是公司唯一和顾客见过面或者面对面交谈的人，因此推销人员代表的是公司的形象。如果推销人员是反应迅速的和对客户有帮助的，那么公司就会给客户留下同样的感觉，因此推销人员的素质直接影响消费者对于企业形象的印象。

2. 人员推销与病毒性营销。

病毒性营销（viral marketing），也可称为病毒式营销，它是一种常用的网络营销方法，常用于进行网站推广、品牌推广等。病毒性营销利用的是用户口碑传播的原理，在互联网上，这种口碑传播更为方便，可以像病毒一样迅速蔓延，因此病毒性营销成为一种高效的信息传播方式，而且由于这种传播是用户之间自发进行的，因此它几乎是不需要费用的网络营销手段。

病毒性营销之所以成功，依靠的就是人际传播的力量。由于人与人之间传播的力量是巨大的，因此这种营销只要运用得当，几乎不花费什么费用就能达到很好的效果。口碑传播产生的渠道和语境是人际传播。人际传播的最大特点就是交流性强，信息反馈直接、快速、及时、集中；同时，易于在较短时间内改变接受者的态度和行为。由于互联网的发展，人员推销经常与直播、意见领袖（KOL）联系在一起，而由于拥有强大的粉丝，他们的产品推荐也能够实现短时间内的病毒式传播。企业和商家应该有意识地操纵、发展和深入这种口碑，使之向有利于营销目标的方向靠拢，为企业营销目标服务。

扩展阅读

"口红一哥"李佳琦

据统计，李佳琦在一次直播中在线时长达 6 小时 34 分，在线观看用户 3683.5 万，直播间内商品链接 54 条。"天不怕地不怕，就怕李佳琦说'Oh my god'。"直播 5 分钟卖掉 1.5 万支口红、2 小时试色 380 支口红、5 个半小时成交 23000 单，金额高达 353 万元……很少有人能经受李佳琦的那句"买它"的魅力。有人总结了李佳琦直播成功的原因：

（1）直播时间的选择，每次直播多在 3~6 小时，全程语速较快，音量大，音调高，始终保持充满激情的亢奋状态。

（2）"Oh my god""买它"是他经常说的话，情绪强烈，成了他的标签。这些词可以营造氛围、制造购买的紧迫感，对观众的情绪还是有影响的。

（3）用一些"话术"，打消观众对产品的顾虑，比如："这款产品之前我们在抖音已经卖了 10 万套""旗舰店已经销售 2 万份了"等，甚至会借助"自助款"为产品做担保，自己掏钱下单购买。

（4）不断重复、强调直播间的价格优势，比如"免费赠送""X 折"等重点词会被数次提到，而且还会比较差价，将平时价格与直播间价格放在一起对比，让人感受到立即下单的必要。

（5）给出专业消费意见，让大家更信任自己；拿出多种产品，然后挑选自己最推荐的单品，分别讲解。

（6）引导与控制销售节奏，控制每次上架的产品数量，将一款产品分成 3~4 次上架，每次抢完后再补货，并随时播报产品库存，比如"卖完了""最后 5000 套""最后 300 套""最后 100 套""没了"等，一环扣一环，制造紧张与热销氛围。在直播过程中，不断向观众更新补货信息和购买链接，提醒没有抢到的观众购买。

（7）不劝观众盲目购买产品，从自己的意见出发，给出比较中肯的建议。

（8）每隔几分钟，就会重复一次"喜欢佳琦可以多多关注我们的直播间"，并且与观众的每一次互动，他都会说"谢谢你们的支持"；随时对观众的评论做出回应。如果品牌有明星代言，他会先问一句该明星的粉丝在不在，把追星的观众调动起来。

从以上几条可以看出，李佳琦直播成功的原因很大依赖于对目标受众的了解和消费心理的把握。通过有效结合传统的人员推销与新媒体的互动性，来达到影响消费者购买的目的。

资料来源：李佳琦直播营销卖货套路［EB/OL］. https：//baijiahao. baidu. com/s? id = 1648832090629246724&wfr = spider&for = pc。

第三节　事　件　营　销

事件营销与赞助营销类似。二者的主要区别是：赞助营销资助的是某个人、团体或团队，而事件营销（event marketing）赞助的是特定的事件。通过赞助恰当的事件，公司可以提升品牌知名度，并与供应商和顾客建立更密切的联系，事件营销还可以鼓舞参与其中的员工的士气。例如赞助全运会这样的地方事件，以使公司有机会得到免费的公共宣传，还可以加强公司在当地的形象。

事件营销最主要的是培养新闻热点或者媒体热点，加大事件的曝光量。通过相应的营销手法推动，增加事件的讨论量，以最终达到既定的营销效果。

一、事件营销的关键步骤

（一）确定赞助事件的目标

在参与特定的事件前就应当确定营销目标。如果目标是回报顾客，那么至关重要的是找到主要顾客有兴趣参加的事件。有些目标具有更多的内部导向性，如让员工参与、鼓舞员工士气。这时可以通过找到内部员工喜欢参与的事件来实现这些目标。外部导向性的目标包括帮助公司保持市场份额、在市场上塑造更强大的品牌形象、加强产品或公司的形象、增加销售额。如果是增加媒体的曝光度，则可以认真研究近期热点及相关词条，打造事件关联性。

（二）赞助事件要适合顾客、供应商和员工

将事件与公众进行匹配，赞助事件要适合公司的顾客、供应商或员工。不同的公司，顾客喜欢参与的事件也不同，供应商和员工也可能偏爱不同的事件。

（三）推广所赞助的事件

可以通过广告和公关新闻来推广所赞助的事件。要集中精力联系那些能够从事件中受益的利益群体。其中尤其重要的是赞助公司应该坚持把公司的名字、标志和其他产品信息列示在赞助事件的每个广告和宣传册里。许多特定事件参与者会将活动计划保存起来，作为纪念品或向别人展示。因此，将赞助商的名字和信息放在活动计划里，实质上就是在做长期广告。赞助商必须尽量把自己的名字与赞助事件的营销计划联系起来，以得到最大程度的展示。至关重要的一点是，赞助商要与赞助事件管理团队密切合作，保证自己的名字在与赞助事件有关的所有材料里都抢眼。

（四）追踪结果

对于赞助商来说，为确定最佳赞助事件，营销团队应该追踪赞助结果。除了销售额外，还要监控有多少材料发放给了参与者、发放了多少样品以及到赞助商展台来的有多少人。另外，营销团队还要进行市场研究，测量事件前后的品牌认知情况，以了解是否形成了新的品牌回想或品牌认知。

根据赞助的结果和营销信息，公司可评估赞助某个特定的事件是否有益，以及以后是否还赞助这一事件或类似的事件。

 扩展阅读

借力社交与泛娱乐，腾讯成功打造事件营销

自 2014 年中开始，北京故宫开始转型，通过《朕感觉自己萌萌哒》等转发量惊人的"推文"，逐渐建立起令人耳目一新的网络形象。故宫出品的文创产品更是屡上热搜，话题不断。

2016 年是"腾讯 NEXT IDEA × 故宫"合作的第一年，故宫博物院开放一系列经典 IP，与"NEXT IDEA 腾讯创新大赛"的两项赛事"表情设计"和"游戏创意"展开合作。开放的故宫知识产权（IP）包括经典藏品《雍亲王题书堂深居图屏》（又称胤禛十二美人图）、《韩熙载夜宴图》（局部）、《海错图》（节选）、明朝皇帝画像，以及故宫数字文创《皇帝的一天》App、《故宫大冒险》动态漫画中的卡通形象等。

表情设计大赛的合作，则以 QQ 的"企鹅原创平台"为基础，开展故宫 IP 表情创意设计征集。如今，表情已成为年轻人日常在线交流的重要元素之一，在 QQ 的 8.77 亿月活跃账户中，最受欢迎的表情使用频率已经超过 52 亿次。

在游戏创意合作方面，腾讯经典手游《天天爱消除》将配合本次合作，于 7 月上线以故宫为主题的特别版本，其中包括根据故宫真实样貌定制的主题关卡地图、寻宝玩法。同时，用户还可以拥有"故宫猫"作为游戏宠物。此外，结合腾讯 GAD 游戏开发者平台，"NEXT IDEA 腾讯创新大赛"以故宫 IP 为元素的手机游戏创意设计大赛，面向所有游戏开发者和高校年轻群体，孵化优秀的故宫游戏创意。

以上可以看出，腾讯抓住年轻人时下最为热点的话题以及 App，与故宫这一巨大的 IP 进行绑定，实现其在全媒体平台的传播。腾讯以打造创新大赛 NEXT IDEA 作为事件营销，不但借势热点，迎合时下年轻人喜好，同时也传播了腾讯品牌的创新精神。

资料来源：故宫的下一个 600 年，始于"数字变革" ［EB/OL］. https：//www. sohu. com/a/405612402_120058682。

二、跨界合作实现事件营销

跨界营销，齐聚各方的优势资源和特点，以达到"1+1>2"的营销效果。当两个风马牛不相及的品牌携手登台时，将会更加吸引人的眼球。这种新型营销模式，大大避免了商家孤军奋战的乏力感，借助双方潜在属性的联通性，进行"有型有趣"的营销攻略，推出"有态度"的新产品，既令营销活动充满趣味性，又能给双方带来经济利润，给消费者带来新的活动体验。

 扩展阅读

六神花露水跨界 RIO 鸡尾酒

六神调研了消费者对于花露水的主要记忆，除去祛痱、止痒、清凉、舒爽的功能外，都来自它那高辨识度的嗅觉属性：香味，它是消费者夏日里最日常的"记忆"。但仅凭借记忆是不够的，面对年轻消费者、面对新营销环境，品牌需要在自己的经典基因上赋予与时俱进的革新。其实每年夏日，都有许多年轻消费者会把"喝花露水"作为一种幽默的吐槽表达，自发发布于社交网络。受此启发，"如果真的可以让消费者安全地去喝花露水，不是嗅觉，而是从味觉上去体验这个经典的记忆呢？"

于是，抓住花露水产品最具辨识度与记忆度的产品属性：香味与清凉感受，六神与同为玻璃瓶身、酒精产品、具备清凉关联度、传播受众高度匹配的锐澳，合作研发出了六神风味鸡尾酒。满足年轻人猎奇心态的同时，更颠覆了他们对经典产品与品牌本身的印象，让年轻化真正去实现"同龄"感。通过这个跨界合作，六神真正做到老字号年轻化，整个营销立足并回归产品，对经典产品进行了年轻化重塑。

资料来源：六神花露水竟然联名 RIO 卖起鸡尾酒了？[EB/OL]. https://www.sohu.com/a/235112642_100026981。

第四节　体 验 营 销

一、体验营销的概念

体验营销是指企业以消费者需求为导向，向消费者提供一定的产品和服务，通过对事件、情景的安排、设计，创造出值得消费者回忆的活动，让消费者产生内在反应或心理感受，激发并满足消费者的体验需求，从而达到企业目标的营销模式。体验营销建立在对消费者个性心理特征的认真研究、充分了解的基础之上。其以激发顾客的情感为手段，使整个营销理念更趋于完善，目的是为目标顾客提供超过平均价值的服务，让顾客在体验中产生美妙而深刻的印象，获得最大程度上的精神满足。体验营销并非仅仅是一种营销手段，确切地说它是一种营销心理、一种营销文化、一种营销理念。在消费需求趋于人性化、个性化、多样化的今天，顾客关注产品和服务的感知价值，比以往更为重视在产品消费过程中获得"体验感觉"。我们经常会看到这样的现象，消费者在购买很多产品的时候，如果有"体验"的场景和气氛，那么对消费者的购买决策就能产生很大的影响。例如：购买服装时，如果一家服装店不能让顾客试穿的话，有很多顾客就会马上离开；购买品牌电脑时如果消费者不能亲自试试性能、感受一下质量，大多数消费者就会对其质量产生怀疑。因此，对于企业来说，提供充分的体验就意味着能够获得更多消费者的机会。

二、体验营销的特征

（一）顾客参与

在体验营销中，关键就是要引导顾客主动参与体验活动，使其融入设定的情景当中。体验营销成功的关键在于去挖掘、发现其心底真正的需求，甚至是一种朦胧的、自己都说不清楚的、等待别人来唤醒的需求，发现它、唤醒它，消费者就自然愿意和你产生互动。在企业与顾客的互动中，顾客的感知效果便是体验营销的效果。顾客参与程度的高低，直接影响体验的效果。

（二）体验需求

体验式营销感觉直观，形象生动，极易聚集人流、鼓舞人心，促使消费者即时做出购买决定，具有立竿见影的促销效果。但是体验营销的基本思想仍然是"顾客至上"，强调消费者消费时是理性与感性兼具，企业不仅要从理性的角度开展营销活动，而且要考虑顾客情感的需要，从物质上和精神上全面满足顾客的需求。首先要了解在体验经济中，消费需求已出现多方面的变化：从消费结构看，情感需要的比重相对物质需要的比重增加；从消费的内容看，个性化的产品和服务需求日益增多；从价值目标看，消费者日益关注产品使用时所产生的感受，并且日益关注环境保护等公益问题。在营销设计中，不仅要想到你能创造什么，更要想到顾客想要什么，力求提供能更好地满足顾客的体验诉求的产品和服务。

（三）个性特征

个性是一个区别于他人的、在不同环境中显现出来、相对稳定的、影响人的外显和内隐行为模式的心理特征的总和。在体验营销中，由于个性的差异性，精神追求个性化，并且每个人对同一刺激所产生的体验不尽相同。而体验又是个人所有的独一无二的感受，无法复制。因此，与传统的营销活动中，强调提供标准化的产品和服务，要满足消费者大众化的需求有所不同，企业应加强与顾客的沟通，发掘其内心的渴望，从顾客体验的角度，在营销活动的设计中，体现较强的个性特征，在大众化的基础上体现独特、另类、独具一格，满足追求个性、讲究独特品位的顾客的需求。

三、体验营销的主要策略[①]

（一）感官式营销策略

感官式营销策略的诉求目标是创造知觉体验的感觉，它是通过视觉、听觉、触觉、味觉与嗅觉等以人们的直接感官建立的感官体验。感官式营销可以突出公司和产品的识别，引发消费者的购买动机和增加产品的附加值等。例如在超市中购物，经常会闻到超市烘焙面包的香味，这也是一种嗅觉感官式营销方式。

（二）情感式营销策略

情感式营销策略通过诱发触动消费者的内心情感，以引导其消费。情感式营销旨在为消费者创造情感体验，挖掘情感的影响力、心灵的感召力。体验营销就是体现这一基本点，寻找消费活动中导致消费者情感变化的因素，掌握消费态度形成规律，真正了解什么刺激可以引起某种情绪，以及如何在营销活动中采取有效的心理方法能使消费者自然地受到感染，激发消费者积极的情感，并融入这种情景中来，促进营销活动顺利进行。情感对体验营销的所有阶段都是至关重要的，在产品的研发、设计、制造、营销阶段都是如此，它必须融入每一个营销计划。

（三）思考式营销策略

思考式营销策略通过启发智力，运用惊奇、计谋和诱惑，创造性地让消费者获得认知和解决问题的体验，引发消费者产生统一或各异的想法。思考式营销策略往往被广泛使用在高科技产品宣传中。在其他许多产业中，思考式营销也已经被使用在产品的设计、促销和与顾客的沟通上。

（四）行动式营销策略

人们生活形态的改变有时是自发的，有时是外界激发的，行动式营销策略就是一种通过名人、名角的行为来刺激消费者，指出做事的替代方法、生活的替代形式，丰富他们的生活，改变其生活形态，从而实现销售的营销策略。

（五）关联式营销策略

关联式营销策略包含感官、情感、思考与行动营销等层面。关联营销超越私人感情、人格、个性，加上个人体验，而且与个人对理想自我、他人或是文化产生关联，

---

① 吴健安，聂元昆. 市场营销学（第五版）［M］. 北京：高等教育出版社，2017.

或让人和一个较广泛的社会系统产生关联，从而建立个人对某种品牌的偏好，同时让使用该品牌的人们进而形成一个群体。关联营销已经在化妆品、日用品、私人交通工具等许多不同的产业中使用。

 扩展阅读

中国台湾的"观光工厂"

一、"观光工厂"的起源

"观光工厂"起源于欧美。在欧美、日本等国家和地区，与民生消费相关的工厂观光化已经存在多年。据统计，英国大约有1000家工厂开放给游客参观，美国则约有500多家观光工厂。最早的荷兰海尼根啤酒厂、英国Wedgewood瓷器厂、日本北海道白色恋人巧克力工厂，都是热门的"观光景点"，可以说是"观光工厂"的先驱。从20世纪80年代起，工厂就已经引起了许多爱好者的关注，走进工厂基地发现到处分布着纵横交错的橡皮管和巨大的水箱，在复杂和细致的工厂内，可以从兢兢业业的劳动者身上体会到一种坚忍不拔的独特美感。

"观光工厂"的浪潮由欧洲兴起，再到日本的"工厂见学"，将艺术性、实用性、教学性融合为一体，让人们了解产品的制造过程，如日本的"白色恋人"，是石屋制菓长期畅销的产品，白色的饼干夹着白巧克力。"白色恋人公园"以"美味""怀念""甜蜜故事"为主题，游客在体验工坊不仅可以看到白色恋人饼干的制作过程，还可以感受到点心的历史与文化。

"观光工厂"是一种将传统工厂与观光旅游有机结合的新型工业旅游景点，以工厂生产设施、生产流程、工人作业等工业生产风貌作为旅游项目，配以相应的解说、导览、DIY体验等服务，让游客获取观光、休闲、科普、手工制作、购物等多元化体验。

二、"观光工厂"在台湾

同样是在20世纪七八十年代，台湾地区凭借着代工模式和出口导向的政策，通过为先进地区的厂商代工建立了竞争优势，工业经济也实现了巨大的突破。但台湾厂商长期依附在生产驱动的产业链中，对于终端消费者的需求所知甚少，以至于在工业浪潮过去之后，留下了一大批即将被淘汰掉的工厂。由于时代及产业机构的变迁，台湾许多工厂力求突破营运瓶颈，效仿已在欧美、日本蔚然成风的"观光工厂"和日本的"工厂见学"，转型为保有生产制造又开放厂区观光的"观光工厂"。每一家"观光工厂"都拥有独特的观光主题，不仅呈现美化后的厂区环境，也提供产品制作过程参观、文物展示、体验设施等服务，是集"知性"与"休闲"于一身的新兴旅游景点。

台湾立康中草药产业文化馆以简单的方式介绍了科技和古老智慧的结晶，分作四区："浓缩制剂大楼""时光隧道""酸痛药布故事馆""百草植物园"，馆内展示先进的制药设备，以透明不暗藏的方式，让游客了解制药过程，也提供解说、讲座让艰深专业的医药知识浅显易懂，并以有趣的互动式教学，让人透过感官了解药材的本质。除了展示导览，当然少不了观光工厂必备的"DIY 手作课程"，透过手作的方式，更为深刻地让游客了解到草本知识是如何运用到日常生活中的。

资料来源：台湾盛行的"观光工厂"是怎样的旅游体验？[EB/OL]. http：//www. xinhuanet. com/tw/2017 - 01/17/c_129450623. htm.

第五节　公　共　关　系

一、公共关系内涵

公共关系又称公众关系，它源自英文"public relations"，简称"公关"或 PR。按照美国公共关系协会的理解，"公共关系有助于组织（企业）和公众相适应"，包括设计用来推广或保护一个企业形象及其品牌产品的各种计划。也就是说，公共关系是指企业在从事市场营销活动中正确处理企业与社会公众的关系，以便树立品牌及企业的良好形象，从而促进产品销售的一种活动。

（一）公共关系不是广告

不可否认，广告可以是特定的公共关系计划的一部分内容，或者说，公共关系能够支持广告传播活动。但是，公共关系并不等同于广告。首先，广告需要购买媒体的时间或空间并使用其传递企业想传递的品牌、产品等信息；而公共关系则无须为媒体的报道支付酬金。企业公关活动是通过新闻发布等手段来吸引媒体给予报道的，至于媒体报道什么内容由媒体决定。也就是说，广告要支付费用，控制广告传播内容；而公共关系不支付费用，也不能控制媒体报道内容。

（二）公共关系不以具体产品（或服务）为导向

一般而言，公共关系关注的是企业及品牌形象，公关活动的目的是力图为企业营造对企业及品牌信任的公共环境（包括舆论氛围等）而不是为具体的企业产品或服务创造需求。成功的公关活动能够为企业积累相应的资源，建立良好的形象，为未来的营销储备相应的支持。

二、公共关系的活动方式

公共关系的活动方式，是指以一定的公关目标和任务为核心，将若干种公关媒介与方法有机地结合起来，形成一套具有特定公关职能的工作方法系统。按照公共关系的功能作用不同，公共关系的活动方式主要有五种。

（一）宣传性公关

这是运用报纸、杂志、广播、电视等各种传播媒介，采用撰写新闻稿、演讲稿、报告等形式，向社会各界传播企业有关信息，以形成有利于企业形象的社会舆论，创造良好气氛的活动。这种方式传播面广，对推广企业形象效果较好。

（二）征询性公关

这种公关方式主要是通过开办各种咨询业务、制定调查问卷、进行民意测验、设立热线电话、聘请兼职信息人员、举办信息交流会等各种形式，连续不断地努力，逐步形成效果良好的信息网络，再将获取的信息进行分析研究，为经营管理决策提供根据。

（三）交际性公关

这种方式是通过语言、文字的沟通，为企业广结良缘，巩固传播效果。可采用宴会、座谈会、招待会、谈判、专访、慰问、电话、信函等形式。交际性公关具有直接、灵活、亲密富有人情味等特点，能深化交往层次。

（四）服务性公关

就是通过各种实惠性服务去获取公众的了解、信任和好评，以实现既有利于促销又有利于树立和维护企业形象与声誉的活动。企业可以以各种方式为公众提供服务，如消费指导、消费培训、免费修理等。事实上，只有把服务提到公关这一层面上来，才能真正做好服务工作，也才能真正把公关转化为企业全员行为。

（五）赞助性公关

赞助性公关是通过赞助文化教育、体育、卫生等事业，支持社区福利事业，参与国家、社区重大社会活动等形式来塑造品牌及企业良好形象，提高品牌及企业的社会知名度和美誉度的活动。这种公关方式，公益性强、影响力大，但成本较高。企业的赞助活动可以是独家赞助（或称单一品牌赞助），也可以是联合赞助。

本 章 小 结

整合营销的活动多种多样，不同的活动在整体的整合营销计划中扮演着不同的角色。本章主要介绍的整合营销活动主要有销售促进、人员推销、事件营销、体验营销、公共关系等。

销售促进的即期促销效果显著，但有贬低产品或品牌之意，这决定了它是一种辅助性的促销方式。基于此须对其进行有效控制：选择适当的方式，确定合理的期限，禁止弄虚作假，注重推广中后期宣传。另外，社交媒体为销售促进提供了更多的互动性，也提高了受众的参与度。

人员推销具有信息传递双向性、推销目的双重性、推销过程灵活性、友谊协作长期性等优点。推销人员一般应具备如下素质：态度热忱，勇于进取；求知欲强，知识广博；文明礼貌，善于表达；富于应变，技巧娴熟。

事件营销通过赞助特定的事件来帮助企业提升知名度，强化企业形象。它的步骤包括设定目标、匹配受众、推广事件以及追踪结果，并可以尝试通过跨界合作来实现事件营销。

体验营销建立在对消费者个性心理特征的认真研究和充分了解的基础上。体验营销的设计过程必须充分考虑消费者的情感体验和思维体验，因此是企业传递其企业和品牌理念的重要手段，也是整合营销传播中一个不可或缺的部分，特别在现今体验经济的大背景下，消费者更容易接受说故事以及能够亲身体验的品牌表现形式。

公共关系是一门"内求团结，外求发展"的经营管理艺术，是创造"人和"的艺术，也是一种长期活动。公关活动的方式主要有宣传性公关、征询性公关、交际性公关、服务性公关、赞助性公关等。

【思考题】

1. 整合营销的主要活动有哪些？
2. 请结合日本品牌"无印良品"来谈谈你对其体验营销的看法？
3. 你曾经关注过的公关新闻有哪些？传播效果如何？

第十章
网络整合营销

【学习目标】

- 掌握网络整合营销的概念
- 了解网络整合营销的产生和发展
- 熟悉网络整合营销的各种方法
- 了解网络整合营销模型

第一节　网络整合营销概述

网络营销是一种基于互联网的营销方式，而网络整合营销则是在网络营销的基础上，整合各种网络营销方法，并将其与用户需求进行有效匹配，从而策划出最佳的一种或多种网络营销方案。简而言之，网络整合营销即企业根据自身的营销需求和目的，对多种网络营销方式进行的有效筛选、整合以及传播。

与传统营销方式相比，网络营销作为一种全新的营销方式，在成本、操作、互动、传播、效果等方面都具有很大的优势。网络营销的快速发展对传统营销造成了不小的冲击，对于很多企业而言，开发网络营销新渠道对企业整体营销战略的实施意义重大。然而，在当今"全民营销"的大趋势下，如何对网络营销资源和方式进行有效整合，逐渐成为营销人员越来越关注的问题。

从网络营销的角度看，营销即是传播，成功的营销必然需要和用户进行多渠道的沟通，并建立起品牌关系，所以好的营销活动都能在网络上或某个特定圈子里被广泛传播，并带来可观的点击量、咨询量和转化量。

现在，有效的网络营销方式非常多，然而受营销平台属性、用户群体互联网属性等因素的影响，单一的营销方式和渠道可能无法有效覆盖产品或品牌的目标消费人群，且单一营销方式的传播范围有限，无法全方面地提高产品或品牌的影响力。此外，用户有通过不同平台获取信息的习惯，当信息获取需求增加时，传统或单一的营销渠道就不能满足其需求；同时，用户个性化需求的不断增长，让单一媒体的影响力不断降低，用户更愿意在倾听多渠道的"声音"后再进行选择。

网络整合营销又称"E-整合营销"，是为了建立、维护、传播企业品牌，加强用户关系，对企业品牌进行的一系列计划、实施、监督等营销工作，也就是将原本相对独立的广告、销售、包装、事件、服务等营销个体整合成一个完整的整体。

与传统营销的"以产品为中心"相比，网络整合营销更强调"以用户为中心"，这就需要企业将营销策略建立在用户需求的基础上，通过不同的营销渠道和方式加强与用户的互动，提高传播范围和转化效果。多渠道的整合也更有利于加强用户互动。

第二节　网络整合营销的原则

网络整合营销理论又称 4I 理论，由四个原则构成，即趣味原则（interesting）、利益原则（interests）、互动原则（interaction）、个性原则（individuality）。强调以趣味、幽默或娱乐来引发消费者的兴趣，以有利于消费者的方式来引导其对于产品及品牌的关注，以新奇的创意点、有趣动人的题材、创新的方式吸引大众眼球，在瞬息万变的市场占据一席之地，引发消费者内心的共鸣。信息传播的方式不再是企业去告诉消费者，而是变成了让大众传播给大众，让广告或者产品特点变成口碑，让消费者成为营销信息再传播的载体。通过自带游戏娱乐属性的营销活动吸引消费者主动参与，在互动体验中引导其关注产品、认识品牌，消费者在玩乐中获得利益满足，在其社会关系交往中不知不觉地传播产品或者品牌信息等，潜移默化地接受了企业的产品和理念。4I 理论主张的这种营销方式和风细雨、润物无声，更容易渗透到消费者生活的各个方面。① 趣味原则是通过发起具有趣味性和娱乐性的话题吸引大众眼球，引导消费者深度参与话题的制造和传播；利益原则是以有利于消费者的方式提高消费者的体验满意度；互动原则指组织具备互动性和游戏属性的活动，使消费者主动参与，并引导消费者在互动体验中了解产品、关注品牌，最终潜移默化地接受企业的产品和理念；个性原则指明确品牌定位，注重差异化营销，提供个性化的服务和产品以引发消费者内心共鸣，培养忠实用户。4I 原则是从顾客角度出发的营销理念，这种营销以更易被消费者接受的方式推销产品和品牌，避免引起消费者反感和抵触，因此趣味性、利益性、互动性及个性化已经成为企业制定营销方案时必须考虑的重要因素。②

 扩展阅读

"雪花秀"的网络整合营销

"雪花秀"于 2017 年 5 月面对年轻女性推出了全新产品"凝脂玉面膜"，主打"睡眠时吸附肌肤污垢，修复受损肌肤"功能。"雪花秀"敏锐洞察到现在的年轻女

---

① 宋佳，嵇书贵. 网络整合营销 4I 原则在网红食品营销推广中的应用研究［J］. 现代营销（下旬刊），2018（8）：64 – 66.
② 王艺璇. 网络时代 4I 原则视角下的企业网络整合营销策略：以雪花秀的网络整合营销实践为例［J］. 沧州师范学院学报，2019，35（3）：92 – 95.

性面临的社会压力增大，睡眠问题成为普遍通病，为迅速建立新品知名度，"雪花秀"针对该现象，为目标客户群量身打造了一场"打卡睡个美容觉"的营销活动，开启了互联网首个"睡眠场景营销"。参与活动的用户只要带上睡眠检测手环入睡，每日睡足 7 小时，即可完成当日打卡。10 天活动期内，累计达标三天，睡眠打卡任务便全部完成，用户即可获得申领新品试用的资格。"雪花秀"的网络营销活动是科技与营销的完美结合，其创造性地挖掘出睡眠营销的场景，突破了营销时间限制，巧妙融入凝脂玉面膜产品概念，让用户形成睡前使用"凝脂玉面膜"的记忆点。并且睡眠打卡活动充分反映当下的社会问题和目标消费人群的需求，完全以用户体验为中心，由用户主导和选择是否参与及何时参与，符合用户习惯。此外，通过打卡方式，既能实现与消费者的互动，还能满足都市女性热衷在社交平台分享生活、与朋友互动的心理，整个活动机制简单、有趣且新颖。最后，打卡任务完成还有礼品赠送，同时满足了消费者对"美容觉"和获得物质利益的双重需求，因此用户参与热情和参与度极高。在短短 10 天推广期内，共计"11 万 +"参与人次，"3465 万 +"品牌总曝光，"103 万 +"总点击，收集"Leads"数 5488 个，超出预估 KPI 的 37%，品牌及产品关注度均超乎预期增长。可见"雪花秀"在营销推广中极其重视满足消费者对趣味性、互动参与感和获得利益的多重需求，但为维持其高端品牌形象和用户的好感度，"雪花秀"较少进行大幅度的打折活动，而多采用赠送样品、套盒优惠和会员多倍积分等方式进行促销。

资料来源：王艺璇. 网络时代 4I 原则视角下的企业网络整合营销策略：以雪花秀的网络整合营销实践为例 [J]. 沧州师范学院学报，2019（3）：92 – 95。

第三节　网络整合营销的方法

一、搜索引擎营销

（一）搜索引擎营销的概念

搜索引擎营销（search engine marketing，SEM）简单地说，就是基于搜索引擎平台的网络营销，利用人们对于搜索引擎的依赖和使用习惯，在人们搜索信息时尽可能将营销信息传递给目标客户。搜索引擎营销追求最高的性价比，以最小的投入，获得最大的访问量，并产生商业价值。搜索引擎营销通过对网站进行搜索优化，更多地挖掘企业的潜在客户，帮助企业得到更高的转化率。

随着谷歌、雅虎和百度的成功推广，搜索引擎营销已经突破传统模式的局限，在整个的营销领域独领风骚。再加上企业用户对搜索引擎广告和品牌推广的认同与追捧，搜索引擎营销俨然成为当今最热的媒体主流。

搜索引擎广告的新模式将把企业营销带向了一个新的高度。在对用户的检索行为进行准确分析的前提下，选择卓有成效的关键词组合，并加上精心设置的广告页面内容，可以最大限度地实现广告客户的转化，从而让搜索引擎广告在众多的营销方式中脱颖而出。

虽然广告主在面对搜索引擎广告时，有各种的不稳定因素，但是搜索引擎营销凭借着其独一无二的目标受众针对性，仍然是企业进行网络营销推广的最佳方式。所不同的是，广告主熟知在这些不足的情况下如何理性避让，如何让自己的赢利方式达到最优的状态。因为网络经济将时代推向了一个快节奏的轨道，虽然商机无处不在，但更加重要的是商机怎样被最先发现和运用。例如，关键词是访问者搜索广告主网站的主要途径，但在关键词激烈竞争导致竞价不断飙升的情况下，为了保证合理的广告费用支出，以及长远的大范围搜索，关键词的设置不仅需要关注最热门的部分，也需要将部分资金转移到比较冷门的"边角词"或"长远词"上，方便对访问者的搜索行为的全面把控，并及时对这些关键词进行调整修正。

（二）搜索引擎营销的基本方法

1. 登录搜索引擎。

从工作原理来看，常见的搜索引擎技术大概可分为两类。

一类是纯技术型的全文检索搜索引擎，如谷歌等，其主要原理是通过机器检索程序到各个网站收集、存储信息，并建立索引数据库供用户查询。这些信息并不是搜索引擎即时从网络检索到的。通常所谓的搜索引擎，其实是一个收集了大量网站或网页资料并按照一定规则建立索引的在线数据库，这种方法不需要各网站主动登录搜索引擎。

另一类搜索引擎技术称为分类目录，这类方法并不采集网站的任何信息，而是利用各种网站向搜索引擎提交网站信息，填写的关键词和网站描述资料，最后经过人工编辑和审核从而使各网站或网页登录到索引数据库中。

在早期，因为第一种搜索引擎技术尚未出现，大多用的是第二种技术，又加之其他网络营销工具的缺乏，当时的网络营销者认为，只要可以将商品的网址登录到雅虎（Yahoo）并保持排名靠前（通过搜索引擎优化），网络营销的任务就基本完成了，无论付费登录还是免费登录，也无论被登录上搜索引擎的是被机器检索到的还是网站主动提交资料登录的。作为搜索引擎营销的底层目标，搜索引擎营销最基本的方法之一就是登录到搜索引擎上。这也是实现更上层目标和其他方法的基础。

2. 搜索引擎优化和竞价。

网站信息在搜索结果中的排名是非常重要的。在检索结果中，往往前面几页或者第一页的前几个网站信息的点击量是最高的。搜索引擎优化的目的就是要通过对网站关键字、标题、网站结构的修改，使网站更加符合搜索引擎的检索规则，使网站可以更容易被检索到，排名更加靠前；当然，现在有很多搜索引擎，如百度，采用竞价排名的方法，即在同类网页或网站信息之间，采用付费竞价的形式，谁出价越高，谁就排在最前面。

3. 关键词广告。

所谓关键字，就是用户所关注信息中的核心词汇，用户就是使用它通过搜索引擎找到自己期望的网页或网站。现在有不少搜索引擎，比如谷歌、百度等，充分利用用户对这些核心词汇的高度关注，在搜索结果的旁边显示关于关键字的产品广告，这就是关键字广告。事实证明，关键字广告是一种成功率很高的宣传媒体，成功率比其他网络广告高得多。现在也有不少网站使用网页内容定位的方法，实质上，这种方法是关键字广告的一种拓展，它的基本做法是：在某些搜索引擎良好的网站中的某些关键字旁边，显示关于这个关键字的广告链接。

（三）搜索引擎营销的目标

搜索引擎营销（SEM）的目标可分为四个层次：存在、表现、关注和转化。

1. 存在。

搜索引擎营销的第一个目标就是在主要的搜索引擎或分类目录中获得被收录的机会，这是搜索引擎营销的基础之一。而第二个基础就是通过竞价排名的方式，出现在搜索引擎中。离开这两个层次，搜索引擎营销的其他目标也就不可能实现。搜索引擎登录包括免费登录、付费登录、搜索引擎关键词广告等形式。存在的含义是指让网站中尽可能多的网页获得被搜索引擎收录（而不仅仅是网站首页）的机会，也就是增加网页的搜索引擎可见性。

2. 表现。

搜索引擎营销的第二个目标则是网站在被搜索引擎收录的基础上尽可能获得好排名，在搜索结果中有良好的表现，因而称为表现层。因为用户最关心的只是搜索结果中靠前的少量内容，如果利用主要的关键字检索时网站在搜索结果中的排名靠后，那么就有必要利用关键词广告、竞价广告等形式作为补充手段来实现这一目标。例如，网站在搜索引擎分类目录中的位置不理想，则需要同时考虑在分类目录中利用付费等方式获得靠前的排名。

3. 关注。

搜索引擎营销的第三个目标是网站访问量的提高，也就是通过搜索结果点击率的增加来达到提高网站访问量、得到用户关注的目的。从搜索引擎的实际情况来看，仅仅被搜索引擎收录并且在搜索结果中排名靠前是不够的，这样并不一定能增加用户的点击率，更不能保证访问者会转变为顾客。要通过搜索引擎营销实现访问量增加的目标，则需要进行网站优化设计，充分利用关键字广告等有价值的搜索引擎营销专业服务。

4. 转化。

搜索引擎营销的第四个目标，即通过访问量的增加转化为企业最终实现收益的提高，即称为转化。从各种搜索引擎策略到产生收益，其间的效果表现为网站访问量的增加，网站的收益是由访问量转化所形成的，从访问量转化为收益则是由网站的功能、服务、产品等多种因素共同作用而决定的。因此，第四个目标在搜索引擎营销中属于战略层次上的目标，其他三个则属于策略范畴上的目标，具有可操作性和可控制性。

实现这些基本目标是搜索引擎营销的主要任务。

二、搜索引擎优化

(一) SEO 的概念

SEO 是 "search engine optimization" 的缩写，中文意思就是 "搜索引擎优化"。

搜索引擎优化是遵循搜索引擎科学而全面的理论机制，对网站结构、网页文字语言和站点间的互动外交策略等进行合理的规划部署来发掘网站最大潜力使其在搜索引擎中具有较强的自然排名优势，从而对促进企业在线销售和强化网络品牌起到更多作用。

简单地说，SEO 是一种让网站在谷歌、雅虎、MSN 等搜索引擎获得较好的排名从而赢得更多潜在客户的一种网络营销方式，也是搜索引擎营销（search engine marketing, SEM）的一种方式。

SEO 的优化主要分成两个方面，一方面是网站内部的自身优化，另一方面是网站外的优化。

(二) SEO 和 SEM 的关系

SEO 和 SEM 具有以下关系：

1. 竞争关系。

SEO 见效慢，一般为 3 个月左右的时间，但是效果比较持久；SEM 见效快，一般为一两天的时间即可达到预想的排名，但是 SEM 具体排名和预算金额高度相关。账户内余额不足时，排名将不能被保证。

SEM 总结起来就是 "排名上升快，排名下降快"。同一个关键词，选择 SEO 和 SEM 在搜索引擎中属于竞争关系，SEO 在排名上属于弱势群体，但是 SEO 的投资回报率（ROI）高于 SEM。

2. 合作关系。

针对有价值的关键词可以选择进行 SEO 和 SEM 双重排名，最终达到营销目的。

3. 互补关系。

SEO 可以先做一些容易排名、不确定绩效的关键词，因为 SEO 的成本较低，投入也就相对较少，当确定某一关键词有绩效时，再通过 SEM 的手段对价值高的关键词进行双重排名。

SEM 可以先做些绩效确定、不容易通过 SEO 获得良好排名的关键词，比如某一行业通用词。同时也可以借助 SEO 的方法来获得竞价推广下面的排名，因为搜索引擎排名第一的网站并不会获得 100% 的流量。

三、微博营销

（一）微博的概念

微博即微型博客，是一种用户可以及时更新的简短文本（通常少于140字），并可以公开发布的博客形式。它允许任何人阅读或者是由用户选择的群组阅读。微博最大的特点就是集成化和开放化，可以通过手机、IM软件（Gtalk、MSN、QQ、Skype）和外部API接口等途径向微博发布消息。

微博是Web 3.0新兴起的一类开放因特网社交服务，国际上最知名的微博网站是推特（Twitter），目前Twitter的独立访问用户已达3200万人，很多国际知名个人和组织在Twitter上进行营销和与用户交互。国内著名的微博有：新浪微博、腾讯说说、网易微博、搜狐微博等。

（二）微博的特点

微博的"草根性"很强，且广泛分布在桌面、浏览器、移动终端等多个平台上，有多种商业模式并存，或形成多个垂直细分领域的可能，但无论是哪种商业模式，都离不开用户体验的特性和基本功能。

1. 便捷性。

微博的140字的限制把大家都拉到了同一水平线上，这一点也致使大量原创内容爆发性地被生产出来。微博的出现具有划时代意义，标志着个人因特网时代真正地到来。之前博客的出现，已经将社会化媒体推进了一大步，但是，博客上的文章仍然是修饰过后的文章，创作需要考虑完整的逻辑，这样的工作量对于博客作者是很重的负担。而在微博上，大多数沉默的人找到了展示自己的舞台。

2. 创新交互方式。

与博客上面对面的表演方式不同，微博上实际是背对脸的"跟随"（follow），就好比你在游戏厅里打游戏，路过的人在你背后看着你怎么玩，而你不需要主动和背后的人交流，微博可以一点对多点，也可以点对点。当你关注一个自己感兴趣的人时，两三天就会形成习惯地关注。移动终端提供的便利性和多媒体化，使得微博用户体验的黏性越来越强。

3. 即时性。

微博网站的即时通信功能非常强大，通过QQ和MSN就可以直接发布，在没有WiFi的地方，只要有手机也可通过移动网络即时更新微博的内容。

如一些大的突发事件或引起全球关注的大事，如果你当时在场，利用各种手段在微博上发布，其实时性、现场感以及快捷性，甚至超过所有媒体。

（三）微博营销的概念

微博营销是指随着微博的火爆而催生的有关营销方式。每一个人都可以注册一个微博，然后利用每天更新内容可以跟大家交流，或者更新大家所感兴趣的话题，这样就可以达到营销的目的。

微博营销的特点主要分为以下四点。

1. 立体化。

微博营销可借助先进的多媒体技术手段，从文字、图片、视频等展现形式中对产品进行描述，从而使潜在消费者更形象直观地接收信息。

2. 高速度。

微博最显著特征之一就是传播迅速。在因特网及与之关联的手机 WAP 平台上发布一条关注度较高的微博后，短时间内就可以通过互动性转发的方式抵达微博世界的每个角落，达到短时间内最多的目击人数。

3. 便捷性。

微博营销比传统的广告行业更加便捷，发布信息的主题无须经过繁杂的行政审批，从而节约大量的时间和成本。

4. 广泛性。

微博营销通过"粉丝"关注的形式进行病毒式的传播，影响面非常广泛，同时，名人效应能够使事件的传播量呈几何级放大。

基于这些特点，微博给网民尤其是手机网民提供了一个信息快速发布、传递的渠道。建立了微博平台上的事件营销环境，能够快速吸引关注，这对于企业的公共关系维护、话题营销开展，能起到如虎添翼的作用。微博更是品牌营销的有力武器。

（四）微博营销的优点和缺点

微博营销既有优点也有缺点，分别介绍如下。

1. 微博营销的优点。

第一，操作简单，信息发布便捷。每条微博，最多 140 个字，只需要简单的构想，就可以完成发布。这要比博客方便得多。毕竟构思一篇好博文，需要花费更多的时间与精力。

第二，互动性强，可以与"粉丝"及时沟通，及时获得用户反馈。

第三，低成本。做微博营销的成本比做博客营销或做论坛营销的成本要低许多。

第四，针对性强。关注企业或者产品的"粉丝"都是本产品的消费者或者是潜在消费者，企业可以进行精准营销。

基于上述优势，且微博营销作为网络营销的一种手段，其本身就具备网络营销的优势，其营销的成本比媒体广告价格低廉得多，因此越来越多的企业开始青睐微博营销。

2. 微博营销的缺点。

第一，微博营销需要有足够数量的"粉丝"才能达到传播的效果，人气的积累是微博营销的基础。应该说在没有任何知名度和人气的情况下，通过微博进行营销是很难的。

第二，由于微博里新内容产生的速度很快，所以如果发布的信息没有及时被"粉丝"关注到，那就很可能被埋没在海量的信息中。

第三，传播力有限。每一条微博文章字数有限，所以其信息仅限于在信息所在的平台传播，很难像博客文章那样被大量转载。

（五）博客营销与微博营销的本质区别

下面从三个方面介绍博客营销与微博营销的本质区别。

1. 信息源的表现形式差异。

博客营销以博客文章的价值为基础，并且以个人观点阐述为主要模式，每篇博客文章都表现为独立的一个网页，因此对内容的数量和质量有一定的要求，这也是博客营销的瓶颈之一。微博内容则短小而精练，重点在于表达现在发生了什么有趣有价值的事情，而不是系统、严谨的企业新闻或产品介绍。

2. 信息传播模式的差异。

微博非常注重时效性，三天前发布的信息可能很少会有人再去问津，同时，微博的传播渠道除了相互关注的好友直接浏览之外，还可以通过好友的转发向更多的人群传播，因此它是一个快速传播简短信息的方式。博客营销除了用户直接进入网站或者订阅浏览之外，还可以通过搜索引擎搜索获得持续的浏览，博客对时效性要求不高的特点决定了博客可以获得多个渠道用户的长期关注，因此建立多渠道的传播对博客营销是非常有价值的，而对于未知群体进行没有目的的微博营销通常是没有任何意义的。

3. 用户获取信息及行为的差异。

用户可以利用计算机、手机等多种终端方便地获取微博信息，发挥了"碎片时间资源集合"的价值，也是因为信息碎片化以及时间碎片化，使得用户通常不会立即做出某种购买决策或者其他的转化行为，因此如果将微博作为硬性推广手段只能适得其反。

将以上差异归纳起来可以看出：博客营销以信息源的价值为核心，主要体现在信息本身的价值；微博营销以信息源的发布者为核心，体现了人的核心地位，但某个具体的人在社会网络中的地位，又取决于他的朋友圈子对他言论的关注程度，以及朋友圈子的影响力（即群体网络资源）。因此可以认为微博营销与博客营销的区别在于：博客营销可以依靠个人的力量，而微博营销则要依赖社会网络资源。

（六）微博营销的技巧与策略

下面详细剖析微博营销的技巧与策略。

1. 微博平台的选取原则。

选取人气旺盛、注册用户多的微博平台，潜在用户也就相对多一些，流量也更大一些，但有一个不利的地方就是人气旺盛的微博帖子更新速度太快，需要及时更新微博并且微博的内容要具有原创性、趣味性以及可读性。

2. 微博的基本设置。

微博的基本设置最重要的原则是资料要详细真实。网络营销要提高转化率，首要的因素就是信任。有很多人的微博没有头像，个人基本资料没有进行详细设置，这样的微博关注度相当低。对于个人来说，应尽可能地上传真实头像，资料尽可能地设置完善。个人自定义标签可以提高自己被其他用户搜索的曝光率，吸引更多人关注你。微博用户昵称的选择也是至关重要的，比如推广一个陌生的产品或者品牌可以直接用需要推广的品牌名字作为昵称，也可以用一些网络化的用户昵称等。这样一来可以打造你需要推广的品牌，二来也可以加强别人对你的印象等。

3. 微博营销的推广内容。

许多人在微博中做推广时，主要还是停留在发布网站的相关链接，并不是所有的推广都是为了流量，在微博中要尽可能设计网友感兴趣的内容并与网友互动，这样会得到更多活跃的"粉丝"。微博推广主要包括以下两方面。

（1）微博话题。微博话题是相当重要的，在所有微博中都有相关话题的讨论，为了扩大帖子的覆盖面，可以适量在帖子内容中增加一些话题关键字（话题按模糊查找寻找关键字）。每天尽量关注热点话题，可以提高自己的曝光率。这里推荐几种方法可以进行参考。

方法一：发送链接和图片，链接网址一般会被改成新浪特定的网址，例如：http：//t. cn/zWvbUcM，通过点击可以进入链接网址。

方法二：通过关注热门微博增加关注量。在页面中显示自己的头像，头像要有真实感且吸引人，别人就会主动关注你。

方法三：参加热门话题的讨论。如"世界杯""穿越剧"，加入这些热门话题讨论，让更多的人看到你的微博，曝光率会比较高。如果你的讨论内容能够吸引到别的用户，他们就会转发你的微博甚至添加关注你。

方法四：新浪的个人博客也可以分享到微博，显示的内容为新浪博客的标题 + 博客地址，如果博客文章有图片的话会展示图片。

方法五：通过抢名人微博的"沙发"，也可以达到很好的曝光效果。

（2）微博内容。微博推广和微博营销是两种概念。推广的范畴可以扩大至同类话题，营销的对象应该精准，就事论事。在营销时一定要考虑内容创意，持之以恒地创造有价值的内容才会越来越受欢迎。

微博的关注与"粉丝"都是单向的行为。内容要是做得好，"粉丝"数量就会多，内容如果差就没有人来关注你，而如何在"粉丝"数量和宣传效果之间做到平衡，就要仔细考虑了。

如何能让客户关注你的微博需要一定的策略。首先，微博内容尽量要"软"，可以用多种形式表现。其次，微博里面尽量加入与之相关的图片，或者其他图片，人都是有惰性的，能看图的地方就会看图。其中可以在内容中适当添加网站链接，不要什么微博都添加推广的链接，这样只会让"粉丝"感觉上当了，结果适得其反。最好是在客户群体比较稳定后，再适量加入"硬"广告，但是每天不能发太多。

4. 如何提高"粉丝"数量。

微博上发的所有内容每个"粉丝"都会看到，为了提高推广效果，首先就是要提高"粉丝"的数量。

首先，要多关注别人，先成为别人的"粉丝"。成为别人"粉丝"后，适当地给别人发的微博做些评论或者转发。而评论时要注意一些技巧，可以这样写："××微博内容不错，以后我就常来逛逛，想邀请你相互关注，可以吗？以后多多分享。"

其次，别人关注自己微博时，也要同时关注别人，并对其做出快速响应，去他的微博评论或者转发微博。

最后，多发布有价值的微博，让别人转发你的帖子，提高曝光率，对于别人的微博要多转发和评论。

5. 微博营销中的语法使用。

使用"#关键词#"的形式发微博，如"#阿里学院高校合作中心#"，它的作用是在微博中以超链接的形式出现其链接到相关的话题。"@"后面加对方的昵称，是表示发送给对方。另外微博语法使用千变万化，可以考虑设计相关语法的微博进行转发，提高曝光率。

微博营销作为一种新兴起的网络营销手段，越来越受人们的重视和青睐，微博营销的内容也越来越多，重要性也在不断提高。

四、论坛营销

（一）论坛的概念

论坛又叫网络论坛 BBS，全称为电子公告板（bulletin board system）或者公告板服务（bulletin board service），是因特网上的一种电子信息服务系统。它可以提供一块公共电子白板，每个用户都可以在上面发布信息或提出自己的看法。它是一种交互性强，并且内容丰富而及时的电子信息服务系统。用户在 BBS 站点可以获得各种信息服务，发布信息，讨论、聊天等。

（二）论坛营销的概念

论坛在因特网诞生之初就已存在，历经多年的洗礼，论坛作为一种网络平台，不仅没有消失，反而越来越有活力。企业利用论坛的超高人气，可以有效地为企业提供营销传播服务。而且由于论坛话题的开放性，几乎企业所有的营销诉求都可以通过论坛传播从而得到有效的实现。

论坛营销就是企业利用论坛，通过文字、图片、视频等方式发布企业的产品和服务的信息，从而让目标客户更加深刻地了解企业产品和服务，最终达到宣传企业品牌、加深市场认知度的目的。

在论坛进行营销信息传播就一定要有"软文营销"的概念，简单地说就是不能机械地介绍企业产品及服务信息，如果你直接介绍，论坛管理员会毫不留情地把你的帖子删掉，情节严重的甚至会封了你的注册账号，因为论坛内一般是不允许随便乱发广告的。中小企业在发布帖子时一定要根据企业产品的特点和服务的特点发布在相应主题的论坛上。举一个简单的例子，如果公司生产化妆品，就应该在类似"搜狐女人"这种论坛的相应板块发帖子。

（三）论坛营销的特点

（1）利用论坛具有的超高人气，可以有效为企业提供营销传播服务。也因为论坛话题的开放性，几乎企业所有的营销诉求都可以通过论坛传播得到有效的实现。

（2）专业的论坛帖子要经过策划、撰写、发放、监测、汇报这一流程，在论坛空间提供高效传播。包括各种置顶帖、普通帖、连环帖、论战帖、多图帖、视频帖等。

（3）论坛活动具有强大的聚众能力，利用论坛作为平台举办各类"踩楼""灌水"贴图、发视频等活动，调动网友与品牌之间的互动。

（4）事件炒作主要是通过炮制网民感兴趣的活动，将客户的品牌、产品、活动内容植入传播内容内，并展开一系列持续的传播效应，引发新闻事件，导致传播的连锁反应。

（5）运用搜索引擎内容编辑技术，不仅使内容能在论坛上有更好的表现，在主流搜索引擎上也能够快速寻找到发布的帖子。

（6）适用于商业企业的论坛营销分析，对于长期利用网络投资项目组合应用，可以精确地预估未来企业投资回报率以及资本价值。

五、SNS 营销

（一）SNS 营销的概念

SNS 英文全称为"social network services"，即社会性网络服务，旨在帮助人们（一群拥有相同兴趣与活动的人）建立一种社会性网络的因特网应用服务。这类服务往往是基于因特网，为用户提供各种互相联系、交流的方式，比如电子邮件、即时通信服务等。

大部分的社交网络都会为使用者提供互动，包括聊天、寄信、影音、分享档案、写博客、参加讨论群组等方式。社交网络为交流和分享信息提供了新的方法。一般的社交网络网站拥有数以百万的用户，使用该服务成了众多用户每天生活的一部分。

SNS 营销指的就是利用社交网络进行建立产品和品牌的群组、举行活动、利用 SNS 分享的特点进行病毒营销类的营销活动。

（二）SNS 营销的优势

1. SNS 营销可以满足企业不同的营销策略。

作为不断创新和发展的营销模式，越来越多的企业尝试在 SNS 网站上施展拳脚，无论是开展各种各样的线上活动（如悦活品牌的种植大赛、伊利舒化奶的开心牧场等）、产品植入（如地产项目的房子植入等）还是市场调研（在目标用户集中的城市开展调查了解用户对产品和服务的意见）、病毒营销（植入企业元素的视频或内容可以在用户中像病毒传播一样迅速地被分享和转帖）等，所有这些都可以在这里实现，因为 SNS 最大的特点就是可以充分展示人与人之间的互动，而这恰恰是一切营销的基础所在。

2. SNS 营销可以有效降低企业的营销成本。

SNS 社交网络采用"多对多"的信息传递模式更具有互动性，受到更多人的关注。随着网民网络行为的日益成熟，用户更乐意主动获取信息和分享信息，社区用户显示出高度的参与性、分享性与互动性。SNS 社交网络营销传播的主要媒介就是用户，主要方式是"众口相传"，因此与传统广告形式相比，无须大量的广告投入。相反，因为用户的参与性、分享性与互动性的特点很容易加深对一个品牌和产品的认知，形成深刻的印象，从而形成好的传播效果。

3. 可以实现目标用户的精准营销。

SNS 社交网络中的用户通常都是互相认识的，用户注册的数据相对来说比较真实，企业在开展网络营销时可以很容易地对目标受众按照地域、收入状况等进行筛选，选择哪些是自己的用户，从而有针对性地与这些用户进行宣传和互动。如果企业营销的经费不多，但又希望能够获得一个比较好的效果时，可以只针对部分区域开展营销，例如只针对北京、上海、广州的用户开展线上活动，从而实现目标用户的精准营销。

4. SNS 营销是真正符合网络用户需求的营销方式。

SNS 社交网络营销模式的迅速发展恰恰符合了网络用户的真实需求——参与、分享和互动，它代表了网络用户的特点，也符合网络营销发展的新趋势，没有任何一个媒体能够把人与人之间的关系变得如此紧密。无论是朋友的一篇日记、推荐的一个视频、参与的一个活动，还是朋友新结识的朋友都会让人们在第一时间及时地了解和关注到身边朋友们的动态，并与他们分享感受。只有符合网络用户需求的营销模式才能在网络营销中帮助企业发挥更大的作用。

六、电子邮件营销

（一）邮件营销的概念

电子邮件营销是企业运用一定的软件技术和营销技术，以因特网为载体，以发送电子邮件的方式实施的与用户及潜在用户沟通，实现企业经营战略的一种营销技术。邮件主要指通过邮件列表向顾客发布公司的新闻、声明，以及即将发布的新产品和服务上的改进等。如果邮件列表项目进行得很成功，公司将得到更多的用户并有可能通过为其他的商家做广告而获益。

邮件营销有多种模式，目前最主要的模式有许可式电子邮件和垃圾邮件两种。

1. 许可式电子邮件。

许可式电子邮件营销是指用户主动要求你发邮件及相关信息给他。凡是用户没有主动要求接收邮件的都不是许可式电子邮件营销。

最常见的用户要求接收邮件的方式是在网站上填写注册表格，订阅电子杂志。目前许可式电子邮件最常用的是双重选择性进入方式，也就是说用户填写注册表格后会收到一封自动确认邮件，用户的电子邮件地址还没有正式进入数据库。确认邮件中会有确认链接，只有在用户点击了这个确认链接后，他的邮件地址才正式进入数据库，完成订阅过程。一般网站都会清楚地标明，如果填写此表，就意味着要求网站发邮件给他们，并且同意网站的使用条款中关于隐私方面的政策。

2. 垃圾邮件。

与许可式电子邮件相对应的就是垃圾邮件，它是指用户没有主动要求寄发邮件。在实践中，垃圾邮件的判定标准主要有以下两条。

第一是收信人没有主动要求接收。

第二是邮件内容带有商业推广性质，也就是说，在邮件中尝试向收件人推广和销售某种产品的才构成垃圾邮件。例如，当你浏览某网站，对网站的某个商品有疑问，发邮件给站长或发送到放在"联系我们"网页上的电子邮件地址的情况不能算作垃圾邮件。虽然对方并没有主动要求你发送电子邮件给他，但你的邮件没有商业推广性质。

还有一个用于判断是否为垃圾邮件的方法是，邮件是同时发送给大量收件人，还是少量一封封地发给收件人？同时大量发给一个数据库中的收件人，往往是垃圾邮件。但如果只是发送给几个人，而且内容不相同，比如希望与对方进行商业合作，一般也不算是垃圾邮件。

因此，真正意义上的邮件营销就是许可邮件营销（简称"许可营销"）。用户许可的邮件营销与滥发邮件是不同的，许可营销比传统的推广方式或未经许可的邮件营销具有明显的优势，比如可以减少广告对用户的滋扰、增加潜在客户定位的准确度、增强与客户的关系、提高品牌忠诚度等。

（二）电子邮件营销的优势

电子邮件营销具有以下 3 种优势。

1. 成本低廉。

电子邮件营销只要有邮件服务器，联系 10 个用户与联系上万个用户的成本几乎没什么区别。当然如果要发上百万封以上的邮件情况就不同了，因为这需要专用的服务器及非常大的带宽。特别是一些免费注册的邮箱每天发送邮件也是有限制的。另外发送一封邮件的成本几乎等于零，因为只要找到了用户的邮箱，便可花很少的时间将邮件发送出去。

2. 快速。

相比其他网络营销手法，电子邮件营销也十分快速。搜索引擎优化需要几个月，甚至几年的努力才能充分发挥效果。博客营销更是需要时间，以及大量的文章。SNS营销需要花时间参与社区活动，建立广泛的关系网。而电子邮件营销只要有邮件数据库在手，发送邮件几小时后就可看到效果。

3. 精准。

邮件只要能投放精准，客户转化率还是非常高的，远比其他营销方式要高。随着RSS 营销、博客营销等的发展，及时向客户传达信息已经不限于使用电子邮件了。但是据调查表明，电子邮件营销依然是网络营销最有效的手段。据 Shop. org（美国国家零售联盟的一个单位）所做的调查表明，86% 的网上零售商认为电子邮件营销最有效，

58%的人认为搜索引擎营销最有效，50%的人认为联署计划有效。消费者调查显示，使用电子邮件营销的网上零售网站能达到6%~73%的销售转化率。相比之下，没有电子邮件营销的网站平均转化率在1%。

（三）电子邮件营销的误区

电子邮件虽然有很多优点，但也不能滥用，要注意以下几个误区。

1. 滥发邮件。

对于未经许可的电子邮件建议尽量不要发送或者慎重发送。使用电子邮件营销工具，尽量给那些事先经过许可的人（关于如何获取收件人的许可，有许多方法，如会员制、邮件列表、新闻邮件等）发邮件，当然如果形势所需，做电子商务必定先做广告，也可试一下电子邮件广告的效果，但要有尺度，不要发得太多。

2. 邮件中没有主题或主题不明确。

电子邮件的主题是收件人最早可以看到的信息，邮件内容是否引人注意，主题起到相当重要的作用。邮件主题应言简意赅，以便收件人决定是否继续阅读邮件内容。有的人自作聪明地认为，别出心裁的主题更引人注意，或者采用和内容毫不相干的主题，甚至故弄玄虚。

3. 隐藏发件人姓名。

这种邮件给人的感觉是发件人在做什么见不得人的事情，如果是正常的商务活动为什么害怕露出自己的真面目呢？这样的邮件其内容的可信度有多高呢？其实，无论你怎样伪装，你的发件地址还是可以被查出来的。开展网上营销活动，还是要以诚信为本为原则。

4. 邮件内容繁杂。

电子邮件宣传不同于报纸、杂志等印刷品广告，篇幅越大越能显示出企业的实力和气魄。电子邮件应力求内容简洁，用最简单的内容表达出你的意思，如果有必要，可给出一个关于详细内容的链接，收件人如果有兴趣，会主动点击你链接的内容。否则，内容再多也没有价值，只能引起收件人的反感。

5. 邮件内容采用附件形式。

有些发件人为图省事儿，将一个甚至多个不同格式的文件作为附件插入在邮件内容中，这样做自己是省事了，却给收件人带来很大麻烦。由于每个人所用的操作系统、应用软件有所不同，附件内容未必可以被收件人打开，例如发件人的附件是PPT格式的文档，而收件人根本没有这种软件，那么这个附件有什么价值呢？而且，即使有同样的应用软件，有过使用经验的人都了解，打开附件毕竟是一件麻烦的事儿，尤其对于自己不甚感兴趣的邮件。所以，最好采用纯文本格式的文档，把内容尽量安排在邮件的正文部分，最好不要使用附件。

6. 发送频率过于频繁。

研究表明，同样内容的邮件，每个月发送2~3次为宜。不要错误地认为发送频率越高，收件人的印象就越深。过于频繁的邮件轰炸，只会让人厌烦，如果一周重复发送几封同样的邮件，一定会被收件人列入黑名单，这样，就会永远失去那些潜在的客户，电子邮件营销计划只能以失败告终。

7. 没有目标定位。

发件人的邮件地址可能是从网上收集的，可能是从他人手中买来的，或者是根据某种规律推断出来的。总之，得到这些资源后，如果不管是不是自己的目标受众，不加区分地发送垃圾邮件，这样的营销是很难有效果的。

8. 邮件格式混乱。

虽然说电子邮件没有统一的格式，但作为一封商业函件，至少应该参考普通商务信件的格式，包括对收件人的称呼、邮件正文、发件人签名等因素。我们时常可以见到这样的电子邮件："我公司是生产××产品的企业，质量上乘，价格优惠，欢迎选购。"这样的邮件，虽然内容短小，但是对收件人不够尊重，如果收件人收到这样的邮件，不会考虑购买对方的产品。

9. 不及时回复邮件。

评价邮件营销成效的标志之一是顾客回应率。有客户回应，当然是一件好事，理应及时回复顾客。然而并非每个公司都能做到这点。可以想象，一个潜在客户给公司发出了一封关于产品的询问，一定在急切地等待回音，如果等了两天还没有结果，他一定不会再有耐心等待下去，说不定早就成了竞争对手的客户。

10. 对主动咨询的顾客抬高价格。

打开电子邮箱的收件箱，发现有一封顾客主动发来的订购邮件，如果认为顾客一定会选用本公司的产品，可以对其要高价，那就大错特错了。因为在因特网这个开放的大市场里，同类产品的供应者总是很多，一般来说，顾客会同时向多个厂家发出同样的询问邮件，他会对比各家产品的性能和价格，如果本公司的报价偏高，绝对争取不到这个客户。相对于面对面报价，通过电子邮件报价相当被动，发出的邮件无法改变，又无法探听竞争者的价格，更不可能看顾客的反应从而灵活报价。所以，为顾客提供最优质的产品、最低廉的价格才是取得成功的唯一法宝。

七、IM 营销概述

（一）IM 的概念

即时通信（instant messaging，IM）是一个终端服务，允许两个人或多个人使用网络即时地传递文字信息、档案、语音与视频交流。

根据即时通信属性的不同，可以将 IM 即时通信工具分为以下几个类别：

1. 个人 IM。

个人 IM，主要是以个人用户为主，非营利目的，方便聊天、交友、娱乐，例如 QQ、MSN 等即时通信软件。这类软件通常以网站为辅、软件为主，免费使用为辅、增值收费为主。

2. 商务 IM。

此处的商务泛指以买卖关系为主。商务 IM 通常以阿里旺旺贸易通、阿里旺旺淘宝版为代表。商务 IM 的主要作用是为了实现寻找客户资源或便于商务联系，从而以低成本实现商务交流或工作交流。此类 IM 用户以中小企业、个人实现买卖为目的，外企也可以方便地实现跨地域工作交流。

3. 企业 IM。

企业 IM 一共有两种，一种是以企业内部办公用途为主，旨在建立员工交流平台；另一种是以即时通信为基础，系统整合各种实用功能，如企业通。

4. 行业 IM。

行业 IM 主要局限于某些行业或领域使用的 IM 软件，不被大众所知，例如盛大圈圈，主要在游戏圈内盛行。行业 IM 也包括行业网站所推出的 IM 软件，如化工类网站推出的 IM 软件。行业 IM 软件，主要依赖于单位购买或定制软件。

（二）IM 营销

IM 营销又叫即时通信营销，它是企业通过即时通信工具 IM 帮助企业推广产品和品牌的一种手段，常用的主要有以下两种情况。

第一种，网络的在线交流。中小企业建立网店或者企业网站时一般都会需要有即时通信在线，如果潜在的客户对产品或者服务感兴趣自然会主动和在线的商家联系。

第二种，广告。中小企业可以通过 IM 营销通信工具，发布一些产品信息、促销信息，或者可以通过图片发布一些网友喜闻乐见的表情，同时加上企业要宣传的标志。而最显而易见的应该是硬广告，在各种可见的位置，IM 工具都可以插入广告位。按照位置的不同可以分为：聊天窗口嵌入、IM 界面嵌入、IM 弹出对话框等。

（三）IM 的优势

早期的 IM 只是个人用户之间信息传递的工具，而现在随着 IM 工具在商务领域内的普及使得 IM 营销也日益成为不容忽视的话题。据最新调查显示，IM 已经成为人们工作上沟通业务的主要方式，有 50% 的受调查者认为每天使用 IM 工具是方便工作交流，49% 的受调查者在业务往来中经常使用 IM 工具，包括交换文件和沟通信息。

与一般的营销传播手段不同的是，IM 营销面对的都是朋友或熟人，所以信息宣传的有效性与针对性毫无疑问大大加强了。在一个商业信息泛滥的社会中，许多消费者对一般性的商业广告已经熟视无睹，但是对来自朋友圈中的信息还是比较愿意接收——这正是诸多企业看好 IM 营销的原因所在。

虽然 IM 已经成为互联网中重要的广告发布媒体，但是中小企业在 IM 营销上却还是刚刚起步。针对有明确目标需求的网站访客，企业需要一套网站在线客户服务系统，随时接待每一个访客，回答访客的任何问题，然后产生交易；而针对没有明确需求的网站访客，企业则需要针对其行为特征的分析进行主动出击，明确对方来访目的、购买意向，最终促使达成交易意向。这就是典型的中小企业 IM 营销。IM 营销的优势具体表现如下：

1. 互动性强。

无论哪种 IM，都会有各自庞大的用户群，即时的在线交流方式可以让企业掌握主动权，摆脱以往等待关注被动的局面，将品牌信息主动展示给消费者。当然这种主动不是让人厌烦的广告轰炸，而是巧妙利用 IM 的各种互动应用，可以借助 IM 的虚拟形象秀，也可以尝试 IM 聊天表情，将自己企业的品牌不露痕迹地融入进去，这样的隐形广告很少会遭到抗拒，用户也乐于参与这样的互动，并在好友间广为传播，在愉快的氛围下自然加深对品牌的印象，促成日后的购买意愿。

2. 营销效率高。

IM 营销效率高一方面是指通过分析用户的注册信息，如年龄、职业、性别、地区、爱好等，以及兴趣相似的人组成的各类群组，针对特定人群专门发送用户感兴趣的品牌信息，能够诱导用户在日常沟通时主动参与信息的传播，使营销效果达到最佳状态。另一方面，IM 的传播不受空间、地域的限制，类似促销活动这种消费者感兴趣的实用信息，通过 IM 能在第一时间告诉消费者，有效传播率非常高。

3. 传播范围大。

大部分人上班后第一件事情就是打开自己的 IM 工具，随时与外界保持联络。任何一款 IM 工具都聚集有大量的人气，并且以高品质和高消费的白领阶层为主。IM 有无数庞大的关系网，好友之间有着很强的信任关系，企业的任何有价值的信息，都能在 IM 开展精准式的打散传播，产生的口碑影响力远非传统媒体可比。

有强大的用户规模做后盾，IM 蕴涵的巨大市场营销价值已经被越来越多的企业所认可，而 IM 承载的传播形式更是变得越来越丰富。未来的营销战场，IM 营销必不可少。

八、抖音营销

抖音，其定位为短视频社交软件，是一个专注于年轻人的 15 秒音乐创意短视频社区，用户可以通过这款软件选择歌曲，拍摄 15 秒的音乐短视频，制作自己的作品。抖音营销的基本方法如下：

（一）个性定位

在抖音中，某个账号的定位直接决定了自身的粉丝增长速度、变现方式、引流效果，以及内容布局等方面。所谓定位，简单来说就是找到自己擅长的分类，持续深耕内容，以此吸引目标用户关注。

（二）新颖的内容

在抖音优质视频的硬性标准中，关于视频内容的标准有以下几点：
（1）热度：内容热度、主题热度、话题热度、出镜人物热度。
（2）新鲜度：事件（热点内容、当下事件）新鲜度、手法（拍摄手法、叙事手法、剪辑技巧）新鲜度。
（3）稀缺度：内容稀缺度、版权稀缺度、素材稀缺度。
（4）精彩度：亮点、意义。
（5）观赏度：色彩、美观度、情节流畅度、剧情完整度。

这几点标准似乎并不难达到，但是实际上，没达到标准的视频数不胜数。可以从这几点标准出发，寻找对应的突破点，最终达到优质内容的要求。

（三）吸引"粉丝"

抖音短视频的内容本身就是信息，信息的发布者与接受者会在此基础上产生互动，互动的产生区域包括文案区、评论区、私信区和直播间。在这几大区域中，互动发生最频繁、最有效、最直接的区域应该就是直播间了，当账号的粉丝数量达到一定标准后，很多人都毫不犹豫地开通直播功能，因为直播的直观性更强，传达内容更及时，同时它也能弱化双方的距离感。

有的人只要开通直播功能，"粉丝"数量就会增加，这与其同观看者之间的沟通密不可分。虽然抖音不是专门的直播平台，但是好的直播往往能弥补内容上的缺憾，因为好的直播互动技巧是可以吸引别人关注的。

（四）深层推广

除了上面几方面的努力，还要尝试借助"外力"增加账号的曝光率，比如利用他人的热点，利用其他平台等。例如，"蹭热度"是见效最快的方法。"蹭热度"顾名思义就是借助事件的热度给自己"引流"。总体来说，"蹭热度"要注意以下几个方面的内容。第一步，发现热点。"蹭热度"的第一步是要发现热点，目前蕴含热点的平台有很多，包括微博、微信、QQ、今日头条、百度搜索等，它们每天都会推送新的热点内容。只要看到发布时间符合要求且比较有发挥空间的热点内容，就可以对其进行素材加工，然后发布相关的视频。第二步，甄选事件。要学会发现热点，但并不是发现的所有热点都适合"蹭热度"。对于不该蹭的热点，得放弃选取；对于能蹭的热点要在其中选择最合适的。什么样的热点才算合适的呢？第一，存在争议；第二，不涉及政治层面；第三，能够找到与自己的账号领域相契合的点。第三步，关键词引导。关键词强调"准确""易懂"，要从一个热点中找到关键词，并把这些关键词用在文案中。选择的关键词必须是最明显、最简单、最易懂的几个词语，不要选择生僻字、模棱两可的词语。第四步，二次加工。虽然是"蹭热度"，但也要有自己的立场和观点，所以要对素材进行二次加工。一般来说，不同的人对同一新闻的看法往往不同。要做的就是站在最客观的角度，不轻易去评判和批评任何一方，尤其在是非曲直还没有分清楚之前。

九、小红书营销

小红书由毛文超和瞿芳于 2013 年在上海创立，致力于让全世界的好生活触手可及。在小红书，用户通过短视频、图文等形式标记生活点滴。截至 2019 年 3 月，小红书用户数超过 2.2 亿，并持续快速增长，其中 70% 的用户是"90 后"。小红书营销的基本方法如下：

（一）定位

无论什么样的平台，都有自己特殊的用户基因。因此，入驻一个平台时，首先应该对自己入驻的平台有一定的了解，这有将更科学地定位自己的账号。账号只有符合这个平台上的用户的喜好，今后发布的内容才更容易被社区推荐。如果我们在百度搜索框检索"小红书账号"会发现，前面几条都是关于买卖小红书账号的信息。可见，无论个人还是商家，对于优质小红书账号的需求非常大。

（二）打造优质内容

任何一款优质的互联网产品都有自己优质的内容单元。内容单元是指一款产品中对用户产生价值的最小有用内容。内容单元可以是图文、视频，甚至是某种特定结构的内容。小红书平台的内容单元就是"笔记"和"视频"。构成小红书优质内容单元的笔记和视频，通常符合以下五大特点。

（1）可独立。可独立的优质笔记或视频就是指能够独立对用户产生一定价值，哪怕将笔记或视频单独剥离开小红书进行对外分享，都能保证用户在看完之后有所收获。

（2）可归纳。小红书之城没有边界，但是内容单元是有边界的。一篇优质笔记被生产出来，是能够被收录到对应的品类中的，并且是有一定规律可循的。倘若笔记本身不符合小红书的定位内容，就很难将笔记或视频划分到某个品类中。

（3）可整合。优质笔记或视频能够以任何形式进行组织和整合。当用户发现一篇优质的笔记，就会收藏到自己的专辑中。而小红书官方账号也会收录优质的笔记或视频，或者由小红书编辑把优质笔记或视频收录到相应的话题下，推荐给更多用户，从而让有价值的内容形成用户感兴趣的内容专题，同时也可让用户感受到小红书平台内容的广度和深度。

（4）可参与。当一篇笔记有了一定的阅读量和粉丝后，就可以考虑发布一些能够让用户参与其中、产生互动的笔记或视频。参与方式可以是让用户一起生产话题内容，也可以让用户点评或者补充，总之要想办法与用户互动起来。

（5）可解构。优质的笔记或视频往往都是有规律可循的，它可以被拆解成更细分的模块。如果对笔记视频的研究足够深入，慢慢就会总结出一套便于用户阅读的内容结构。当按照这样的结构生产笔记视频时，内容单元质量就会趋于稳定。

（三）关键词优化

近两年小红书排名优化的咨询量日益增长，在社群营销被大肆传播和认可的今天，小红书作为一款以分享为主的App，在迎合了当今用户口味的同时，也自然而然地吸引了众多营销人的注意，成为互联网营销推广界名副其实的"网红"。之所以越来越多的人想做好小红书平台的排名优化，是因为处于快速上升时期的小红书现在红得发紫，包括知名综艺《创造101》等节目都在为小红书打广告。

只要掌握了小红书的排名原理和机制，上热门并没有想象中的难。小红书主打社区电商，以互动来促进活跃度，这种模式从一定程度上决定了创作的内容获得的收藏、点赞、评论的数量将影响排名。

小红书上排在前几名的基本上都有一个共同点——相当大的互动量。互动量越大，证明笔记越被用户认可、越受用户喜爱。而小红书就会给这些内容创作者提升权重、提高排名。从另外一个角度来看，社区用户的互动和大量反馈也是在从反向为创作贡献灵感和内容，区别于其他平台内容创作者的"自说自话"，这也是一种生产者与消费者相互激励、共同创作的一个过程。

（四）优质内容运营

大部分女性用户在了解美妆、护肤、时尚的过程中，若想要更深层次的了解，方式一般有两种：一种是花足够多的钱不断购买，进行尝试和体验。另一种是通过和一群乐于分享的朋友讨论，若两种都无法满足，一个晒好物分享并能参与讨论的专业社区就是最好的选择。所以，小红书的内容运营其实是基于分享经济，引导用户主动去分享才能形成电商社区。

可见，小红书社区＋电商的运营模式，正是在以"分享"为中心的前提下得以高效运营的。这一模式有别于传统电商平台买卖为主的单一交易方式，它非常贴近用户。小红书通过丰富的内容运营，如定期推出社区活动、新贴纸，引导用户一起晒图、晒物、晒笔记等，结合更贴近女性用户的日常消费场景，让用户的这些行为变成了一种习惯甚至是一种成就、一种利益。加上将特色鲜明、高性价比的商品以图文笔记的形式收录，对用户购物消费进行决策、购买引导，小红书将笔记体系的商业效率和商业价值发挥得淋漓尽致。帮助用户记录购买需求的同时，与商城购买无缝对接，真正实现了从社区到商城的分享经济盈利模式。

（五）引流

学会了定位、发布笔记的技巧，也掌握了如何优化排名、怎样高效运营，已经"万事俱备，只欠东风"，这个"东风"就是一股能够送上热门的力量，也是要学习的最后一个关键步骤——引流。可以围绕以下三个关键点（引流的源头）做好准备工作。

第一个关键点是明星推荐。这种方法主要适用于品牌商或者是企业号，利用明星效应自带的热度，带动整个话题，最后达到优化排名的目的。

第二个关键点是 KOL 达人效应。利用 KOL 的达人效应，但同样不能忽略本身的产品。例如产品最好定期参加各种测试，这样才能更好地达到种草效果。KOL 达人撰写种草笔记，小红书系统会根据算法自动匹配相关话题或关注匹配的用户，这样才能实现更大的引流。

第三个关键点是小红书"素人"笔记分享。除了达人笔记，其实"素人"的分享同样能霸屏关键词、增加曝光，起到引流的作用。尤其是品牌营销的前期，"素人"的作用远远大于 KOL 达人的作用，前期工作做好了，后期就可以结合达人"种草"，起到引流的作用。

第四节　常见的网络整合营销模型

网络整合营销始终体现了以用户为出发点、提高用户互动性的特点，在该特点的基础上实践并总结出的营销模型当然也离不开用户。不管网络整合营销模型侧重于话题、事件、活动、视频、漫画、微博的哪一种形式或渠道，归根结底都是基于用户而设计的。

一、FEA 网络整合营销模型

FEA 是 "focus"（话题）、"event"（事件）、"activity"（活动）3 个英文单词的首字母组合，即话题营销、事件营销与活动营销。FEA 网络整合营销模型是通过对多个话题、事件、主题活动的创意性设计与策划，再灵活运用传统媒体、网络媒体、社交平台、行业网站、博客、论坛、电子邮件、短信、搜索引擎、电子商务平台、视频等营销工具和传播载体，构建而成的整合营销传播体系。

FEA 网络整合营销模式可以避免单一营销工具在传播范围、用户及影响力上的局限性，既可以保证传统经典营销方式的完善应用，又能够通过互联网新媒体工具引发病毒效果，实现快速、广泛的口碑传播。

传统的营销思维倾向于立足大流量平台进行传播，FEA 网络整合营销模式在更多情况下主要是组合其他优质的传播渠道资源。

二、FEAVA 网络整合营销模型

"FEAVA" 是 "focus"（话题）、"event"（事件）、"activity"（活动）、"video"（视频）、"animation"（动漫）5 个单词的首字母组合，即话题营销、事件营销、活动营销、视频营销和动漫营销。

FEAVA 网络整合营销模型是通过理论总结、实践检验及市场反馈而总结出的快消品网络整合营销方法论。它运用多种话题、事件、活动的组合，依托多种互联网传播平台与渠道，借助文字、图片、声音、动画、视频等形式进行多样化的内容创造、互动和传播。可以使产品或品牌信息更广泛地覆盖目标用户，加深品牌和产品在目标用户群体心中的印象，诱发目标用户群体对品牌产生信任、兴趣和购买意向，最终促成购买行为的发生。

三、话题网络整合营销模型

话题网络整合营销模型中的话题主要包括新闻话题、微博话题等。新闻话题以新闻媒体为传播主体，运用新颖的立意和角度，通过大媒体的深度报道形成热门话题，与推广信息结合进行推广。微博话题以用户的分享讨论为主，通过粉丝数量较多的一

个或多个微博形成热门话题，带动微博用户的关注讨论，再将传统媒体引起的话题引入新媒体平台，进行进一步的传播扩散。

要想获得不错的话题网络整合营销效果，媒介覆盖率和内容创意必不可少。话题的传播量、浏览量、转发量、搜索率、讨论热度、互动效果都是评价话题网络整合营销效果的重要指标。

四、其他网络整合营销模型

除了上述网络整合营销模型之外，常见的网络整合营销模型还有基于微博的 FM 网络整合营销模型，它通过"大 V"微博、官方微博等微博营销账号矩阵打造话题热度，再引入其他媒体平台进行发酵推广；基于视频的 FV 网络整合营销模型，它通过兼具内容、创意的短视频和微电影等引起病毒式传播，或通过购买热门广告展示位进行传播造势，成功打造热点后再引入其他媒体平台进行广泛传播。例如，很多创意美食视频即是通过创意引起用户的讨论，再结合微信公众号、视频平台等进行广泛推广；基于漫画的 FA 网络整合营销模型，它以一个社会性的主题、现象引起用户共鸣，吸引用户分享转发，打造热度后继续顺势传播。

所以，任何一种成功的网络整合营销案例都可能成就一次完整的网络整合营销。先凭借内容质量、营销创意等关键因素获得在某个范围内好的营销效果，再利用优秀的运营手段对各种营销资源、营销渠道进行整合，对已有的营销效果进行扩散，增加推广的深度和广度，从而实现全面的网络整合营销。

 扩展阅读

华为的网络整合营销

在市场营销方面，华为采用了整合营销策略，来提升渠道商营销能力和效果。华为一直有着"客户至上"的核心企业文化，同时又具有售前工程师代替营销人员的一种传统，因此在营销方面，有着浓重的工程师风格，例如，华为企业市场的定位上就表现为工程师的表达方式，口号为"新 ICT，迈向数字化转型之路"。

这个口号对于行业外人士，不好理解，信息通信技术（information communication technology，ICT），数字化转型，这个比较好理解，就是向互联网化转型。这个口号，有点类似之前很多传统行业提出的"互联网 +"，但是，从营销专业角度讲，这个口号一般大众很难理解。因此就达不到它的统一口号目的。不过，反过来说，这种口号非常符合行业内工程师的口味。秉承工程师严谨、数据导向的一贯传统，华为营销也交上了一份漂亮的答卷。

具体表现在：

一、通过网络媒体，扩大品牌知名度和覆盖度

1. 搜索引擎营销：占领先机，并助推其他网络营销工具应用。

华为作为通信行业一直以来的领先者地位，在网络推广方面，仅仅关键字"华为企业业务"，百度显示就有514万条。网站排名方面也表现优秀，排名第297位，三月平均世界排名530位。

2. 通过内容营销，四两拨千斤，并为其他营销提供弹药。

策划和撰写、传播新闻、软文、案例，建立标杆企业案例库及视频；撰写产品白皮书、使用手册等。为营销提供丰富的弹药库。

（1）新闻、软文：200万篇。

（2）标杆客户成功案例库：542个（按行业、产品、国家分类）（包括文字版、视频版、客户证言）。

3. 优化企业网站——留住客户，让客户主动找上门。

华为的企业网站非常简洁、清晰，有清晰的导览，有丰富的标杆企业案例（包括文字版、视频版、客户证言等）、新产品视频等，具有丰富的信息和巨大的说服力。

二、通过社交媒体营销，营销自动化工具，获得和维护客户，提高品牌忠诚度

华为非常善于使用社交媒体，并将其整合，来获得和维护客户，提高客户对华为品牌的忠诚度。华为不但整合了自媒体矩阵，而且每个自媒体都有很多账号，聚焦不同的内容，可谓分工非常细致了。主要分布如下：

（1）音频社交媒体喜马拉雅；

（2）今日头条；

（3）微信公众号；

（4）微博。

三、通过联合营销、渠道模式的合作伙伴营销模式，快速占领企业市场

在2011年以前，华为几乎对企业市场一无所知，也没有任何的客户资源，不知道如何快速占领市场。而之前华为的客户一直是运营商，销售模式是直销。

为了迅速拓展企业市场，对渠道商（合作伙伴）提供大量的营销、品牌、培训、资源支持。华为针对企业市场首次采用渠道商销售模式可以说是被迫为之的权宜之计，因为企业市场不像消费者市场那样可以快速达成销售，甚至连客户的关键决策人都不知道是谁。

于是华为在2011年提出了"聚焦市场＋渠道销售"的策略。在这样的大背景下，华为2015年的渠道政策基本保持稳定，同时重点做了以下优化：

（1）充分发挥联合营销及合作伙伴品牌建设的能力，加大品牌营销投入；

（2）大力优化合作流程，加快IT系统建设，自动化、可视化、移动化地支撑合作伙伴业务的健康快速发展；

（3）投入数亿元牵引合作伙伴提升能力，如在继续加大合作伙伴售前、售后人员赋能的同时，开展合作伙伴的精英培育支持计划，鼓励合作伙伴培养优秀人才等。

采取"聚焦策略"是因为华为之前仅仅做运营商市场，数量屈指可数，因此，可以通过一对一销售来占领市场。但是企业市场相对运营商来说，数量级上高了几个级别，而且也需要长期和深入地建立和维护客户关系才能占领，如果要尽快占领企业市场，只能通过渠道商及合作伙伴来占领。因此华为一开始就建立了合作伙伴战略，通过合作伙伴来开发市场。2011～2019 年，华为的合作伙伴已经超过5000家，华为企业业务的收入有80%来自渠道收入，可以看出渠道销售模式对目前的华为企业业务有着举足轻重的作用。

本 章 小 结

本章主要介绍了网络整合营销的基本概念，网络整合营销即企业根据自身的营销需求和目的，对多种网络营销方式进行的有效筛选、整合以及传播。并介绍了网络营销的原则，即趣味原则（interesting）、利益原则（interests）、互动原则（interaction）、个性原则（individuality）。网络整合营销有多种工具，包括搜索引擎营销、搜索引擎优化、微博营销、论坛营销、SNS 营销、电子邮件营销、IM 营销、抖音营销与小红书营销，每一种营销方式都有其自身的特点和目标消费者，随后，本章还介绍了常见的网络整合营销模型，其中，FEA 网络整合营销模型是"focus"（话题）、"event"（事件）、"activity"（活动）3 个单词的首字母组合，即话题营销、事件营销与活动营销。还有 FEAVA 网络整合营销模型，该模型是"focus"（话题）、"event"（事件）、"activity"（活动）、"video"（视频）、"animation"（动漫）5 个单词的首字母组合，即话题营销、事件营销、活动营销、视频营销和动漫营销。

【思考题】

1. 相比于传统媒体，新媒体整合营销的特点和优势是什么？
2. 第三方平台的主要功能有哪些？
3. 微博营销和博客营销的区别在哪里？

参考文献

［1］阿里学院. 阿里巴巴电子商务系列：网络整合营销［M］. 北京：北京大学出版社，2013.

［2］伯特·罗森布罗姆. 营销渠道：管理的视野［M］. 7 版. 宋华，等译. 北京：中国人民大学出版社，2006.

［3］陈培爱. 广告学概论［M］. 北京：高等教育出版社，2014.

［4］程宇宁. 整合营销传播：品牌传播的策划、创意与管理［M］. 北京：中国人民大学出版社，2014.

［5］黄鹂，何西军. 整合营销传播：原理与实务［M］. 上海：复旦大学出版社，2012.

［6］黄劲松. 整合营销传播［M］. 北京：清华大学出版社，2016.

［7］吉姆·艾奇逊. 卓越广告［M］. 减恒佳，等译. 昆明：云南大学出版社，2001.

［8］连漪，窦均林，宋洪波. 广告学［M］. 北京：高等教育出版社，2014.

［9］罗瑟·瑞夫斯. 时效的广告：达彼思广告公司经营哲学：USP［M］. 张冰艳，译. 呼和浩特：内蒙古人民出版社，1999.

［10］彭建仿. 分销渠道管理学教程［M］. 广州：中山大学出版社，2015.

［11］让·诺尔·卡菲勒. 战略性品牌管理［M］. 曾华，王建平，译. 北京：商务印书馆，2000.

［12］宋佳，秸书贵. 网络整合营销4I原则在网红食品营销推广中的应用研究［J］. 现代营销（下旬刊），2018（8）：64－66.

［13］唐·伊·舒尔茨. IMC：创造企业价值的五大关键步骤［M］. 何西军，黄鹂，译. 北京：中国财政经济出版社，2005.

［14］汤姆·邓肯. 整合营销传播：利用广告和促销建树品牌［M］. 周洁如，译. 北京：中国财政经济出版社，2004.

［15］汤姆·狄龙. 怎样创作广告［M］. 刘毅志，译. 北京：中国友谊出版公司，1991.

［16］夏晓鸣. 整合营销传播：理论与实践［M］. 湖北：武汉大学出版社，2012.

［17］鲜军，陈兰英. 网络整合营销：从入门到精通（微课版）［M］. 北京：人民邮电出版社，2019.

［18］辛普，张红霞. 整合营销传播：广告与促销［M］. 8 版. 北京：北京大学出版社，2013.

［19］王艺璇. 网络时代4I原则视角下的企业网络整合营销策略：以雪花秀的网

络整合营销实践为例［J］．沧州师范学院学报，2019，35（3）：92－95.

［20］吴健安，聂元昆．市场营销学［M］.5版．北京：高等教育出版社，2017.

［21］魏家东．数字营销战役：网络整合营销实战全解码［M］．北京：电子工业出版社，2014.

［22］卫军英．整合营销传播典例［M］．杭州：浙江大学出版社，2008.

［23］卫军英．整合营销传播理论与实务［M］.4版．北京：首都经济贸易大学出版社，2017.

［24］张闯．营销渠道管理［M］．大连：东北财经大学出版社，2012.

［25］张金海.20世纪广告传播理论研究［M］．武汉：武汉大学出版社，2002.

［26］郑春震．舒适刀片产品创新与品牌的发展之路［J］．企业研究，2012（2）：5，11.

［27］郑锐洪，等．营销渠道管理［M］.2版．北京：机械工业出版社，2019.

［28］朱利安·西沃卡．肥皂剧、性和香烟：美国广告200年经典范例［M］．周向民，田力男，译．北京：光明日报出版社，1999.

［29］庄贵军，等．营销渠道管理［M］．北京：北京大学出版社，2004.